中国新一轮对外开放

|机|遇|与|挑|战|

樊 纲　马蔚华◎主编

THE NEW ROUND OF CHINA'S OPENING UP

Opportunities and challenges

中国经济出版社
CHINA ECONOMIC PUBLISHING HOUSE
北 京

图书在版编目（CIP）数据

中国新一轮对外开放：机遇与挑战／樊纲，马蔚华主编.
北京：中国经济出版社，2015.1
ISBN 978－7－5136－3526－4
Ⅰ．中… Ⅱ．①樊…②马… Ⅲ．①对外开放—研究—中国 Ⅳ．①F125

中国版本图书馆 CIP 数据核字（2014）第 237457 号

责任编辑　赵静宜
责任审读　贺　静
责任印制　巢新强
封面设计　久品轩

出版发行　中国经济出版社
印 刷 者　北京艾普海德印刷有限公司
经 销 者　各地新华书店
开　　本　710mm×1000mm　1/16
印　　张　21.25
字　　数　285 千字
版　　次　2015 年 1 月第 1 版
印　　次　2016 年 4 月第 3 次
定　　价　68.00 元
广告经营许可证　京西工商广字第 8179 号

中国经济出版社 **网址** www.economyph.com **社址** 北京市西城区百万庄北街 3 号 **邮编** 100037

本版图书如存在印装质量问题，请与本社发行中心联系调换（联系电话：010－68330607）

前　言

过去30多年，中国充分利用出口导向的劳动密集型产业跨境转移机遇，快速融入了世界经济体系，不仅迅速崛起成为世界贸易大国，而且有力地推进了工业化进程。“以开放促改革”被认为是中国经济实现腾飞的重要经验。当前，中国在寻求未来发展动力的时候，打造“对外开放”升级版，以促进国内经济体制改革，释放改革红利，被寄予了很大希望。随着全球化格局的不断发展，国际贸易与投资规则也与以往产生较大差异，WTO多边贸易体制日益被弱化，而跨太平洋伙伴关系协议（TPP）、跨大西洋贸易与投资伙伴协定（TTIP）等更高标准的开放规则正在启动。从国内来看，上海自贸区的建立、中美双边投资协定（BIT）的启动、中国－东盟、丝绸之路经济带、澜沧江－湄公河等次区域合作的深入，中韩、中澳、中挪等多个自贸区谈判的推进，都标志着我国新一轮对外开放正在展开。

深圳市综研软科学发展基金会自成立以来，就始终关注中国对外开放政策问题，并资助了一系列开放领域的公共政策研究项目。2013年11月5日，基金会和综合开发研究院（中国·深圳）在北京发起主办“2013中国智库论坛”，以“中国新一轮对外开放：机遇与挑战”为主题，邀请了国务院发展研究中心、中国社会科学院亚太与全球战略研究院、中国国际问题研究所、凤凰卫视、中国社会科学院金融研究所、商务部国际贸易经济合作研究院、中国银行、财政部财政科学研究所、中国社会科学院美国研究所、清华大学中美关系研究中心、中国现代国际关系研究院等多家研究机构的专家学者，共同研讨全球化新格局下与中国的对外开放战略，以及全方位推进改革的背景下，新一轮对外开放的领域与路径。推动决策层、研究机构和社会各界共同关注中国新一轮对外开放政策与实践问题。会后，与会专家学者又向论坛提交了相关研究成果。

本书就是以上一系列学术活动成果的汇编，全书分为上下两篇。上篇为“全球化新格局与新一轮对外开放”，着重于探讨全球格局的新变化、国际贸易投资新秩序以及中国新一轮开放战略的路径；下篇为“开放促改革释放改革红利”，着重探讨如何通过进一步对外开放促进国内经济体制改革，释放改革红利，如何适应新的国际贸易与投资环境，建立有效的风险防范体系，如何推动服务业尤其是金融业领域的扩大开放；书中还汇集了与会嘉宾的精彩观点。希望能为中国新一轮对外开放战略提供有价值的信息和政策建议。

目 录 Contents

上篇

全球化新格局与新一轮对外开放

大调整时代的世界经济

隆国强*

国际金融危机爆发后,世界经济进入大调整、大转型时代。未来五年,世界经济将呈现出一些不同于以往的趋势与特点。世界经济增长速度回落,转入低速增长时期;新兴经济体成为世界经济增长的新引擎;发达国家力推制造业振兴,发展中国家对外投资加速,成为推动全球价值链分工的两大新动力;"创新发展"备受重视,新兴产业蓄势待发,争夺产业与技术制高点的竞争更趋激烈;全球能源结构与供求格局深刻变化;发达国家为应对危机而采取的宽松货币政策将导致全球范围的流动性过剩,加剧金融动荡与通货膨胀;全球经济治理变革加速推进;区域一体化成为推动贸易投资自由化的重要形式。主要经济体增长前景分化,美国将保持温和增长,欧洲经济仍将处于金融危机之中,日本经济仍难以摆脱失速状态,新兴经济体增速有所回落,但明显高于发达经济体。世界经济的大调整令我国发展的外部环境出现诸多新变化,挑战与机遇的内涵不同以往,我国必须坚持扩大开放的基本国策,创新对外开放的战略与模式,构建参与全球竞争与合作的新优势,才能在世界经济大调整中趋利避害,趁势而上。

---

* 隆国强:国务院发展研究中心党组成员、办公厅主任、研究员、博士生导师。

一、世界经济的主要趋势

（一）世界经济转入低速增长期

2007年之前，世界经济经历了长达十多年的高速增长与繁荣时期，尤其是2004—2007年期间，全球经济年均增长速度达到3.9%，比近30年来的平均增长速度高近1个百分点。以美国为首的发达国家是世界经济的火车头。世界经济的高速增长得益于四个重要因素：一是以信息通信技术、互联网为代表的技术革命；二是经济全球化的红利；三是1991年苏联解体、冷战结束带来的和平红利；四是20世纪80年代以来各国的体制调整与开放政策带来的制度红利。

2008年美国次贷危机引发的国际金融危机终结了世界经济的繁荣。2009年末，美国次贷危机让位于欧洲主权债务危机，金融风暴的中心从美国转至欧洲。美、欧、日三大发达经济体均陷入低迷，过去两年，发达经济体整体增速仅仅略高于1%；这也拖累世界经济步入了低速增长时期。据本课题组预测，未来十年世界经济平均增速将降至2.9%，明显低于金融危机前五年的3.6%和危机前20年的3.1%～3.2%的平均增速。

导致未来世界经济低速增长的原因是多方面的。一是国际金融危机的冲击。发达国家普遍面临着高负债、高赤字、高失业和低储蓄的结构性问题。美、欧等重灾区经济体需要相当长的一段时期才能走出困境，其政府、企业、家庭通过“去杠杆化”来修复资产负债表并非易事。二是世界经济处于康德拉季耶夫长周期的下行阶段（见专栏1）。新一轮产业革命尚处于孕育期，五年内难以成为世界经济增长的主要动力。三是发达国家和中国人口快速老龄化（见图1），全球人口总抚养比将自2015年后开始上升，对储蓄率与投资率产生不利影响。

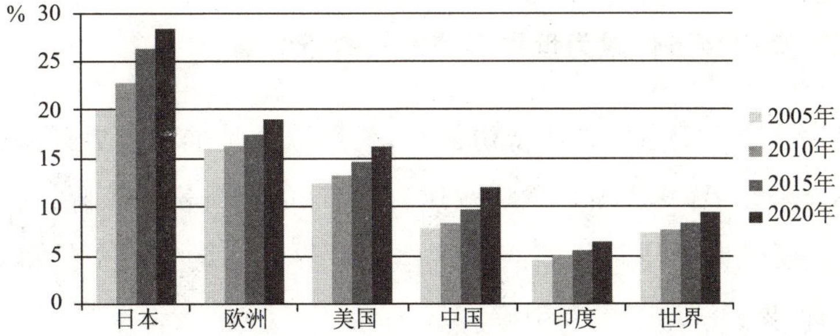

图 1　主要经济体人口老龄化前景(65 岁以上人口占比)

数据来源:联合国数据库,2015 年及 2020 年为预测中间值。

转引自罗雨泽的《欧盟经济的基本面与走势》。

专栏 1　康德拉季耶夫长周期

1926 年,俄国经济学家康德拉季耶夫提出长周期或长波理论,认为全球经济发展过程呈现周期性波动,每个周期历时 50～60 年,即康德拉季耶夫周期。每个周期可以划分成上行和下行阶段或者是复苏、繁荣和衰退阶段。通常每个周期都伴随一轮新的产业革命,当经济处于周期的下行阶段或者衰退阶段时,为了摆脱困境、实现经济的复苏,对科技创新的投入往往会大幅增加,新一轮产业革命开始进入孕育期。当新的产业革命走向产业化和出现大规模应用,将带动经济进入上行阶段或者复苏、繁荣阶段。目前,全球经济正处在康德拉季耶夫周期的下行阶段,新一轮产业革命尚处于孕育期。

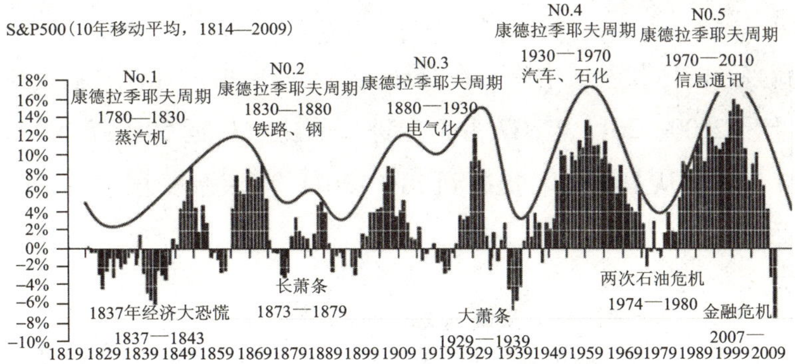

图 2　全球经济的康德拉季耶夫周期

资料来源:转引自 Allianz Global Investors (2010)。

（二）新兴经济体成为世界经济增长的新引擎

发达国家由于占世界经济份额高，长期以来是推动世界经济的主要引擎。未来五年，发达国家经济减速，在全球的经济份额下降，对世界经济增长的贡献明显下降。新兴经济体对世界经济增长的贡献将更加重要，成为世界经济增长的新引擎。

新兴经济体占世界经济的份额持续上升。从经济总量看，2000—2011 年，代表主要发达国家的七国集团（G7）①在全球的比重从 66% 下降到 48%，而 24 个新兴经济体（E24）②的占比则从 16% 上升至 29%，经济总量已接近 G7 的 2/3。从经济增长的增量看，2008—2011 年全球经济总量累计只增长了 6.4%，其中近 90% 来自发展中国家。未来五年，发达国家经济增长总体仍将处于低迷状态，发展中经济体将成为世界经济增长新的火车头。据国际货币基金组织估计，2012—2017 年间，欧盟占全球 GDP 的比重将从 23% 下降到 20.2%，美国将从 22% 下降到 21.3%，日本将从 8.4% 下降到7.1%。据美国国家情报委员会最新公布的研究报告《2030 全球趋势：不一样的世界》估计，中国在 2000—2020 年间的 GDP 增长将占世界 GDP 增长的 55%。需要指出的是，由于经济全球化不断深化，各经济体的相互依赖日益加深，新兴经济体也不可避免地受到发达国家增长低迷的拖累，增长速度虽然高于发达经济体，但与自身比，增速也会有所下降。

新兴经济体和发展中国家在全球贸易与投资中的地位日益重要。从贸易量看，2000—2011 年，G7 占全球进口的比重从近 50% 降至 37%，同期 E24 占比则从 16% 左右提高到 28%；2011 年，发展中国家占全球制成

---

① 包括美国、日本、德国、法国、英国、意大利、加拿大。

② 关于新兴经济体界定，并无公认的标准。这里采用了国际货币基金组织的新兴经济体名单，将阿根廷、巴西、保加利亚、智利、中国、哥伦比亚、匈牙利、印度、印度尼西亚、拉脱维亚、立陶宛、马来西亚、墨西哥、巴基斯坦、秘鲁、菲律宾、波兰、罗马尼亚、俄罗斯、南非、泰国、土耳其、乌克兰、委内瑞拉这 24 个发展中经济体（以下简称 E24）作为新兴经济体。

品出口的比重已升至40.4%①。在跨境投资方面,2000—2011年,G7占全球对外直接投资存量的比重从近72%下降到53%,E24则从3%提高到8%。从流量看,2011年来自发达国家的跨境投资占全球比重从2007年的84%下降到73%,同期发展中国家占全球对外投资份额从13%上升到23%。从投资流入情况看,2012年,发展中国家吸收的外国直接投资达6800亿美元,有史以来首次超过发达国家,多出1300多亿美元。

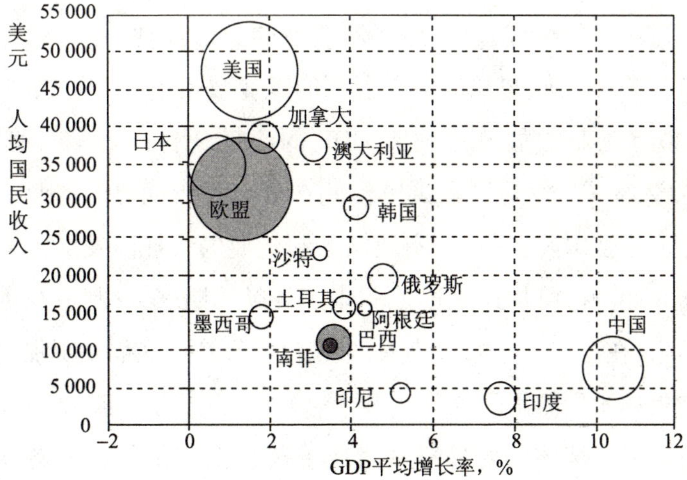

图3 主要经济体不变价GDP平均增长率(2000—2010年)与人均国民收入(2010年)

数据来源:Eurostat, the United Nations Statistics Division, the World Bank。

转引自罗雨泽,《欧盟经济的基本面与走势》,圆圈表示经济规模大小。

(三)两大新动力推动全球价值链分工进一步深化

各国发展理念趋同,越来越多的国家采纳"开放发展、创新发展、绿色发展、包容发展"的理念。发达国家的再制造业战略和发展中国家大规模的对外投资,成为整合全球价值链的两大新动力。

制造业将更受重视。过去20年,东亚、南亚等地区的一大批发展中经济体融入全球分工体系,在低附加价值的制造与服务活动中占据日益

① 资料来源于世界贸发组织《Handbook of Statistic 2012》,2012年12月13日公布。

重要的地位，其中，中国取代美国一跃成为世界最大的制造大国。[①] 发达国家在全球分工体系中转向制造业与服务业的高端价值环节，在享受低成本进口好处的同时，也面临着日益严重的产业“空洞化”挑战，结构调整和失业压力上升。金融危机后，发达国家反思危机前过度追求经济服务化、虚拟化的教训，纷纷推出了“再制造业化”战略。围绕制造业振兴，美国政府制定了包括基础设施更新、人力资源提升、五年吸引 1.5 万亿美元外商直接投资的“选择美国”计划、“五年出口倍增”等一揽子措施。法国、日本等发达国家也制定了振兴制造业的类似计划（尽管名称各不相同）。2012 年 10 月欧盟委员会出台新的工业政策（称之为“新工业革命战略”），拟将工业增加值占欧盟 GDP 的比重从目前的 15.6% 提高到 2020 年的 20%[②]。发达国家试图借此在具有比较优势的产业或价值环节上进一步增强国际竞争力，实现振兴制造业的目标。发展中国家特别是一批新兴经济体将加速推进工业化。可以预期，全球制造业供给能力将快速扩张，在需求不振的形势下，未来世界经济可能面临更加严重的产能过剩和更加激烈的国际竞争。

来自新兴经济体的对外投资将成为整合全球价值链的新动力。近 20 年来，跨境投资迅猛增长，未来五年将会在高位上波动。长期以来，来自发达国家的跨国公司一直是全球生产价值链的主导力量，通过在全球的布局推动价值链分工（或“工序分工”）深化。发展中国家正在崛起成为重要的对外投资来源，占比从 2007 年的 13.3% 上升到 2011 年的 22.6%。发展中国家的跨国公司数量与规模快速增加，2010 年，来自发展中国家和转型经济体的最大 100 家跨国公司的海外资产规模达到了 1.07 万亿美元，海外销售收入达到了 1.11 万亿美元，海外雇员达到了 372 万人。发展中国家对外投资的目的、国别均与发达国家的跨国公司

① 据联合国贸易会议数据，2010 年中国制造业增加值占全球份额达到 18.7%，超过美国的 18.5%。中国份额在 10 年中增加了 10.5 个百分点，而美国下降了 7.6 个百分点，日本下降了 7 个百分点。

② 资料来源于欧盟经商处《工业革命让工业重回欧洲》，2012 年 10 月 16 日公布。

不尽相同。在全球生产价值链整合中,发展中国家将更为主动。随着发达国家与发展中国家双向投资规模的持续扩大,价值链分工不断深化,各国利益更加融合,国际竞争将更加激烈,合作也将更为深入。①

(四)"创新发展"备受重视,新兴产业蓄势待发

从历史经验看,重大的危机往往会激发新一轮技术革命。作为应对金融危机的战略措施,美国等发达国家政府更加重视新技术研发与新产业发展。美国政府2009、2011年两度发布《创新战略》;英国政府发布了《技术蓝图》报告,明确提出英国要努力成为世界上最具吸引力的创新科技投资之地;德国出台了《纳米技术2015行动计划》、《生物经济2030国家研究战略》、《可再生能源法》等一系列科技计划。日本、韩国政府也制定了面向未来的技术创新战略。发达国家在研发投入总量、技术储备、人才与产业基础等方面仍将占有明显优势,继续引领全球技术创新的方向。

面对科技创新日益激烈的国际竞争,新兴经济体也不甘落后。俄罗斯发布了《俄罗斯联邦2020年创新发展战略》,印度提出2020年成为知识型社会与全球科技领导者的目标。巴西提出"创新产生竞争力,竞争力促进增长"的科技政策口号。中国则大力推进创新型国家的建设。新兴经济体在技术研发上急起直追,2000—2009年,中国、南非和俄罗斯的年均研发费用支出增长率分别达到18.5%、8.0%和6.9%,而同期美国的增长率只有2.1%,新兴经济体研发投入增长率明显高于OECD国家。据《全球研发投资预测》②,2013年美国研发投资将达4240亿美元,增长1.2%,中国研发支出为2220亿美元,增长11.6%,印度研发投资为450亿美元,增长超过12%。未来新兴经济体研发投入能力不断增强,将继

---

① 近日,联合国、世界贸易组织和经合组织开展的全球价值链国际贸易核算结果表明,全球出口中包含的进口含量从20年前的20%上升到40%,限制进口的保护政策可能影响一国的出口竞争力。

② 美国巴特尔研究所(Battelle Memorial Institute)每年1月发布全球主要经济体的研发投入情况。

续增加研发投入，如果措施得当，可能取得更多的局部领先。

针对日趋活跃的技术创新，西方有学者提出“第三次工业革命”的概念。从近中期看，信息技术的深度应用将是创新最为活跃的领域，云计算、大数据、虚拟现实、移动互联网、物联网等将不断拓展新的应用领域与模式。信息技术与制造业深度融合，推动3D打印、智能机器人、人工智能等加速发展。美国页岩气开采技术的突破与大规模应用，对全球能源价格、能源结构和能源地缘政治将产生深远影响。生物技术、新能源、新材料技术等领域也孕育着技术突破。但是，未来五年，尚难看到可以产生革命性影响的重大技术突破，新兴产业仍处于产业化的初级阶段，尚难以担负引领世界经济走出困境的重任。

未来，各国围绕人才、资金、技术与标准、知识产权、市场的争夺将更加白热化，在产业与技术领域的竞争将更加激烈，合作也将更加广泛多样。

（五）全球能源结构与供求格局深刻变化

国际能源领域正处在大变革时期。一是能源结构将发生重要调整。2005—2011年，太阳能和风能的年均增长率分别达到61%和25%，风电已连续五年成为欧盟第一新增电源。美国页岩气呈现爆发式增长，2011年美国页岩气产量是2000年产量的15倍，占其天然气总产量的34%。2009年美国超过俄罗斯成为全球第一大天然气生产国。未来全球能源结构将进入油、气、煤、可再生能源、核能五足鼎立的新格局，可再生能源和非常规油气成为新的快速增长的两个领域。

二是国际石油供求格局出现重大变化。非常规石油资源带动石油储量增长，美国页岩油的勘探开发成为未来石油资源新增量的重要来源。石油消费中心东移，生产中心西移。东亚及太平洋地区正成为新的石油消费中心，占全球石油消费的比重从1990年的21%提高到2011年的32%，其中中国和印度2000—2011年新增石油消耗占全球新增石油消耗的87%。美洲正逐步成为新的石油生产中心,美洲占全球石油资源量的比重从1990年的19.2%提高到2011年的32.8%。

三是世界能源地缘政治将出现新的格局。美国能源独立取得重要进展,能源自给率从2005年的69.2%提高到2011年的81.4%①,减少了对中东地区的依赖,为美国的全球战略布局调整提供了巨大空间。中东、北非地区一些产油国政治动荡,存在战争风险,给全球石油市场带来不确定性。

气候变化日益成为国际社会普遍关心的重大全球性问题。尽管各国在二氧化碳减排上存在分歧,但在应对气候变化上,各国达成多项共识,为进一步展开双边和多边磋商、达成新的具有普遍法律约束力的协议奠定了基础。各主要经济体也都制订了战略规划和行动计划,出台低碳政策,开展技术研发与创新,增加投入,力争在新一轮国际经济结构调整和应对全球气候变化中占据有利地位。欧委会提出将欧盟建设成为一个具有竞争力的低碳社会,到2020年和2050年将碳排放总量分别减至1990年水平的20%和85%～90%。美国加大基础研发投入力度,以加利福尼亚州为代表的地方政府推出了更为严格的排放标准和监管措施。日本制订了“低碳社会行动计划”,将低碳社会作为未来的发展方向和政府的长远目标。

(六)全球流动性过剩,金融动荡与通货膨胀压力增大

金融危机后,出于救助金融危机、刺激经济增长、降低融资成本和稀释外债成本等多重目的,美、欧、日三大经济体同时采取了宽松的货币政策,未来世界经济将面临严重的流动性过剩的局面。

全球流动性过剩将产生一系列严重后果,导致国际金融市场的持续动荡。一是可能导致大宗商品价格高位振荡,加剧通货膨胀压力。二是

① 资料来源于美国能源署制定的《2012能源展望》。

加剧跨境资本流动。逐利是资本的本性，过剩的流动性会四处寻找高回报的机会，在不同国家之间套利，从而加剧跨境资本流动，并可能冲击各国金融市场甚至宏观经济的稳定。新兴经济体由于其相对较好的增长前景，将成为资金流入的重要选择。三是加剧汇率波动，发达经济体通过宽松的货币政策压低本国货币的汇率，推动各国间竞争性贬值。新兴经济体面临较大的资金流入的压力，可能推高其汇率。四是可能在局部形成新的资产泡沫，积累新的金融风险。五是美国将多方维持“美元霸权”。美国宽松货币政策可能导致美元的贬值，加之美国经济相对地位的下降，对美元的国际地位产生不利影响。面对其他货币的挑战，美国出于战略利益考虑将多方维护“美元霸权”，对任何潜在的竞争货币采取打压措施，影响了国际金融市场的稳定。

（七）全球经济治理机制变革加速推进

国际金融危机的直接原因有所不同，美国次贷危机源于房地产泡沫破灭和过度金融创新，欧债危机源于政府过度负债。但深层次的原因则是现有的国际治理机制跟不上经济全球化和虚拟化的步伐，经济治理国家之间缺乏协调，金融体系缺乏有效统一监管。国际金融危机揭示了现有全球经济治理亟需纠正的重大缺陷，新兴经济体与发达经济体实力对比的新变化也对全球治理变革提出了迫切要求。

国际金融危机爆发后，国际金融监管体系变革快速推进，全球治理发生了新的变化，一是新兴经济体在现有多边治理机制（如世界银行、国际货币基金组织）中的份额与话语权有所提升；二是20国集团（G20）取代8国集团（G8）成为大国经济政策交流对话与协调的新平台，新兴经济体的影响力明显提高；三是发达国家加速推动制定新的国际规则，围绕利益分配和规则制定的国际竞争日趋激烈。面对新兴经济体崛起的挑战，发达国家为了维护其既得利益，极力推动新的国际经贸规则的制定，试图将气候变化、国有企业、劳工标准等纳入国际规则。新兴经济体在全球经济治理机制中的话语权不断提升,但新兴经济体利益诉求分化、协调能力较弱,在重大问题上难以形成一致声音,制约了其在全球治理变革中的作用的发挥,发达国家主导全球规则制定的局面中期内难以改变。

(八)区域一体化成为推动贸易投资自由化的重要形式

金融危机后,虽然贸易投资保护主义有所抬头,但贸易摩擦影响的国际贸易金额占比不到1%,各国在经济发展中的相互依存和利益交融日益增强,经济全球化仍是主流。多哈回合陷入僵局,各国将主要精力转为构造区域一体化安排,区域和双边自由贸易安排成为推动贸易投资自由化的重要形式。与多边贸易投资自由化的非歧视原则不同,区域贸易安排会对非成员国形成贸易转移效应。各国均担心被边缘化,在多米诺骨牌效应下,争相加入或发起新的自由贸易安排。截至2013年1月10日,已向关贸总协定(GATT)或世贸组织(WTO)通报的区域贸易安排(RTA)总数达到546个,仅2012年就增加了35个。未来五年,区域一体化将保持快速推进的势头。

对大国而言,区域一体化战略还可以将经贸利益与地缘政治战略有机结合。大国将推动自己主导的区域一体化组织作为实施全球战略的重要手段。在已经和准备启动的自贸谈判中,美国主导的"跨太平洋伙伴关系协定"(TPP)、东盟推动的"区域全面经济伙伴关系"(RCEP)将对亚太地区的一体化格局产生重大影响,美欧自由贸易区、日欧自由贸易区一旦建立,意味着主要发达经济体之间将形成更加紧密的关系,中国可能被排斥在发达国家主导的区域贸易集团之外。

二、主要经济体增长前景

(一)发达经济体增长整体低迷

1. 保持温和增长的美国经济

美国是世界第一经济大国,其GDP占世界的22%。2007年以前,美国经济经历了长达十多年的繁荣增长期，2008 年金融危机爆发，严重冲击了美国经济。经过一系列的危机救助措施，美国经济自 2009 年中开始步入温和复苏，经济增长率虽明显低于金融危机之前，但维持在 2% 左右已经是十分难得。从全球比较看，美国未来在全球经济竞争中具有很多明显的优势。一是具有雄厚的经济基础和科学技术实力，拥有大量世界上最好的大学和科研机构，美国企业掌控着全球产业链诸多关键技术。二是人口结构与人力资源优势。美国是一个移民国家，在发达经济体中人口结构相对年轻，同时，对全球的高端人才具有很强的吸引力。三是美元的国际货币地位，美国可以借此向全球融资、稀释债务。四是能源丰富且价格较低，对能源密集产业具有较强的吸引力。五是制度的自我调整能力较强。从近中期看，美国经济仍面临着较多制约因素，“三高”（高赤字、高失业、高逆差）、“二低”（低储蓄率和低投资率）成为制约其增长的主要原因。

美国政府为了应对危机，采取了一揽子政策措施，其中两大措施最为关键。一是实行无限期的定量宽松的货币政策，既可以提供充足的流动性来刺激经济复苏，又可以向其他国家转嫁危机，稀释外债，同时美元贬值也可增强其出口竞争力；二是增强实体经济国际竞争力的“再制造业化”战略。包括更新基础设施、改善教育培训、提升人力资源、促进科技创新、吸引外商直接投资和扩大出口等多方面的政策。

综合上述因素，在未来五年，美国政府、金融机构、企业和家庭都将处于金融危机后“去杠杆化”的资产负债表修复期，美国经济将处于温和复苏状态。

2. 仍然处于金融危机中的欧盟

由 27 个成员国组成的欧盟是世界上最大的经济体，2011 年 GDP 达到 17.6 万亿美元，比美国高出 2.1 万亿美元，占全球的 23%。欧盟的区域经济一体化程度是世界上最高的。一体化使欧盟作为一个整体，大大提升了其在全球事务中的影响力与话语权,也支撑了欧元的第二大国际货币的地位。但是,近年来,欧盟与欧元区扩张过快,进一步加剧了欧盟内部成员国之间的不均衡。2009 年底,欧洲主权债务危机爆发,表面原因是南欧一些国家政府过度负债,深层次的原因则是货币一体化与劳动力市场一体化、财政一体化、社会保障体系一体化进程的不同步。展望未来五年:

第一,欧洲主权债务危机结束尚需时日。危机发生后,欧盟委员会、欧央行、国际货币基金等携手推出了一系列救助措施,建立了欧洲金融稳定机制,欧洲稳定机制,实行了变相的定量宽松货币政策(OMT),大大降低了短期内再现大的金融冲击的风险,但是,希腊能否按照承诺推进改革、避免退出欧元区的命运,其他几个“欧猪国家”(“PIGS”)如西班牙会否成为新的风暴点,都还存在不确定性。甚至像法国这样的大经济体也面临着评级下降、主权债务风险加大的挑战。

第二,欧盟经济增长将处于低迷波动之中。欧盟经济增长受到诸多因素的制约。一是主权债务危机的冲击;二是应对危机措施的紧缩效应,如财政增税减支、财务减记等措施对增长具有紧缩效应;三是高失业(2012 年底达到 10.7%)及由此造成的预期恶化;四是高福利水平、高主权债务、老龄化等结构性因素的影响。

第三,欧盟经济一体化可能进一步深化。德、法等欧盟主要大国借主权债务危机,加速推进欧盟的财政一体化、政治一体化进程。但也存在一些不和谐因素,比如英国和捷克拒绝签署《欧盟经济货币联盟稳定、协调与治理公约》(又称“财政契约”),并且英国在多种场合表现出对欧盟的失望。如果作为欧盟核心成员之一的英国被“孤立”或“退出”,将对欧盟一体化进程产生重大影响,需密切关注。

第四,欧盟经济结构进一步转型。欧盟具有雄厚的科技实力和制造业基础。欧盟于 2010 年制定了《欧盟 2020 战略》,提出了:(1)基于知识和创新的智能型增长；(2)实现资源高效利用、经济绿色低碳的可持续增长；(3)更加关注经济、社会和地区聚合的包容性增长。法国等成员国制定了振兴制造业的规划，2012 年欧盟又出台了“新工业革命战略”，欧盟还在全球倡导和推动应对气候变化、低碳增长的国际协议与标准。在新发展理念、新技术、国际竞争新格局等多种因素共同作用下，欧盟经济结构将加速转型。

3. 继续失速的日本经济

日本在战后成功地实现了经济追赶，在 2010 年被中国超过之前，日本保持世界第二经济大国的地位长达 40 年。20 世纪 90 年代初泡沫经济的破灭，令日本陷入经济失速的 20 年，1991—2011 年，日本经济年均实际增长率仅为 0.9%。政府实施的宽松货币政策，并没有能够刺激经济复苏，反而令日本陷入了“流动性陷阱”和通货紧缩之中，而且造成了高达 230% 的主权债务率。

从国际比较看，日本经济仍具有一些独特的优势。一是精良的制造业具有较强的国际竞争力。二是日本在节能环保技术领域的领先地位。三是日本企业主导的全球生产网络，曾经被称为以日本为首的东亚“雁阵结构”。日本企业通过大规模海外投资形成了跨国生产网络，本土企业掌控了国际生产网络中技术含量较高的关键部件的研发与制造。四是日本企业一致对外的传统文化与协调机制。

尽管本届安倍政权上台之初便制订了高达 20 万亿日元的大规模刺激经济计划，要求日本央行设定 2% 的通货膨胀目标，实行宽松的货币政策，加速日元贬值，但是，未来五年，长期因素与短期因素相互交织，经济因素与政治因素相互作用，日本经济增长的前景并不乐观，可能难以实现新政府确定的年均 2% 的实际增长目标。一是严重的财政赤字和债务负担；二是外需不足与日元汇率升值影响出口增长；三是长期通货紧缩影响投资增长；四是高成本导致的产业空心化；五是少子化与人口老龄化压低潜在经济增长率;六是能源短缺与能源结构调整的压力;七是能源等大宗商品价格高企令日本这个资源能源进口大国出现国际贸易逆差;八是日本与俄罗斯、韩国、中国的领土与海洋权益争端,不时冲击双边经贸关系。日本制定了加速“返亚”的区域经济合作战略,但它在政治上更加右倾、安全上更加联美,将影响到其亚洲经济战略的实施。

(二)新兴经济体继续保持较快增长

新兴经济体是指经济规模较大、增长速度较快的一批发展中国家。20 国集团中有 11 个新兴经济体,其中最具代表性的是被称为“金砖”四国的中国、印度、俄罗斯和巴西。过去的一二十年中,新兴经济体适应经济全球化的新要求,调整发展战略,加快体制改革,大力推进经济开放,取得了巨大成功,在世界经济增长、国际贸易与跨境投资中的比重持续提高,影响力不断上升。

作为新兴经济体中最重要的成员,中国对世界经济的影响力持续上升。中国已经成为世界第二大经济体,2012 年中国国内生产总值达到 8.3 万亿美元(初步核算),略高于美国的一半,综合多种预测,十年后我国经济规模将可能超过美国。我国是世界第一出口大国、第二进口大国,从贸易大国的历史经验看,未来五年我国在全球市场的份额还会继续提升。在跨境投资中,我国既是吸引外资的大国(2012 年仅次于美国,居第二位),也是快速崛起的对外投资大国。我国还拥有世界上最大规模的外汇储备,有利于增强应对外部冲击的能力。因此,我国对世界经济、贸易、投资、金融市场和全球经济治理都具备了一定的影响力。

尽管受到国际金融危机和发达经济体减速的不利影响,未来五年新兴经济体增速有所回落,但仍将保持较快的增长。据 IMF 最新预测,未来五年(2013—2017 年)发展中经济体的实际 GDP 增长率平均为 6%,明显高于发达国家的 2.3%。一是印度等一批新兴经济体已经进入起飞阶段，保持较高的增长速度是一种阶段性特征，人口红利（除中国外的发展中国家整体的总抚养率将从 2010 年的 59% 下降到 2030 年的 53%）、高储蓄、国际技术扩散加速、开放政策等都将有利于新兴经济体继续保持较高增速；二是初级产品维持高价有利于俄罗斯、巴西等大宗商品出口国；三是全球流动性过剩和跨境投资复苏，有利于新兴经济体降低融资成本，吸引更多投资，加速技术进步；四是新兴经济体本土市场规模扩大、中产阶级数量快速增加，带来规模经济效应，推动产业结构升级；五是新兴经济体国际储备充裕，财政状况良好，政府管理宏观经济的经验和能力趋于成熟，有利于维持宏观经济稳定。

值得指出的是，新兴经济体不可避免地会受到国际金融危机的冲击和发达国家经济减速的拖累，不同的成员还面临着各自的风险，因此，未来五年，一些新兴经济体经济增长可能明显减速，同时可能会有其他发展中国家崛起成为新兴经济体的新成员。新兴经济体面临的风险包括：一是有些新兴经济体基础设施尚不完善，阻碍工业化与城市化进程；二是一些新兴经济体官员腐败现象较严重，投资软环境与商务环境均亟待改善；三是一些新兴经济体高度依赖大宗商品出口，较易受到国际市场上大宗商品价格波动对其经济增长的冲击；四是发达国家持续的量化宽松政策有可能导致新兴经济体输入性通胀压力加大，加上新兴经济体将是国际热钱冲击的主要对象，如果应对不当，可能出现汇率过度波动甚至宏观经济不稳定。

三、世界经济大调整对我国的影响与对策

我国与世界经济的融合不断深化，未来世界经济发展趋势与格局的变化，将给我国带来新的机遇与挑战，对我国经济发展与结构升级产生重大影响。

(一)世界经济大调整给我国带来的挑战

第一,出口增长与结构升级的压力加大。一是全球经济减速导致我国出口的外需增长放缓。二是我国一些低附加价值的劳动密集型产品正受到来自其他发展中国家更加有力的竞争。如果我们不能持续增强国际竞争力,加快出口结构升级,我国出口将面临严峻挑战。三是针对中国的贸易投资保护主义愈演愈烈,经贸摩擦从传统出口产品向技术密集产品、从贸易领域向投资领域、从实体经济向规则制定扩展。四是我国出口结构升级将加剧我国与发达国家的正面竞争。发达国家实施“再制造业化”战略,更加重视货物贸易出口。我国出口结构升级将使我国与发达国家的分工关系从互补为主转向更多的正面竞争,如果处理不当,可能会重演当年日美贸易战的历史一幕。

第二,保障我国金融安全与资源能源安全的困难增加。一是全球流动性过剩和资金跨境流动加剧,将增大我国巨额外汇储备保值增值的风险,影响人民币汇率稳定,压缩我国货币政策的调整空间,增大我国资本项目开放的风险。二是全球大宗商品价格高位波动,不仅令我国进口资源能源付出更多代价,而且还存在输入型通货膨胀压力,可能影响我国宏观经济稳定。三是国际政经环境和地缘政治变化,威胁到我国的海外利益安全。我国海外投资、人员大幅增加,且有较大比例集中于政治风险较高的国家与地区,维护海外利益的任务将更加艰巨。

第三,我国和平发展的战略环境更加复杂。一是“中国威胁论”“中国责任论”相互交织。我国承担国际责任的意愿、能力与国际社会的期盼存在落差,国际社会对中国崛起的疑虑加重,将影响到我国的国际形象与对外经贸关系。二是区域一体化快速推进,我国面临被主要区域贸易安排边缘化的危险。三是发达国家力推制定新的国际规则,可能导致国际规则朝不利于我国利益的方向演变。尽管全球治理变革与规则调整为我国提供了更多的参与机会，如果不在决策体制方面作出重大改革，大力提升参与国际治理的意识、经验和能力，全球治理变革与规则制定则可能不利于我国利益。四是周边战略与安全环境复杂化，影响我国与周边国家的经贸关系。美国实施“重返亚洲”战略，日本、越南、菲律宾等与我海洋主权与权益的争端加剧，部分周边国家出于对中国崛起的疑虑与恐惧，采取联美外交政策，一些周边国家政局动荡，均不利于我国发展与周边国家的经贸关系。

(二)世界经济大调整给我国带来的机遇

世界经济的新变化将给我国带来加速技术进步与产业结构升级的新机遇。

第一，引进高端生产要素与产业活动的机遇。全球经济低迷更突显中国经济良好前景，跨国公司更加看重中国巨大的本土市场和人力资源、基础设施、配套产业等新优势，加速将研发、地区总部、先进制造等更高技术含量、更高附加价值的产业活动向我国转移，高端人才等生产要素也将加速流入我国，有利于我国通过“引进来”提升技术水平和国际分工地位。

第二，整合全球资源，推进技术与产业升级的机遇。一是金融危机冲击下的发达经济体，为我国企业提供了海外低成本并购获取技术、研发能力、国际品牌、国际销售渠道的难得机遇。二是全球性新技术研发创新热潮，既是挑战也是机遇，如果我们能够充分利用国际国内两种资源，大力改善创新环境，我们不仅能在传统产业实现大幅提升，而且可能在新技术和新产业的国际竞争中争得一席之地。

第三，提升我出口结构的机遇。一是发达国家更新基础设施和新兴经济体建设基础设施，将带来全球性的基础设施建设热潮，这有利于我国扩大海外工程承包并带动我国机械、设备等高附加价值制成品的出口。

二是新兴经济体推进城市化、工业化将为我国性价比具有国际竞争力的发电设备、建筑机械、运输设备等资本品提供日益扩大的市场需求,带动我国出口结构的升级。新兴经济体日益扩大的中产阶级,其消费结构升级也将为我质优价低的消费品出口提供新市场。三是日益激烈的国际竞争和信息技术的深度应用,将有力地推动国际服务外包,我国可以充分发挥大学毕业生多的人力资源优势,实现服务外包的大发展。

第四,拓展我国发展空间的机遇。一是全球经济治理变革为我国参与全球规则制定提供机遇。二是区域一体化热潮有利于我国发挥市场吸引力,打造与我经贸联系更加紧密的周边环境,落实周边外交战略。三是发展中国家日益重视吸引外商直接投资,修订法律法规,改善投资环境,将吸引中国企业投资作为重点,有利于我国更好地利用发展中国家的资源、土地、劳动力和市场,改善与发展中国的关系,拓展我国和平发展的战略空间。

(三)应对世界经济大调整的政策建议

未来五年是中国和平发展的关键时期,面对世界经济大调整带来的机遇与挑战,我们必须审时度势,冷静分析,沉着应对,抢抓机遇,在对外开放领域做几件大事与实事,才能真正实现化危为机,趋利避害。

第一,着力提升我国全球价值链分工地位,继续拓展出口市场空间。我国已经成为世界第一出口大国,出口产品长期集中于低附加价值的劳动密集型产品,未来一段时期虽然外需增长放缓,但随着我国在国际分工中地位的提升,我国出口增长和提升国际市场份额仍有很大空间。① 一是树立制造立国、质量立国理念,创造出口竞争新优势。发达国家的“再制造业化”战略昭示出制造业对一国经济发展的关键作用,我国更应该

---

① 据中国社会科学院经济所裴长洪等的预测,2020 年中国占全球货物出口市场的份额将从目前的 11% 提升到 22.3%。裴长洪、王宏淼. 加入 WTO 十年后的中国[M]. 中国发展出版社,2012.

高度重视不断培育制造业国际竞争新优势。要围绕这一目标，在技术追赶与创新体制、房地产制度与市场、劳动力成本与技能、税收、汇率、贸易便利化与自由化等各个层面，改善增强出口竞争力的舆论环境、制度环境和市场环境。二是创新特殊经济区政策，打造“六大中心”，即把我国从现在的世界“制造中心”扩展到“国际物流”“国际销售”“国际结算”“国际研发”“国际维修”六大中心，大大提升我国的全球价值链分工地位。三是要扩大利用外资规模，提高利用外资的综合效益。加快服务领域对外开放，改善投资环境，大力引进技术含量与附加价值更高的外商投资项目。四是大力发展服务贸易，大力开拓国际服务外包、海外工程承包市场。

第二，大力支持企业“走出去”，打造几十家我国自己的具有国际竞争力的跨国公司与全球行业龙头。一是与美、欧等发达国家商签投资协定，并研究探索签署多边投资协定的可行性，为我国企业对外投资创造良好外部环境。二是配合资本项目开放与国内投融资体制改革，率先改革现行对外投资管理体制，大大简化审批程序，尽早取消审批。三是大力完善对外投资服务体系，包括信息服务、融资服务、法律服务、海外人员与资产安全保护服务等。四是大力增强我国企业国际化经营能力，不仅要“走出去”而且要“扎下来”。

第三，积极主动推进自由贸易区战略。积极推进中日韩自贸区、区域全面经济伙伴关系（RCEP）谈判，探讨与美、欧建立自由贸易安排的可行性，力争五年内与重要经济体谈成一个大的区域贸易安排。

加强周边经贸合作，发展“铁杆”朋友。一是要与周边国家发展互惠互利可持续的经贸关系。充分考虑周边国家的发展目标与主要关切，综合利用贸易、投资、金融、援外等多种手段，把农业全产业链投资与贸易合作、基础设施建设、转移出口导向型的加工制造项目、资源开采与深加工等作为经贸合作的重点领域。二是让周边国家充分分享我国的市场机遇,通过单边降低关税、重点分配进口配额、建立双边自由贸易安排等扩大来自周边国家的进口。三是加快周边大通道建设。开工建设中老柬铁路和直通印度洋的中缅铁路;打通经朝鲜直通日本的水、陆通道;修建中蒙铁路复线、提升中蒙公路等级;加快与中亚上合组织成员的公路、铁路网建设。四是加强陆海统筹,大力发展海洋经济。不仅要认识到海洋对我国安全的战略意义,而且要认识到海洋对保障我国资源能源安全和发展经济的巨大作用。除了继续发展传统的海洋农渔业、资源能源开采与加工、航运、旅游等传统的海洋经济活动,还要大力发展海洋生物、海洋可再生能源、海水利用等新兴产业。要创新理念、创新制度、创新技术,在维护我国主权的前提下,大力开展海洋经济的国际合作。

新一轮经济全球化下国际投资规则变迁与中国的对策

桑百川*

金融危机后，布雷顿森林体系所确定的三大支柱——世界银行、国际货币基金组织、世界贸易组织遇到了新的挑战，新兴市场国家和广大发展中国家认为过去的世界经济治理机构存在缺陷，由美国等发达国家主导的世界经济规则需要变革，谋求对世界银行、国际货币基金组织进行改革，推进世界贸易组织多哈回合谈判；以美国为代表的发达国家虽然承认全球经济治理制度存在缺陷，但对改革世界银行、国际货币基金组织等全球经济治理机构兴趣寡然，对推动多哈回合谈判更是动力不足，认为在过去30多年经济全球化中所获利益较少，推动多哈回合谈判的成本过高，对于让渡全球经济治理控制权更是心有余悸，正积极谋求在新一轮经济全球化中掌握控制权。

如果说上一轮经济全球化包括贸易、投资、金融的全球化，其中，贸易的全球化具有突出地位，经历关税及贸易总协定和世界贸易组织8轮谈判，关税水平大幅度降低，非关税措施明显削减，多边贸易规则体系已经建立，那么，在金融危机后新一轮经济全球化中，投资的全球化将具有更加突出的地位。不仅目前统一、系统的多边投资规则体系尚未建立，而且服务贸易也主要是市场准入问题，即投资问题，各国对投资全球化备加关注。

---

* 桑百川：对外经济贸易大学国际经济研究院院长、教授、博士生导师。

中国在成为国际投资大国的同时,理应在国际投资规则制定中发挥更大作用。积极推动中美双边投资协定谈判,是中国适应从国际贸易大国转向国际投资大国的变化,主动参与国际投资规则制定的战略选择,也可以创造新的开放、改革红利。在中美投资协定谈判中,就关键问题“准入前国民待遇+负面清单”达成一致后,还面对公平竞争原则、投资权益保护、利益交换等许多分歧。设立中国(上海)自由贸易试验区,可以作为中美双边投资协定的试验场,推进投资管理体制和投资审批制度、外商投资管理体制、资本项目开放和金融体制等项改革,真正转变政府职能,发挥市场在资源配置中的决定性作用,为控制实行投资高度自由化规则的风险积累管理经验,培养管理投资自由化条件下的管理者队伍,适应新一轮经济全球化环境下国际投资规则变迁的要求,在全球化中分享更大利益,使中国经济继续稳健高速发展。

一、美国主导新一轮经济全球化下国际投资规则的制定

美国为了在新一轮经济全球化中掌握主导权,采取了两条腿走路的策略:一方面通过跨太平洋伙伴关系协定(TPP)和跨大西洋贸易和投资伙伴协定(TTIP),推动大区域的贸易、投资自由化,引领后金融危机时代经济全球化秩序安排,这也进一步助推了经济全球化进程中区域主义的兴起;另一方面,通过签署双边投资协定,主导国际投资规则安排。2012年4月,美国在修订2004年发布的双边投资协定文本的基础上,发布了最新的双边投资协定范本(2012 US Model BIT),用于与其他国家进行投资协定谈判。

TPP谈判涉及货物贸易和农产品贸易、服务贸易、投资、劳工、环境、政府采购、知识产权保护、原产地标准、保障措施、技术性贸易壁垒(TBT)、卫生和植物卫生措施(SPS)、透明度、原有自由贸易协定的文本整合等内容,致力于建立高标准的贸易、投资高度自由化的协议。由于参

加谈判国家的发展水平、经济利益诉求与主张存在较大差异，谈判难度较大。而TTIP作为史上最大的自由贸易协定，美欧关税从目前的平均3%～5%降至零，覆盖世界贸易量的1/3、全球GDP的1/2以上，在服务和采购上扩大市场准入，制定统一的贸易规则、产业行业标准、双方市场内部的监管规则，协调食品安全、转基因生物、音像制品等行业管理制度，推进贸易和投资便利化、服务贸易和公共采购的自由化，谈判并达成协议的难度同样不容小觑。

在美国主导下，日本、欧盟等发达资本主义国家（地区）通过建立高水平的自由贸易区，加强区域经济合作，既为贸易与投资扩张奠定制度基础，从而通过贸易与投资扩张拉动经济增长，增加就业机会，同时，美国等发达国家又可以在新一轮经济全球化中占据先机，在世界经济结构调整和世界经济治理制度变革中掌握主动权。但由于在协定谈判中存在较大难度，达成协议需要较长时间，所以美国同时还通过双边投资谈判，签订高水平的双边投资协定，促进投资自由化，主导全球投资规则的制定。

面对美国在金融危机后全球经济战略的调整，中国等新兴市场国家存在被边缘化的风险。美国与中国在亚太地区主要的贸易伙伴进行TPP谈判，作为中国第一大和第二大贸易伙伴的欧美进行TTIP谈判，联手走向市场一体化，这对中国出口、投资和经济增长带来的负面效应将会显现。如果参与TPP谈判的国家之间、欧美之间享受零关税或者低关税，中国同样的出口产品进入欧美等市场的价格优势将被削弱；如果欧美等国家统一产品、行业规则和标准，中国产品如果达不到相应的技术标准、环保标准等要求，在其市场将会遇到严重的技术性贸易壁垒。更重要的是，中国如果不能有效参与区域经济合作进程，也不能在双边投资协定谈判中有所作为，则在全球贸易、投资规则制定中失去话语权。

二、现行国际投资规则的内在矛盾

第二次世界大战后，适应国际投资和生产全球化的要求，各国在制定国际投资规则的谈判中,形成了以双边投资协定(BITs)、特惠贸易与投资协定(PTIAs)为主体的双边、区域和多边协定(如与贸易有关的投资措施等)共存、相互区别又相互重叠的国际投资规则体系,涉及投资自由化、投资保护、投资争端解决程序等方面的内容。到2012年底,国际投资协定多达3226项。从国际投资规则形成背景和内容来看,现有的国际投资规则存在着诸多矛盾。

(一)发展中国家和发达国家在制定国际投资规则中的立场矛盾

发展中国家和发达国家之间经济发展不平衡,发达国家作为主要的资本输出国,发展中国家作为主要的资本输入国,双方地位、角色存在差异,决定了发达国家和发展中国家参与国际投资规则的目的具有显著差异。发展中国家签订国际投资协定主要是希望给予外资必要的保护以吸引和利用外资,扩大国内产出、促进就业、推动本国经济发展,其假设前提是通过签订国际投资规则可以创造稳定的、可预测的投资环境,降低投资政治风险和经营风险,对外资流入产生吸引力;而发达国家则希望通过签订国际投资协定谋求更加广泛的市场准入机会和投资保护,减少东道国政府对外资企业经营的干预,保障投资者获得充分权利,其假设前提是发展中国家的法律制度存在着不稳定性和不可预测性,必须通过国际投资协定来弥补东道国法律制度的缺陷。这种目的上的差异性,决定了发展中国家和发达国家在国际投资协定谈判中的不同立场,围绕东道国政府管理跨国公司投资经营的管理权限的不同立场,形成了发展中国家和发达国家在制定投资规则中的首要矛盾。

(二)发展中国家东道国政府责任和发达国家跨国公司权利不平衡的矛盾

国际投资协定主要规定了外国投资者在投资设厂前后应享有的国民待遇和最惠国待遇、最低待遇标准、自由转移资本的待遇,规定征收或国有化后应给予的补偿标准,以及东道国负有保证政策透明度的义务等内容。从内容看，首先重点强调了跨国公司在投资过程中应享有的权利和东道国政府的责任，而非跨国公司的责任和东道国政府的权利，东道国政府只能通过国内法规管理跨国公司，无法通过国际投资协定直接规定跨国公司应负有的义务，缺乏针对跨国公司的社会责任要求，以及促进东道国经济发展的相关内容，尽管从20世纪80年代起发展中国家希望通过“联合国跨国公司法典”这一多边规则强化对跨国公司的义务，但由于发展中国家和发达国家谈判地位和谈判能力相差悬殊，谈判没有获得成功。

（三）国际投资协定的复杂多样性与一致性的矛盾

自1991年以来，由OECD推动的多边投资协定谈判经历多次挫折，世界各国主要通过缔结双边协定和区域投资规则实现对外资的管理，形成了分散化、多层化、多面化的国际投资规则体系。这些协定的内容既相互重叠又存在差异，并通过最惠国待遇和国民待遇条款相互渗透，往往造成规则内容相互冲突。比如北美范式的投资协定包含一般准入前的国民待遇，而欧洲范式的投资协定则不包含这一待遇，一国如果与其他国家签订两种范式投资协定往往形成了待遇上的差异，造成投资扭曲和法律冲突。

在投资自由化方面，区域经济一体化协定（如北美自由贸易区协定）一般采用“自上而下”的方式做出自由化承诺，而在WTO服务贸易总协定中则采用“自下而上”的方式，这种方式上的差异也会造成自由化范围出现差异，造成规则之间的冲突。国际投资协定作为管理世界直接投资活动和协调各国投资政策的一种法律制度，要求具有稳定性和内在的一致性，以减少投资决策过程中的不确定性。当前国际投资协定的复杂性、多样性，客观上形成了与规则一致性要求的矛盾，如何保证投资规则的内在一致性，对世界各国制定投资政策构成挑战。

三、国际投资规则变迁的基本取向

面对国际投资活动的新发展,世界各国重新考虑在国际投资规则中的立场和诉求,谋求平衡跨国公司享有的待遇和东道国政府的监管权力,规避陷入国际投资争端,国际投资规则在演变中呈现出新的趋向。

(一)在国际投资规则体系中,包括推动投资自由化的自由贸易协定快速发展,区域主义兴起

国际金融危机爆发后,亚洲经济保持较高增长,美国、欧洲等传统的投资输出大国的投资、贸易重点向亚洲转移,加快推进与亚洲各国建立自贸区的谈判进程,降低准入门槛和投资限制,拓宽投资领域。欧盟在与韩国达成自贸区协定后,继续加快与印度、新加坡、日本的自贸区谈判进程;美国也于2011年10月12日通过了拖延四年之久与韩国、哥伦比亚和巴拿马自由贸易协定,并加紧推动包括日本在内的《跨太平洋战略经济伙伴关系协定》,并开始将投资议题纳入谈判内容,意图进一步推动投资自由化。在自由贸易区谈判中,一般都纳入了投资议题。在2012年达成的30项国际投资协定中,20项为双边投资协定,10项其他投资协定,在其他投资协定中,8项为区域投资协定。

(二)在国际投资规则的内容上,向着平衡东道国和跨国公司权利和义务方向发展

在东道国的监管权方面,近期,许多国家在制定国际投资规则中,引入多种措施扩大东道国对国际直接投资的监管权力。通过澄清投资协定管辖的领域,明确资产的范围,限制协定的适用范围,扩大本国政府对国际直接投资事务的管辖范围(如2009年韩印全面经济伙伴关系协定);通过引入国家安全、保证金融体系稳定审慎措施、国际收支平衡与保护环境等一般性例外措施,扩大东道国的监管空间。其中值得关注的是国家

安全考虑已经成为当前许多国家进行投资并购审查的重要措施，美国、德国、日本等国家强化了国家安全措施，并且由于“国家安全”概念并没有进行明确的定义，为政府扩大审查范围、加强对外资并购的审查保留空间，一些新兴市场国家也纷纷效仿。

在跨国公司义务方面，为了使跨国公司更好地服务于本国经济发展的目标，许多国家开始在其签订的国际投资协定中加入企业责任条款，要求跨国公司在环境保护、促进人权发展、遵守劳工标准及反腐败等方面发挥作用。比如在加拿大与哥伦比亚（2008）、秘鲁（2009）与巴拿马（2010）签订的自贸区协定中，前言和实质性条款部分都包含了企业社会责任的要求；《里斯本条约》授予欧盟国际直接投资专属管辖权后，欧盟议会明确要求在以后签订的国际投资规则中包括公司社会责任条款。

（三）在国际投资争端解决机制上，提高投资争端解决的效率和透明度

在实体性条款上，各国通过澄清国际投资规则中一些容易引起争端的实体性条款，如公平公正的待遇、最惠国待遇适用范围、间接征收等的内容，减少规则内容的不确定性，提高了国际投资规则的一致性。

在程序性条款上，通过增加仲裁过程的信息披露等，增强投资争端仲裁的透明度。值得注意的是，一些国家如日本、韩国、哥伦比亚等，开始寻求预防和避免投资争端的解决方案，力图通过多种途径化解投资争端，从而降低投资争端所引发的经济和政治成本，这一变化有利于国际投资规则朝着统一、透明和可预测的方向发展。

（四）在国际投资协定规格上，朝着高标准的投资自由化、便利化方向演进

现有的国际投资规则中虽然涉及了促进投资自由化、投资保护和投资争端解决的程序，各国也实施了一些促进投资的政策，但投资者仍面临投资壁垒、歧视性待遇以及政策法规的不确定性，容易导致国际投资磨擦。此外，双边和区域性投资协议虽然在一定程度上有利于外国直接投资，但可能导致国家利己主义和以自我为中心解决问题，各种不同规则之间也必然会产生冲突，而世界贸易组织乌拉圭回合多边协议所涉及的投资领域和规则非常有限。因此在 OECD 推动下，一直谋求制订一项完整、系统、全面的多边投资协定。美国更是积极谋求建立高标准的、高度自由化和便利化的投资规则。

（五）在国际投资原则上，准入前国民待遇和负面清单模式成为发展的基本取向

在 1992 年美加墨三国签署的《北美自由贸易协定》中，有关投资议题就采取了“准入前国民待遇 + 负面清单”的模式；美国 BIT（2012）范本确立了“准入前国民待遇 + 负面清单”的模式。

所谓“准入前国民待遇”原则，即在投资发生和企业建立阶段就开始给予外资国民待遇，这也是投资自由化的根本内容；而“负面清单”是指在清单中列举准入前国民待遇和国民待遇的例外，确定外资不能自由进入的行业。负面清单中没有列举的内容，都是自由投资的领域，外资享受准入前国民待遇。目前，亚太地区诸多国家在签署的自由贸易区协定中的投资条款都包含“准入前国民待遇”和“负面清单”。其中既有美、加、澳、新西兰、日本、韩国等发达国家，也有新加坡、泰国、马来西亚、印尼、菲律宾、文莱、越南、墨西哥、智利、秘鲁等发展中国家。一直很谨慎的印度在与新加坡、韩国和日本谈判的自由贸易区协定中也同意纳入“准入前国民待遇”，并考虑采取“负面清单”，巴西也接受这一原则。

“准入前国民待遇 + 负面清单”模式已经成为新一轮经济全球化中国际投资规则演变的方向，也是高标准、自由化和便利化的国际投资规则中最重要的特点。

四、中美投资协定谈判是中国对外开放面临的新机遇

以开放促改革是中国改革开放35五年来的一条基本经验。在美国谋求与更多国家签署双边投资协定的过程中，当前已进行到关键阶段的中美双边投资协定谈判，就是以开放促改革的新路径。从中方看，与美签署双边投资协定意义深远。

第一，与美签署双边投资协定与国内重大改革密切相关。将对投资体制和行政审批制度、外商投资管理体制、资本项目进一步开放和金融体制改革深化等提出明确要求，从而促进经济体制和行政管理体制改革。

第二，有利于形成新一轮开放红利。在新一轮经济全球化中，国际投资和服务贸易将取代货物贸易成为主要内容。与美签署BIT等于抓住了龙头，中欧BIT、自由贸易区谈判中的投资议题、服务贸易的市场准入，都可以迎刃而解，有利于推动中国进一步融入世界，其所创造的新一轮开放红利完全可与“入世”媲美。如果说“入世”使中国在接受国际贸易规则体系中获得了对外贸易快速成长的机会，从而拉动中国改革和经济高速增长，那么中美签署双边投资协定，并引领中国与其他国家的双边投资协定谈判、自由贸易区投资议题的谈判，将在投资高度自由化和便利化中，获得投资和服务贸易快速增长的机会，促进吸收外资、扩大服务贸易和对外投资。

第三，可以摆脱在新一轮全球化规则制定中的不利地位。加快与美签署BIT，可以缓解中国被跨太平洋伙伴关系协定和跨大西洋贸易和投资伙伴协定边缘化、贸易和投资转移等负面影响。

第四，夯实中美关系基础。经贸关系是中美新型大国关系的“压舱石”和“推进器”，与美签署BIT，有助于消减美国对我投资壁垒，制约美国滥用投资安全审查，推动双向投资，对冲中美贸易不平衡对中美经济关系的冲击，稳固中美关系。

从美方看,目前也处于中美 BIT 谈判的战略窗口期。

第一,推动中美 BIT 谈判能够增强美国在制定全球投资规则中的主导权。如果没有世界第二大经济体、最大的新兴市场和最大的发展中国家中国的参与,美国所主导的新的国际投资规则的全球影响力会大打折扣。由此,美国骨子里欢迎中国参加 BIT 谈判。

第二,推动中美 BIT 谈判有助于保护美国投资者利益。在经济复苏中,美国公司营运情况超出预期,税后利润、海外利润、海外直接投资存量均连创历史新高,2013 年美国商会的研究报告继续将中国列为全球首选投资目的地,91% 的受访企业表示对未来五年在华业务前景持"乐观"或"稍有乐观"的态度。中美 BIT 谈判并达成高水平的投资协议,可以有效改善投资环境,保护美国投资者利益。

第三,中美 BIT 与 TPP、TTIP 相互竞争对美国有利。美国主导的 TPP、TTIP 谈判都存在着巨大利益分歧。如果能够推动中美 BIT 谈判,可以有效增加美国在 TPP、TTIP 谈判中的要价能力。

五、中美双边投资协定谈判的分歧焦点

在 2013 年 7 月第五次中美战略与经济对话中,中国同意在双边投资协议谈判中采用准入前国民待遇和负面清单原则,中美投资协定谈判中最大的障碍得以消除,但是,在公平竞争、投资权益保护、利益交换等议题上仍然存在较大分歧。

(一)公平竞争原则

涉及国有企业、环境、劳工、业绩要求等内容。一是国有企业,又包括竞争中立、公司治理、经营透明度等问题。美国 BIT 范本倡导竞争中立原则,强调国有企业不得以低于市场价格取得矿产资源、土地、贷款等生产要素,这与中国现存国有企业制度存在冲突。二是环境规则。美国 BIT

范本要求缔约方承认多边条约和协定，并且以遵循环境保护法鼓励投资。但中国与其他国家签署的 BIT 中没有类似条款。三是技术标准。美国 BIT 范本要求给予外国投资企业平等参与东道国技术标准的制定权。这涉及国内经济规则制定权的让渡。劳工待遇方面，美国 BIT 范本要求缔约方投资者在劳工保护方面的义务，包括结社自由、集体谈判权、禁止强制劳动和童工、消除就业和职位歧视等。但其中的某些制度在中国并未完全建立。

(二)投资权益保护

涉及外汇转移(与资本项目开放相关)、金融服务(主要是金融审慎例外)、征收与补偿、税收优惠与业绩要求、政策透明度等问题。其中，关于外汇转移，美国 BIT 范本要求包括经常项目和资本项目在内的外汇可以进行无条件自由转移，但目前人民币资本项目并没有完全开放，主要是没有实现资本项目自由兑换，汇率、利率没有完全市场化。

(三)利益交换

中国总体上能够给予美国多大的市场准入、准入什么，同时向美国要哪些市场准入等，以便既最大限度维护中方利益，又能谈成一个高水平的投资协定，这需要做出战略性决策。目前，中国缺少相应内容的明确规划和基本主张。

六、加快中美投资协定谈判的策略

(一)发挥中国(上海)自由贸易试验区作为中美双边投资协定试验场的功能

在化解中美投资协定谈判分歧、加快中国改革开放过程中，离不开深化投资体制和审批制度、外商投资管理体制、资本项目开放和金融体制等项改革，从而深刻触及现存的经济体制和行政管理体制。为了控制实行投资高度自由化规则的风险,培养管理投资自由化条件下的管理者队伍,积累管理经验,需要进行先期试验。

根据中国(上海)自由贸易试验区总体实施方案界定的试验区主要任务、措施,首先,必须加快政府职能转变。中国(上海)自由贸易试验区致力于探索建立与国际高标准投资和贸易规则体系相适应的行政管理体系,推进政府管理由注重事先审批转为注重事中、事后监管,提高行政透明度,完善投资者权益有效保障机制,实现各类投资主体的公平竞争。其次,扩大投资领域开放。在金融服务、航运服务、商贸服务、专业服务、文化服务以及社会服务等领域扩大开放,探索建立负面清单管理模式,逐步形成与国际接轨的外商投资管理制度;改革境外投资管理方式,支持试验区内各类投资主体开展多种形式的境外投资。再次,深化金融领域开放创新。加快金融制度创新,探索适应外汇自由转移要求的外汇管理体制,推进资本项目开放、汇率市场化和利率市场化试验,促进跨境融资便利化;推动金融服务业对符合条件的民营资本和外资金融机构全面开放,鼓励金融市场产品创新。最后,完善法制保障。建立适应国际投资规则变迁要求的管理制度和法律体系,营造相应的监管和税收制度环境。

(二)周密部署,明确“负面清单”的内容

中国(上海)自由贸易试验区所试行的外商投资准入负面清单列表只是中国单方面、自主设立的清单列表,与双边谈判所要求的负面清单会有很大差异。需要在总结中国(上海)自由贸易试验区实行负面清单的基础上,进一步削减负面清单的内容。负面清单的制定是一个发现真正需求的过程。需要由商务部牵头、各部委做扎扎实实的基础调研,在外商投资产业指导目录的基础上,列举出本部门的负面清单、例外措施,即外资不能享受准入前国民待遇和自由进入投资的行业等。深入研究美方的负面清单,对美提出要价,为我投资者争取权益。

(三)依据国内法,保障公平竞争

借鉴美国 BIT 范本的内容,根据中国法律制度,并结合现实情况,推进国有企业改革,促进政企分开、政资分离,保障国有企业与其他经济成分平等竞争,对于现存的央企,需要在明确其职能定位的基础上,通过对每家公司单独立法,规范其资产制度、企业治理结构、行为方式等,以适应市场经济的要求和国际投资协定下对国有企业的要求;依据环境保护法和促进技术进步的相关法规,修订外商投资鼓励措施;将环境和劳工待遇纳入投资协定条款中,拒绝结社自由条款;平衡投资者的权利和义务,既给予外国投资者平等参与国内技术性标准制定的权利,又要避免外国跨国公司凭借技术领先优势垄断和主导国内技术标准的制定,明确投资者承担的义务内容。

(四)提高国际投资保护待遇标准

确立较高标准的投资保护待遇符合中国"走出去"战略的客观要求和中国成为对外投资大国的现实利益,且已成为中国参与国际投资规则实践的现实选择。中国可以接受最低待遇标准、禁止绩效要求,放宽资金转移限制,全面接受国际仲裁。在资本账户还没有完全放开、金融体制不健全的条件下,保留资金转移的例外措施,在国际收支恶化情况下实行资本管制,维护金融安全。同时,在启动上海自由贸易(试验)区建设后,及时总结经验,加快金融体制改革和外汇管理体制改革,提高国际资本流动的监管能力,加快人民币利率、汇率市场化进程,早日实现人民币资本项目自由兑换。

(五)保留政府保护公共利益的政策空间

保留投资监管空间完全可以在投资协定内通过例外条款、过渡期条款等手段实现,这也被世界各国国际投资规则实践所认可。同时,中国应强化通过法律制度手段实现对外资的监管,减少对政府依靠临时性的规定、规章等措施管理经济的依赖,降低政策的随意性,增强投资环境的稳定性、一致性和可预测性。

(六)加快改革外资管理体制投资审批制度

根据“准入前国民待遇+负面清单”的原则,改革外商投资全面核准制度,调整在核准中采取的准入限制加优惠措施的管理措施,实行以竞争政策和环境、技术标准为主的管理制度,简化外商投资审核程序,实行并完善外商投资注册登记制。利用中美 BIT 谈判打开国内的改革局面,加快国内投资体制改革,对内资企业和外资企业实行同等的投资管理制度。

【参考文献】

[1] World investment report, UNCTAD, March 2013.

[2]崔凡. 美国 2012 年双边投资协定范本与中美双边投资协定谈判[J]. 国际贸易问题,2013(2).

[3]曾华群. 论双边投资条约的实践的“失衡”与革新 [J]. 江西社会科学,2010(6).

[4]余劲松,詹晓宁. 国际投资协定的近期发展及对中国的影响[J]. 法学家,2006(3).

[5]陈安,蔡从燕. 国际投资法的新发展与中国双边投资条约的新实践[M]. 上海:复旦大学出版社,2007.

新一轮开放内涵和路径解读

张玉阁　黄启云*

中共十八大对我国的开放事业提出了更高的目标、标准和要求，标志着我国对外开放进入了新阶段。十八届三中全会在全面深化改革的总目录下，对“构建开放型经济新体制”进行了论述和部署，进一步明确了我国新一轮开放的着重点、路线图和时间表。随着中国（上海）自由贸易实验区的启动，以投资便利化和服务贸易自由化为核心的开放政策陆续出台，我国新一轮开放在内外两个方面同时拉开，呈现出一种前所未有的大格局。

一、开放是我国的必然选择

从外部环境来看，新一轮开放，是我国对后金融海啸时代经济全球化和区域一体化新趋势的应对之举。新一轮开放面临的全球开放新趋势，主要有四个方面：

一是全球开放趋势不可逆转，开放格局趋于复杂，我国必须以开放应对和解决开放所带来的问题；二是 WTO 规则正在逐步边缘化，或将被超越，开放的水平更高，市场准入的门槛更低，以发展水平为标准形成更高层次的区域经济体系，将改变现有地理空间上的区域一体化格局，我国需要以更加开放的策略应对这一挑战；三是全球化“红利”虽仍存在，但更

* 张玉阁：综合开发研究院（中国·深圳）研究员，副编审。黄启云：中国社会科学院经济研究所博士后。

多来源于知识技术创新,要继续收割“红利”,我国需要通过进一步开放促进产业提升和知识经济发展;四是金融海啸并没有改变金融开放的基本方向,但强化金融风险防范则成为重点,我国的金融开放也是如此。

更为重要的是,从内部发展现状来看,新一轮开放,是推动我国经济转型和全面深化改革的现实需要,是我国未来发展的必然选择,突出表现在以下几个方面:

(一)通过开放进一步推进制度建设

开放对完善我国的制度建设发挥了重要作用。加入WTO之后,我国通过推进全面开放,有效促进了制度全面系统的改革。在经济领域,逐步建立和完善社会主义市场经济,逐步完善和提高市场经济管理体制和行政管理体制,完善各项制度和法规,在保持基本制度的前提下,推动管理制度与国际接轨,按国际惯例进行调整和完善;在社会领域,经济开放的“溢出”效应已经作用于社会领域,随着开放逐步从侧重于经济领域的开放转变为经济、社会、科技、教育领域的全面开放,开放对我国由传统农业型社会向现代工业化社会乃至于后工业化社会的转型产生了重要影响;在文化领域,开放使得我国文化开始对外输出,我国的价值理念和文化、文明的影响力正在增强。未来进一步推进我国的制度建设、进一步扩大开放仍是重要的方式和手段。

(二)通过开放解决经济社会突出问题

目前我国面临许多突出的经济社会问题,这些问题的存在均与现有体制、制度、政策不完善不合理有关。我国行政体制改革已经推行多年,但是“转变政府职能”“减少行政干预”的目标尚未实现,根本原因是改革牵涉许多政府部门及人员的利益,阻力太大,难以真正推行;社会事业和公益机构的培育、发展和开放也较为滞后。我国迫切需要通过开放,借鉴国际经验,打破改革阻力,处理好政府与市场、政府与社会的关系,发挥市场在资源配置中的决定性作用，平等对待各类市场主体，开放社会事业组织和公益机构，进一步解除束缚我国发展的各种体制、制度、政策、环境等方面的障碍，推动改革全面深化，进一步解放生产力。目前我国的人均收入还处于中等水平，距离发达国家还有相当大的距离，正处于经济社会转型关键时期，很容易陷入“中等收入陷阱”。要防止这种可能演变为现实，就必须继续扩大和深化开放。

（三）通过开放把握发展战略机遇

未来二三十年仍会是整体和平的大环境，是我国经济继续发展的战略机遇期。但战略机遇期的内涵会发生重大变化。如果说以前我国的战略机遇主要表现为海外市场扩张和国际资本流入，我国抓住机遇一举成为全球制造中心，那么未来我国的战略机遇，则主要表现为国内市场对全球经济复苏的巨大拉动作用，以及发达国家呈现的技术并购机会及基础设施投资机会。我国需要通过进一步拓展和深化开放，提升国家整体竞争力和我国企业在全球价值链中的增值份额，开拓新的国内外市场。必须推动对内对外开放的相互促进、“引进来”和“走出去”更好的结合，促进国际国内要素有序自由流动、资源高效配置、市场深度融合，加快培育参与和引领国际经济合作竞争新优势。新一轮开放的核心问题是处理好政府与市场、与社会的关系，重点之一是转变政府职能。划清政府与市场、社会的边界，减少政府对市场、社会的不当干预。

二、新一轮开放的内涵和重点

中共十八大报告对我国新一轮开放提出了新要求，十八届三中全会明确了我国新一轮开放的新举措，中国（上海）自由贸易实验区是我国新一轮开放的新试验，这构成了新一轮开放的内涵。而新一轮开放的重点，则是优化开放行为和方式，提升开放标准和水平。

(一)十八大报告对开放提出新要求

与十七大比较,十八大对我国新一轮开放的要求更高,开放尺度更大,开放的任务和重点更加具体明确。十八大报告提出的新要求,是我国新一轮开放的大政方针和基本原则。

表1　十七大报告和十八大报告对开放的论述

十七大报告的表述	十八大报告的提法
提高开放型经济水平	全面提高开放型经济水平
坚持对外开放的基本国策	实行更加积极主动的开放战略
完善内外联动、互利共赢、安全高效的开放型经济体系	完善互利共赢、多元平衡、安全高效的开放型经济体系
把"引进来"和"走出去"更好结合起来。创新利用外资方式,优化利用外资结构。创新对外投资和合作方式,加快培育我国的跨国公司和国际知名品牌	提高利用外资综合优势和总体效益,推动引资、引技、引智有机结合。加快走出去步伐,增强企业国际化经营能力,培育一批世界水平的跨国公司
加快转变外贸增长方式,立足以质取胜,调整进出口结构,促进加工贸易转型升级,大力发展服务贸易	加快转变对外经济发展方式,推动开放朝着优化结构、拓展深度、提高效益方向转变
深化沿海开放,加快内地开放,提升沿边开放,实现对内对外开放相互促进	创新开放模式,促进沿海内陆沿边开放优势互补,形成引领国际经济合作和竞争的开放区域,培育带动区域发展的开放高地
实施自由贸易区战略,加强双边多边经贸合作	统筹双边、多边、区域次区域开放合作,加快实施自由贸易区战略,推动同周边国家互联互通
注重防范国际经济风险	提高抵御国际经济风险能力

总体而言,十八大报告更强调开放的整体性和系统性、开放的积极性和主动性,更能把握开放型经济体系的本质特征,更强调"引技""引智"和"增强企业国际化经营能力",更突出"对外经济发展方式"的转变,更强调开放模式的创新和开放高地的建设,自由贸易区的发展战略更加清晰,对抵御经济风险能力的要求更高更明确。

（二）十八届三中全会明确了开放的新举措

在十八届三中全会通过的《中共中央关于全面深化改革若干重大问题的决定》（以下简称《决定》）中，上述大政方针和基本原则具体化为新一轮开放的方案设计和新的举措。《决定》明确提出了“构建开放型经济新体制”的目标，要求“适应经济全球化新形势，必须推动对内对外开放相互促进、引进来和走出去更好结合，促进国际国内要素有序自由流动、资源高效配置、市场深度融合，加快培育参与和引领国际经济合作竞争新优势，以开放促改革。”

围绕这一目标，新一轮开放将重点采取三个方面的新举措：一是放宽投资准入。包括统一内外资法律法规、扩大企业及个人对外投资、加快同有关国家和地区商签投资协定等。二是加快自由贸易区建设。包括坚持世界贸易体制规则，坚持双边、多边、区域次区域开放合作，改革市场准入、海关监管、检验检疫等管理体制等。三是扩大内陆沿边开放。包括推动内陆贸易、投资、技术创新协调发展、支持内陆城市增开国际客货运航线、加快沿边开放步伐等。

这些新举措，充分体现了以往我国“以开放促改革”的既定做法。其中投资准入是全球开放的通则；以自由贸易区为载体的开放也是全球开放的普适性案例，随着自由贸易区战略实施的拓展，自由贸易区将在我国新一轮开放中发挥重要的引领作用；鼓励对外投资表明我国开放的双向程度更高；与有关国家和地区签署投资贸易协定更具有自我规范和约束作用；内陆沿边开放更具针对性，更有利于与周边国家和地区形成更大的市场。它们是我国开放的有力之举，也是全面深化改革的重要组成部分。

（三）中国（上海）自由贸易实验区的新试验

中国（上海）自由贸易实验区的设立，对于我国新一轮开放具有十分重要的意义。一是应对全球开放和国内发展的新挑战。2008 年后世界贸易和投资规则加速重构,美国主导的 TPP(跨太平洋战略经济伙伴协定)和 TTIP(跨大西洋贸易与投资伙伴协定),最为核心的是“准入前国民待遇”和“负面清单”原则,在一定程度上可能改变现行世界贸易规则。这些由美国主导的国际新规则将我国排除在外,我国可能面临“二次入世”的困局。建立上海自由贸易试验区,是要突破美国主导规则制定的限制,有效应对国际区域一体化发展的挑战。此外,我国需要在开放的环境中实现国家整体转型发展,从根本上改变“以出口带动经济快速增长”的发展模式,上海自由贸易实验区将在这方面率先探索。服务贸易自由化是上海自由贸易实验区试点的重要内容之一,即通过对这一领域的集中开放,促进我国经济转型,开辟新的经济增长点。

二是为我国新一轮开放探路。上海自由贸易实验区要探索我国对外开放的新路径和新模式,推动政府职能转变和行政体制改革,促进转变经济增长方式和优化经济结构,实现以开放促发展、促改革、促创新,形成可复制、可推广的经验,服务全国发展。上海自由贸易实验区对接国际规则,是更高层次的开放。上海自由贸易实验区将通过构建新全球价值链和庞大的内需市场,推动我国经济升级,创造第二波全球化“红利”。上海自由贸易实验区将通过服务业等领域的市场开放和投资审批体制改革,以开放“倒逼”改革,推进政府职能转变。

三是我国新一轮开放的风向标。上海自由贸易试验区的设立具有重要的风向标意义,是我国顺应全球经贸发展新趋势,实行更加积极主动开放战略的重大举措,对我国经济的意义堪比深圳经济特区的设立,在我国新一轮开放中扮演着特殊的角色,将成为我国新一轮开放和引领我国全面、深度开放的前沿阵地。

(四)优化开放行为和方式

新一轮开放是全面、高层次、对等的开放,是经济、社会、行政、文化等主要领域的同步开放,在一定程度上是一步到位的、按着国际较高标准的制度性规范性开放，因此需要调整优化开放的行为和方式。统筹经济、社会、行政、文化各领域的全面开放，统筹政策、标准、水平和区域布局的整体开放，统筹国民待遇和准入前国民待遇的开放，统筹正面清单引导和负面清单管理的开放。要全面梳理开放空间，防范开放风险。要针对不同行业、领域的情况，实行不同方式且彼此呼应的开放策略。要厘清哪些领域已经开放，哪些尚未开放。已经开放的领域，要厘清哪些领域的开放已经足够，哪些领域开放不足以及如何继续开放；尚未开放的领域，要厘清哪些领域可以全面开放，哪些领域可以有限度开放，哪些领域不能开放，在此基础上制定全面系统的开放政策。要坚持开放与风险管控同步推进的原则，分析开放风险，研判风险来源、强度、大小并制定针对性的防范措施。要加强新一轮开放的顶层设计，使新一轮开放更加市场化、规则化、高端化和国际化，要把握新一轮开放的主动权和控制权，实现可控的开放。

（五）提升开放标准和水平

能否促进生产力水平的提高，促进经济、社会、文化、政治、生态文明同步发展，一直是判断开放标准和水平高低的根本要素。随着 WTO 规则的逐步边缘化和被超越，我国需要确定新的开放标准和水平。同时，我国的开放标准和水平也不能简单与美国主导的 TPP、TTIP 的标准对接，否则我国的开放将陷于被动。更重要的是，我国的开放标准和水平必须和国内经济社会发展水平相对应，标准和水平太低会阻碍经济社会的发展，太高则对现有的经济产业和社会发展格局造成严重冲击。因此必须准确把握开放标准和水平的尺度。对内要准确评估判断，并结合国际开放的发展趋势确定自己的标准和水平。对外要充分发挥我国的经济影响力，在国际开放谈判中占据主动，尽可能将我国开放标准和水平纳入国际开放的规则体系之中。

提升新一轮开放标准和水平的重点，是推进内部开放即内部改革，内部开放标准和水平决定外部开放标准和水平。对外资实行国民待遇必须先在内部实现各种经济主体平等地位和平等竞争,因此需要允许民营经济和民间投资进入更多经济社会领域;要逐步减少政府非常规收费,规范财政税收、支出,增强透明度和强化社会监督,使政府对经济社会的监管更加宽松,并使经济主体和社会主体成为国家治理体系和治理能力现代化进程中的重要组成部分,这些举措本身就是一种更深层次的开放。

三、新一轮开放的主导路径

我国新一轮开放的主导路径,一是以开放推进行政体制改革,二是以开放推进市场经济发展,三是以开放推进社会和谐发展,四是以开放推进重点领域发展。

(一)以开放推进行政体制改革

一是处理好政府与市场与社会的关系。要使市场在资源配置中起决定性作用和更好发挥政府作用,着力解决市场体系不完善、政府干预过多和监管不到位问题。大幅度减少政府对资源的直接配置,推动资源配置依据市场规则、市场价格、市场竞争实现效益最大化和效率最优化。要加快实施政社分开,推进社会组织明确权责、依法自治、发挥作用。适合由社会组织提供的公共服务和解决的事项,交由社会组织承担。支持和发展志愿服务组织。限期实现行业协会商会与行政机关真正脱钩,重点培育和优先发展行业协会商会类、科技类、公益慈善类、城乡社区服务类社会组织。

二是改革行政审批管理制度。通过市场开放和投资审批体制改革,政府应从市场交易的直接管理者和参与者,转变为市场秩序的构建者和市场竞争主体的服务者,保持竞争中立。降低企业准入门槛,减少准入手续和程序,简化管理制度。制定出台市场准入政策的配套措施,如金融政策、社会信用体系建设等，保证市场准入政策的真正实施，消除市场准入在现实中存在的“玻璃门”“隐形门”“弹簧门”“旋转门”等现象。

三是促进行政管理透明化规范化。以开放的态度对政府机构进行科学合理分工，确保权责明确，健全机构间协调配合机制。推动行政管理的透明化，取消税外收费，实行政府财政公开、“三公”经费公开、政府政务公开和接受社会监督，推行公务人员财产公示制度、“裸官”任职资格限制。明确中央与地方政府的事权、财权划分，进行中央与地方财税体制改革。开放公共服务市场，通过多个服务主体的竞争和广大人民的选择监督，提升公共服务效率。

（二）以开放推进市场经济发展

一是推进民营经济发展。坚持权利平等、机会平等、规则平等，废除对民营经济各种形式的不合理规定，消除各种隐性壁垒，制定民营企业进入特许经营领域具体办法。鼓励民营企业参与国有企业改革，鼓励发展民营资本控股的混合所有制企业。逐步破除行业垄断，允许民营企业和资本进入更多行业和领域，与国有企业平等竞争，推进混合制经济发展。探讨对民营经济投资实行从“审批制”向“备案制”转变，从着重事前监管到事中、事后监管转变。解决国企垄断问题，为扩大民营经济市场准入提供法律保障。通过行业市场准入开放和对外开放，推进民营经济做大做强，激发创新动力和国民经济活力，带动产业转型升级。

二是推进要素自由流动和配置。建设统一开放、竞争有序的市场体系，加快形成企业自主经营、公平竞争，消费者自由选择、自主消费，商品和要素自由流动、平等交换的现代市场体系。重点推进要素（土地、劳动力、资本）自由流动的真正实现，提高资源配置效率、经济效率和劳动生产率。逐步取消户籍管理制度，逐步实现劳动力自由流动。推进金融改革，逐步实现资本项目的开放、利率市场化、汇率市场化、人民币国际化，完善投资开放政策，对国内外开放投资领域，逐步实现资本自由流动。推进土地制度改革,确定城乡一体的土地所有权和交易制度,完善个人土地财产保护,规范土地流转,逐步实现土地自由流动。

(三)以开放推进社会和谐发展

一是推进社会政策开放。淡化户籍的福利功能,回归其管理人口功能,充分利用现代信息技术,简化各类人口跨地域迁徙的手续,促进省域、城乡之间人口自由流动。逐渐由对地域的转移支付变为对人的转移支付,增强受援对象的选择权和监督权。城市公办学校尽快对农民工子女开放,减少代际不公,提高劳动者数量和质量。政府联同企业携手对农民工进行职业技术培训。根据实际情况出台针对农民工的住房政策,逐渐解决农民工进入城市"安居"问题。

二是促进各阶层共享发展"红利"。健全社会保障体系,推动社会保障体系"双轨制"向"一轨制"转变,消除行政人员畸高的福利待遇与超国民社会保障待遇,各阶层共享发展"红利"。强化二次分配的杠杆作用,调节收入分配差距,推动社会收入分配的公平正义,消除腐败和权力寻租,调整垄断行业和国有企业的畸形高收入,促进社会各阶层分配相对均等。

(四)以开放推进重点领域发展

一是贸易和投资开放。在货物贸易领域,进一步改善进出口结构,促进贸易均衡化,妥善应对国际贸易摩擦,内外并举开展自由贸易区建设;在服务贸易领域,把服务贸易作为整个外贸转变发展方式的重要战略平台,推进服务产业结构调整,鼓励重点领域的服务贸易出口,培育服务贸易重点地区,完善服务贸易立法和统计体系,充分发挥服务贸易协会的作用。在对外投资领域,加强对企业"走出去"的宏观指导,加快对外投资立法工作,健全对外投资金融体系,完善政府与中介服务功能。加强对我国企业境外投资的引导和管理,协助企业加强品牌规划管理,加强投资地文化磨合，加快培养国际化人才。

二是金融开放和人民币国际化。坚持“内外资待遇一致、国民待遇”原则，实行金融业准入的“登记制”以取代行政“审批制”；引导民营经济进入金融领域。加快推行资本项目分阶段、有步骤开放。加大引进外资金融机构来华设立分支机构的力度，引导国内金融机构实施海外发展战略。适度加快金融市场开放进程，稳步推行资本账户开放。逐步扩大人民币跨境使用，加快人民币国际化步伐，加强国际和区域金融合作。

三是科技、教育及卫生开放。强化在全球热点技术问题上的国际合作，深化双边和多边科技合作，扩大国家科技计划的对外开放，完善国际科技合作专项管理模式，建立国际化科技人才队伍，引导企业成为国际科技合作主体，推动国际产学研合作，加强区域科技合作，提高区域科技发展影响力，参与国际大科学工程，适时发起我国主导的国际大科学计划。

开展国际教育合作交流，汲取国外先进教育理念和体系。加强公派留学出国管理与保障服务，扩大公派留学学科覆盖面，将来华留学生教育工作提升到发展战略高度，加大来华留学资金投入，有效改善留学生结构。

加强医疗卫生服务对外输出，建立我国全球战略利益网络；建立慈善资本投资医疗的政策引导和运行机制，探索多渠道外资进入模式；完善公立医院改革，完善人才和执业制度，完善社保定点制度，引导外资医疗补充基本医疗服务；改革土地规划制度，破解医疗机构发展用地困局；加快培育健康产业，加大国民健康管理。

四是区域开放。根据各区域实际因地制宜分别制订相应的开放战略。深化珠三角和长三角的开放，加快推进产业升级和经济转型；强化中部地区的开放，建立起与当地资源相配合的产业体系，带动当地的就业和经济增长；推进边境地区的开放，开拓出口市场和原材料市场。

五是建设“丝绸之路经济带”。通过建设“丝绸之路经济带”，使我国与欧亚各国经济联系更加紧密、相互合作更加深入、发展空间更加广阔。

以点带面,从线到片,逐步形成区域合作大格局。

【参考文献】

[1] 第十八届中央纪委第二次全体会议公报(全文)[DB]. http://news.china.com.cn/txt/2013-01/23/content_27776888.htm. 2013-01-23.

[2] 2013 年以区域合作与共融促进经济转型升级[DB]. http://js.xhby.net/system/2013/10/21/018985195.shtml. 2013-10-21.

[3] 国务院印发中国(上海)自由贸易试验区总体方案[DB]. http://business.sohu.com/20130927/n387361752.shtml. 2013-09-27.

[4]林毅夫. 中国经济改革经验与反思[J]. http://www.cs.com.cn/sylm/zjyl_1/201310/t20131031_4189015.html. 2013-10-31.

中美双边投资协定谈判与TPP对中国进一步开放的影响

朱文晖　王玉清*

一、新时期的国际贸易和投资规则的挑战

2002年中国艰难入世，意味着中国加入了WTO主导的全球多边贸易体质。入世至今的十二个年里，中国的对外贸易和国内经济在WTO的框架下迅速成长。2009年中国超越德国成为全球第一出口大国，如今的对外贸易总额与全球第一的美国相差不远，有可能在短期内成为全球第一贸易大国。同期中国的经济基本保持了大约双位数的增长速度，中国也超越日本成为全球第二大经济体。出口和外贸对整体经济的推动作用是显而易见的，中国的工业化进程也在这个过程中得到升级，2000年中国刚刚启动重工业化进程，汽车进入家庭，以住宅为主导的房地产高速发展，到2013年沿海较发达的珠三角、长三角地区已经进入了工业化的中后期阶段，中国还涌现出了华为、海尔等一批具有国际竞争力的企业。因此，美国流行一种看法：中国是WTO体制的最大受益者和受惠者。为此，在2013年夏季达沃斯论坛上，中国国务院总理李克强指出，“中国加入WTO，确实使中国更加开放，也使中国的企业面临压力、增强动力，更使中国的人民愈加勤奋。中国是受益者，但中国也付出了代价。随着世界多边贸易的发展和中国在其中扮演的角色，带来了贸易扩大、经济增长、

* 朱文晖，中国人民大学国际关系学院，经济学博士。王玉清，香港理工大学中国商业中心研究员，沈阳航空航天大学特聘教授，社会学博士。

物美价廉商品到处出现,使多国人民受益。"①

另一方面,由于中国是 WTO(包括其前身 GATT)的后加入者,中国也受制于谈判过程中美国等经济体制订的多个条款,其中《中国入世议定书》第十五条(确定补贴和倾销时的价格可比性)、第十六条(特定产品过渡性保障机制)对中国的伤害最大,这两个条款准许其它世贸组织成员方在中国入世后 15 年内不承认中国市场经济地位、12 年内可对中国特定产品实施过渡性保障机制。过去相当长一段时间,中国企业是全球最大的反倾销诉讼案的受害者,对第十五条的修补也成为过去 12 年来中国和其他国家双边贸易谈判的主要工作。因此,面对新时期的国际贸易和投资谈判,如何提高运用国际经贸规则的水平将是一个巨大的挑战。

表 1 世界主要经济体不同阶段进出口贸易年均增长率情况

		中国	美国	德国	日本	韩国	印度	全球
进口年均增速(%)	1991—2001 年	14.8	8.44	2.8	3.51	6.43	10.77	5.82
	2001—2012 年	20.05	6.52	7.96	7.97	12.31	21.35	9.89
出口年均增速(%)	1991—2001 年	14.14	5.73	3.61	2.69	8.24	10.95	5.78
	2001—2012 年	20.39	7.31	8.9	6.55	12.49	19.18	10.22
进出口年均增速(%)	1991—2001 年	14.45	7.21	3.2	3.09	7.31	10.86	5.8
	2001—2012 年	20.23	6.86	8.45	7.27	12.4	20.39	10.05

注:中国进出口数据根据中国商务部网站相关数据计算整理,其他地区进出口数据根据 WTO 网站相关数据计算整理。

从国内看,入世前后中国出版了数百种普及 WTO 的书籍和学习材料,立法机构和行政部门进行了历时数年的文件整理和清理,如此大规模的国内外贸易体制接轨行为在 GATT 和 WTO 历史上都是罕见的。入世在中国改革开放史上留下了浓重的一笔,成为以开放促进改革、以开放倒逼改革的案例。当然,由于 WTO 更多涉及的是国际贸易和国内商品流通

① 新华网:"李克强在达沃斯论坛发言并与施瓦布互动",http://www.gmw.cn/xueshu/2013-09/13/content_8901279_4.htm。

的体制安排，其对投资行为、要素市场、资本账户开放、乃至服务贸易的涉入都不深。从国内看，随着改革进入深水区，2003 年以来国内经济体制关键领域的改革和开放进展缓慢，内生动力不足，外部压力不大。从国际上看，WTO 虽然启动了多哈回合谈判，力图将更多的领域纳入自由贸易的范畴，但到目前为止，经过多轮反复之后，多哈回合已经名存实亡，各国竞相推出双边和区域性的 FTA 安排，美国在发动多个 FTA 的同时，提出了通过 TPP 和 TTIP 来建构两大区域性地区贸易安排的设想。

二、中美双边投资协定谈判的核心内容

美国放弃多哈回合谈判的原因是多方面的。第一，多哈回合的议事规则与美国在国际政治和经济领域的单边思维和独大做法相悖，该回合的多轮谈判和重要领域的谈判都无法贯彻美国的意志。第二，WTO 的既有规则和多哈回合设定的议程，无法发挥当前美国经济在投资、服务业、高科技、创新等领域的比较优势。第三，WTO 贸易争端解决机制相对独立，其仲裁多次对美国不利，时至今日美国已经无法深度参与和改造其争端解决机制。第四，随着越来越多的发展中国家（如中国和印度）企业的国际竞争力增强，如何在“公平贸易”的帽子下保护美国企业的利益，美国希望通过新的国际协定来引入环境保护条款和劳工保护条款，消弱来自发展中国家的产品和企业的竞争力。因此，美国必须另起炉灶，设计新的贸易和投资规则，维持和放大自己在全球竞争中的优势。与 WTO 涵盖的货物贸易相比，美国更为看重的是服务贸易和更为前置的投资协定。观察不同渠道泄露出来的 TPP 版本，可以发现其内容已经大幅度超越了传统的以货物贸易为主的 FTA。事实上，这些 TPP 版本与美国政府财政部公布的双边投资协定（BITs）协定的文本有高度的重叠性，我们有理由相信 TPP 最终达成的文本将以美国的 BIT 为范本。以下是美国政府

2012 年 BIT 范本的主要内容。[①]

美国 2012 年 BIT 范本共计 37 条条文,分为 A、B、C 三节与三个附录。其中,A 节为实体性条款,包括第 1 至 22 条:相关概念的定义、适用范围、国民待遇、最惠国待遇、最低待遇标准、征收与补偿、外汇转移、高级管理层和董事会董事、投资相关法规和决议的公布、透明化、特别手续和信息的要求、非减损、利益的拒绝给予、实绩要求、投资与环境、投资与劳工、不符合之措施、核心安全、信息披露、征税、金融服务、以及协定的实施、持续和终止等。B 节为投资人与缔约国之投资争端解决条款,包括第 23 至 36 条:咨商与谈判、提付仲裁、提付仲裁之条件与限制、仲裁人之选任、仲裁程序之进行、专家报告、合并审查与仲裁判断等。C 节为缔约国双方之争端解决条款。附录则主要说明国际习惯法和征收之定义,以及通知文件送达机关。

与美国 2004 年的 BIT 范本相比,2012 年 BIT 模板在条文安排结构与内容上保持了一定的连续性和一致性,但也重点强化了外汇转移、金融服务和争端解决等方面的条款,试图通过系列规则和机制来进一步确保美国企业在外国市场的相关利益诉求得到最大程度的实现。主要体现在如下几个方面:

一是外汇转移的自由化。各方的资本捐赠、投资收益、分红、利息、版税、管理费、技术援助费用、贷款合同和协议约定的赔偿等可以自由和无阻碍地转移出国境;允许以可自由使用的货币并在当期普遍适用的汇率下进行外汇转移;允许与投资相关的回报,以授权的或专门的书面协议进行确定。该条款意味着资本账户在相当程度上的开放。

二是金融服务的强化。即使已有其他条款,一方仍可以出于审慎原因而采取或维护与金融服务相关的措施,包括保护投资者、存款人、保单持有人、金融服务提供者的受托责任,以及确保金融体系的完整性和稳定性;本条约不适用于任何中央银行或货币当局在寻求货币、信贷或汇率政策时所普遍应用的非歧视性措施;在涉及包含金融服务的争端时,应采取

① 美国财政部网站。

适当措施以确保仲裁法庭具备精通金融服务法律或实践的专家,或拥有相关金融服务争端裁决经验;各方应尽可能提前公布与金融服务有关的管制规则和相关规则的目的,为利害关系人和其他人提供可以评论上述规则的适当机会,并在采取最终规则时提供由利害关系人所作的对相关规则的实质性的书面意见;同时,为了更大的确定性,该协定的任何条款都不应妨碍一方采纳或执行与另一方的投资人有关的措施,包括预防欺骗或欺诈做法,或者处理由未履行的金融服务合同带来的影响,这些合同容易含有国家间不公正的或蛮横的歧视性要求以及金融机构对投资的隐性限制。该条款保护的正是美国最强大的金融投资者的利益。

三是争端解决条款的深化。在出现投资争端时,原告和被告应该首先寻求通过包括非绑定和第三方程序的协商和谈判方式解决;要求缔约方定期咨商,以改善透明化的实践情况,特别针对投资相关法律、规范与其他措施之制定、履行,以及投资人—缔约国间争端解决等两方面;强化未来多方上诉机制的可能性,要求缔约方努力确保该等机制提供与投资人—缔约国间争端解决类似之透明化、公开参与等相关规定;规定缔约国之间没能通过协商和外交渠道解决的争端可以通过提交仲裁法庭判决,三名仲裁人员中须由双方及双方协议规定的方式委任等。该条款反映出美国第一不相信对方国家的仲裁法庭,第二对 WTO 贸易争端解决机制的失望。

此外,美国 2012 年 BIT 范本还有两项重要的新措施。一方面是国内技术要求,制定新规范以避免缔约方设置国内技术要求,例如为了提供缔约方之投资人与技术相关优势,而要求购买、使用或遵循其国内相关技术;另一方面是参与标准制定,由于外国政府使用标准或技术性法规支持其国内业者,并以不透明、不可预测、与歧视性方式制定产品标准,将使美国投资人处于竞争劣势,2012 年 BIT 模板要求缔约方应允许他方投资人以不受歧视的方式,参与标准与技术性法规之制定,并建议非官方标准机构亦应遵守,若政府委托国营企业或其他机构行使其职权,应确保该等行为完全符合 BIT 之规范义务。

表2　TPP外流条文与2012年BIT范本重要条款之比较

TPT外流条文	美国2012年BIT范本	比较结果
第4条:国民待遇	第3条:国民待遇	相仿
第5条:最惠国待遇	第4条:最惠国待遇	相仿
第6条:最低待遇标准 第6-1条:对于武装冲突或国内动乱之待遇	第5条:最低待遇标准	相仿。2012年BIT范本虽未订有"对于武装冲突或国内动乱之待遇"条款,但实质内容一并规范于最低待遇标准条款中
第7条:实绩要求	第8条:实绩要求	原则上相仿,唯TPP外流条文规定较细致
第8条:高阶管理人员及董事会	第9条:高阶管理人员及董事会	相仿
第9条:不符合之措施	第14条:不符合之措施	相仿
第11条:外汇移转	第7条:外汇转移	相仿
第12条:征收与补偿	第6条:征收与补偿	相仿
第12-1条:代位权	X	2012 BIT范本无此规定
第13条:特殊程序与信息要求	第15条:特殊程序与信息要求	相仿
第14条:利益否定	第17条:利益否定	相仿
第15条:健康安全与环保措施	第12条:投资与环境	TPP外流条文较2012年BIT模板规范简略许多
第16条:企业社会责任	第13条:投资与劳工	TPP外流条文要求缔约国应鼓励企业纳入国际企业社会责任标准。2012年BIT范本之标题虽为"投资与劳工",且规范内容更为详尽,但两者规范精神近似
X	第11条:透明化 第16条:不减损 第10条:关于投资法规与决议之公布 第18条:基本安全 第19条:信息揭露 第20条:金融服务 第21条:租税	TPP外流条文无此些规定
B节:投资人与缔约国之投资争端解决条款	B节:投资人与缔约国之投资争端解决条款	TPP外流条文在B节各条款安排上与2012 BIT模板结构相同,且内容大致相仿,但些许细节仍有些许差异

续表

TPT 外流条文	美国 2012 年 BIT 范本	比较结果
X	C 节：缔约国双方之争端解决条款	TPP 外流条文无 C 节规定

注："相仿"意指除些许用词有不同之外，条文实质内容近乎相同。

资料来源：引自"'创造条件，参与 TPP'系列专题（四）——跨太平洋伙伴协议（TPP）投资议题之解析"，http://www.wtocenter.org.tw/SmartKMS/www/Epaper/wtoepaper/article335.htm.

从中美的双边投资协定谈判而言，美国一直坚持双方需要以准入前国民待遇和负面清单为基础进行投资协定实质性谈判①。在国际投资法中，国民待遇是一项以条约为基础的义务，其含义是给予外国投资者及投资的待遇不低于在相似情形下给予本国投资者及投资的待遇。在传统投资协定采取的控制模式中，国民待遇适用于投资建立之后的阶段。而准入前国民待遇则将国民待遇延伸至投资发生和建立前的阶段。然而，虽然给予外资准入前国民待遇是对投资自由化的进一步承诺，但也并非意味着丧失对外资的监督权，因为所有已签订的准入前国民待遇都是有条件的，东道国的主管部门可以对外国投资者进行准入前的审批和准入后的监管，并需要为未来实施新的监管提供新的空间和更大的灵活性。这就涉及到另外一个概念：负面清单，也就是否定清单。它是对国民待遇的"以否定列表形式保留的不符合措施"。这是基于北美自由贸易协定开创的模式，不符合措施是一系列对国民待遇、最惠国待遇以及其他义务的例外措施，需要按照规定格式栏表，成为协定的一部分。而列入否定清单的内容，则真正体现了缔约国在外资准入方面的实际限制程度和偏好，但负面清单的数量必须比开放的领域要少得多，因为它属于例外的性质。负面清单一旦建立，缔约国在实施相关政策措施时就会受到约束，因为这意味着其他不在清单上的领域都是完全开放的，签约国也失去了添加清

① 相关内容引自人民网："商务部：已有 77 个国家采用准入前国民待遇和负面清单模式"，http://info.xinhua.org/cn/security/detail.do? sw = &docId = 214464994&libId = 8&docType = 2&cid = 175&ct =

单的随意性和灵活性。准入前国民待遇加上负面清单才能最大限度地保障国外投资者的利益。

上述 BIT 模本看似简单,实际环环相扣,ABC 三节和内部的各个条款相互补充、相互强化,可以最大限度地保护美国投资者的利益,发挥美国对海外投资存量大、在金融和高科技领域比较优势强、美国的法律界擅长打官司等长处。一旦中美以此为蓝本签署了双边投资协定,对中国计划经济脱胎而来的国内审批制度将是一个颠覆性的冲击,多年行之有效的各级政府的审批制度及其背后的计划经济管理思维、政府管理模式和潜规则将被彻底打破。中国原来保护比较多的金融业、原来不对外开放的教育和医疗也会因为负面清单无法覆盖而面临重大的冲击。正如 12 年前入世一样,我们目前无法预期中美双边投资协定签署 12 年之后会呈现出一种什么样的状况。但将中美双边投资协定的谈判和签署比喻为中国经济另外一次入世并不为过。

当然,一定程度上美国在 BIT 的诉求和中国的对外开放和国内改革进程有一定的重叠性。例如,商务部新闻发言人沈丹阳在谈到中美投资协定谈判时表示,准入前国民待遇和负面清单的外资管理模式已逐渐成为国际投资规则发展的新趋势,世界上至少有 77 个国家采用了此种模式。他指出:"我们同意采用这种模式是适应国际发展趋势的需要,与我国正在推进的行政审批制度改革的方向是一致的,有利于为各类所有制企业创造公平竞争的市场环境,激发市场主体活力,促进经济发展。"①

2013 年 10 月和 2014 年 1 月中美又进行了两轮 BIT 谈判。2014 年年初商务部召开例行发布会上,发言人沈丹阳透露中美 BIT 谈判取得了积极进展:第一,从这一轮起,正式开始了文本谈判,以前有模式谈判和其他方式的谈判;第二,双方商定加快谈判节奏,为早日达成一致而共同努力。

---

① 相关内容引自人民网:"商务部:已有 77 个国家采用准入前国民待遇和负面清单模式",http://info.xinhua.org/cn/security/detail.do? sw = &docId = 214464994&libId = 8&docType = 2&cid = 175&ct =

三、TPP是亚太区域一体化中的重要因素

美国2012年双边投资协定的范本是美国正在推进的TPP谈判的基石，TPP是亚太区域一体化中的一个因素。国际经济的全球化和区域化一直是两个相互影响的课题。以GATT（General Agreement on Tariffs and Trade，关税与贸易总协定）和WTO（World Trade Organization，世界贸易组织）为代表的经济全球化进程每每遇到胶着，区域化便风起云涌，欧洲、美洲、亚洲、非洲，乃至大洋洲，莫不如此。但在各类区域合作组织中，对区域内各国经济合作产生深远影响，甚至极大改变各国制定宏观经济政策所必须考虑因素的，仍属欧盟为最。这其中不仅因为区内各国贸易与投资的一体化，更主要是货币统一后导致的各国货币政策的让渡，使得整个区域的宏观经济政策守望相助，几成一体。纵观亚太地区，最早的区域性组织应该是1961年成立的东南亚国家联盟（Association of Southeast Asian Nations，ASEAN，1967年成立）前身—东南亚联盟，后来拥有21个成员经济体的亚洲太平洋经济合作组织（Asia – Pacific Economic Cooperation，APEC），虽然亦以“加强开放的多边贸易体制，减少区域贸易和投资壁垒”为宗旨，但主要是“通过非约束性的承诺与成员的自愿，强调开放对话及平等尊重各成员意见”，不同于其他经由条约确立的政府间组织。

由于APEC组织的特点，加之1997年亚洲金融风暴的冲击，本来野心勃勃的《茂物宣言》难以实现①。东亚地区出现了多个次区域性合作与对话机制，如东南亚以东盟为核心的3个10+1和“10+3”，“10+6”等合作框架，东亚峰会，以及东亚双边货币互换机制，许多APEC成员国也加速同区域内外国家和地区创建双边或多边的FTA/RTA（参见表1）。2004年，APEC工商咨询理事会曾提出从2007年开始建立包括21个成

① 刘中伟，沈家文．跨太平洋伙伴关系协议：研究前沿与架构［J］．当代亚太，2012(1)．

员的亚太自由贸易区(Free Trade Area of the Asia Pacific, FTAAP)的倡议。但由于自贸区的原则与APEC的非约束性原则背离,故该倡议难以得到实质性推动。

与FTAAP相反,由智利、新西兰、新加坡和文莱四国于2005年7月签订的“跨太平洋战略经济伙伴关系协定”(TPSEP),即《跨太平洋伙伴关系协定》(Trans - Pacific Partnership, TPP)的前身,则为较高标准的FTA。在这个被称为“P4协议”的TPSEP中,其内容不仅涵盖货物和服务贸易自由化,还包括了海关程序、原产地规则、动植物检验检疫、贸易救济和技术障碍、电子商务交易、政府采购、知识产权保护和竞争政策等其他领域①。此外,四国还签署了具有一定约束性的《环境合作协议》和《劳工合作备忘录》。

亚太地区合作背后有着较强的政治博弈,这也是该区域一体化进程中,一直呈现众多次区域和双边FTA在亚太地区交织的状态②,尽管美国强势加入并推动TPP的形成和扩张,东盟各国也仍在不断努力,期望在亚太地区获取更大的主导权。在2012年东盟峰会上东盟十国与澳大利亚、中国、印度、日本、韩国、新西兰等16个国家的领导人正式批准启动了RCEP(区域全面经济伙伴关系,Regional Comprehensive Economic Partnership)谈判。这些领导人的联合声明中宣称,RCEP将是“一个现代的、全面的、高质量和互惠互利的经济合作协议,它将在该地区建立一个开放的贸易和投资环境,以促进区域内贸易和投资的扩张,促进全球经济的增长和发展。”③

---

① New Zealand Ministry of Foreign Affairs and Trade, 'Understanding the P4 - The original P4 agreement', http://www.mfat.govt.nz/Trade - and - Economic - Relations/2 - Trade - Relationships - and - Agreements/Trans - Pacific/0 - P4 - Text - of - Agreement.php

② 彭支伟,张伯伟.TPP和亚太自由贸易区的经济效应及中国的对策[J].国际贸易问题,2013(4).

③ New Zealand Ministry of Foreign Affairs and Trade, 'Regional Comprehensive Economic Partnership (RCEP)', http://www.mfat.govt.nz/Trade - and - Economic - Relations/2 - Trade - Relationships - and - Agreements/RCEP/ 。

表 3　东亚及东南亚各国(地区)向 WTO 报备的已生效区域贸易协定数

国家/地区	货物(RTAs)	货物(补充)	服务(EIAs)	服务(补充)	区域贸易协定实际数
老挝人民民主共和国	8	1	3	0	8
缅甸	7	0	3	0	7
柬埔寨	6	0	3	0	6
文莱达鲁萨兰国	8	0	5	0	8
印度尼西亚	8	0	4	0	8
马来西亚	13	0	8	0	13
菲律宾	9	0	4	0	9
新加坡	19	0	15	0	19
泰国	11	0	6	0	11
越南	8	0	4	0	8
中国	10	1	9	0	10
中国香港	3	0	3	0	3
中国澳门	1	0	1	0	1
台澎金马独立关税区	4	0	4	0	4
日本	13	0	12	0	13
韩国	12	1	8	0	12
小计	140	3	92	0	140

数据来源：根据 WTO 网站相关资料整理，源数据出处，http://rtais. wto. org/UI/publicPreDefRep-ByCountry. aspx。数据截止至 2013 年 8 月。

表 4　亚太区域其他主要国家向 WTO 报备的已生效区域贸易协定数

国家/地区	货物(RTAs)	货物(补充)	服务(EIAs)	服务(补充)	区域贸易协定实际数
美国	14	0	13	0	14
加拿大	9	0	5	0	9
澳大利亚	9	0	7	0	9
新西兰	9	0	8	0	9
墨西哥	17	0	13	0	17
智利	24	0	18	0	24
秘鲁	16	0	11	0	16
小计	98	0	75	0	98

数据来源：根据 WTO 网站相关资料整理，源数据出处，http://rtais. wto. org/UI/publicPreDefRep-ByCountry. aspx。数据截止至 2013 年 8 月。

表3和表4显示出亚太地区东亚和东南亚国家和地区，以及美洲、大洋洲几个主要国家所签订的区域贸易协定（RTAs）和经济一体化协定（EIAs）的数目。从中可以看出，亚太地区的双边和多边协定颇多，如果要达至亚太区域经济一体化的目标，确实需要一个推动力更强的主导者，和更加规范化、高标准的区域合作协定。

四、美国介入使TPP成为区域一体化强力推手

东亚存在地区主义低制度化的特征①，制度建设滞后成为制约东亚地区主义继续取得进展的一大障碍。这也同样表现在区域经济合作领域。对于东亚地区低制度化的原因，一种观点认为，东亚一体化是在成员国之间差异较大、历史和领土争端问题尚未解决、对峙依然存在，而且还有美国持怀疑和警惕的态度②。还有观点认为，导致这种状况的主要原因有两个：一是由于美国在东亚的经济、政治和军事存在，这一因素在很大程度上阻碍内生性的东亚地区主义的发展，使东亚地区主义主要限于功能性的、基于区内生产国际化的软地区主义；二是直到东亚金融危机之前，东北亚国家（尤其是日本）将地区主义发展，错误地定位在从地理概念上实际上涵盖四个地区（东亚、大洋洲、北美和南美）的亚太经合组织或环太平洋带③。也有学者认为东亚地区主义低制度化还有另外两个因素：一是“东盟方式”和东亚社会的特征：“东盟方式”核心内容即协商一致、重视国家舒适度、不干涉内政，其结果就是，由于东亚国家重视协商一致和舒适度，必然导致制度建设滞后和降低制度有效性；二是东亚社会形态特征的原因：东亚社会传统上是一个充满各种社会关系的社会形态，而关系具有一种排斥制度的本能，关系网络的高密度，在降低制度有效性的

① 黄大慧，韩爱勇：“东亚地区主义研究评析”，《外交评论》2011年第3期。
② 魏玲：“‘第二份东亚合作联合声明’与东亚共同体建设”，《外交评论》，2008年第1期。
③ 张铁军：《中国与东亚共同体建构》，《东北亚论坛》，2006年第2期。

同时,还会使整个社会忽视制度的构建①。

根据上述制度发展的分析,亚太地区一体化的推动需要具有制度化优势的引领者。自中国入世之后,贸易与整体经济都飞速发展,经济规模与实力在亚洲地区更是仅逊于日本。但是日本经济自日元大幅升值,经济调整不果后,陷入多年困境,本土经济近乎零增长,对于亚洲整体的增长贡献很低。加之日本政府对于与东盟、东北亚各国的合作也不热衷,把这些小型经济推向中国。

中国的外经贸政策重点在当时也开始有所调整。继续重视欧美日等发达市场之外,开始积极筹谋与亚非拉的经贸投资关系。2002 年 11 月,在第六次中国—东盟领导人会议上,国务院总理朱镕基和东盟 10 个成员国的领导人共同签署了《中国—东盟全面经济合作框架协议》,决定到 2010 年建成中国 - 东盟自由贸易区。到 2010 年之始,中国 - 东盟自由贸易区全面启动,中国对东盟的平均关税从 9.8% 降至 0.1% ,极大地促进了双方贸易,特别是东盟各国对中国的出口。在这一阶段,中国在东南亚的影响力,从他们的贸易出口,到当地的基础建设都明显增强。当时为平衡各国影响力,日本也开始主动与东盟国家谈判,之后又有韩国,最终形成了 3 个 10 +1。再之后,东盟的主体意识增强,开始推动以自身为中心的 6 个 10 +1。加之美国在亚洲一直存在的政治、军事和经济的影响,在这一过程中,国际经济与政治之间的相互角力从未停止②。

鉴于中国崛起所引发的“东亚竞争性区域主义”的连锁效应③,美国开始关注并积极筹谋重新掌控亚太地区的一体化。而相对于不受成员国关注的 FTAAP 而言,标准较高,且参与国根据协议制定了具体实施安排的“P4 协议”更易跟进与操控。于是,2008 年,美国高调宣称将考虑参加 TPP 谈判。2009 年,与美国加入 TPP 相随,秘鲁、越南和澳大利亚也宣布

① 黄大慧,韩爱勇:“东亚地区主义研究评析”,《外交评论》2011 年第 3 期。
② 王玉清:“TPP 与中国:香港如何谋取自身利益”,《信报》2013 年 8 月 12 日,B5 版。
③ 张振江:“亚太自由贸易区:美国战略与中国应对”,《世界经济与政治》2009 年 4 期。

加入 TPP 谈判,TPP 由 P4 转变为影响力更大的 P8。

由于美国的强势介入,TPP 甚嚣尘上,成为美国在传统的自贸协定和 WTO 之外推动自由贸易的新途径。在美国主导的 TPP 中,其实质是维护美国的经济利益,摒除 WTO 中诸多的例外条款,及摆脱进展缓慢的拉锯式谈判。在美国贸易代表办公室网站中表述的缔结 TPP 的日的就是,反映美国经济的优先次序和价值观(reflects U. S. economic priorities and values)①。据美国华盛顿立法会的资料,现在的 TPP 共包括 29 章条款,公布的条款有 26 章,其中涉及货物贸易内容的 5 章,货物贸易市场准入、海关、贸易便利化和能力建设、贸易救济、补贴;涉及非货物贸易的 17 章,政府采购、投资、服务、金融服务、电信、电子商务、知识产权、临时流动(签证)、管理的连续性、卫生与植物检疫措施、技术壁垒、竞争政策、国有企业、供应链、劳工、环境、透明度;另有 4 章涉及的是行政事务,初步经费、例外、争端解决、最终条款②。虽然仍以贸易投资规则为主要谈判目标,与欧洲经济共同体的制度设计还有差别,但仍可以预见这将是推动亚太区域一体化的有力推手。

TPP 的谈判进展,对于日益开放的中国形成了不可小觑的外部环境变化。虽然中国国力日益提升,但也面临着日益严峻的内部经济结构调整,在中国经济不可逆转的开放大趋势下,重视区域一体化动向,合理构建有利于中国长期发展的外部经济联系,是我国进一步改革和开放的必要议题。

五、TPP 的核心特征

美国强势介入的 TPP 具有维护美国利益的核心特征。具体表现在

① 'The United States in the Trans - Pacific Partnership', http://www. ustr. gov/about - us/press - office/fact - sheets/2011/november/united - states - trans - pacific - partnership 。

② http://www. leg. wa. gov/JointCommittees/LOCTP/Documents/2012Nov14/TPP%20Presentation. pdf。

其对 TPP 规则和主题的影响当中。自美国加入 TPP 之后，TPP 成员迅速从原有的 P4 扩张到 P8，之后是 P11，到今年 9 月举行的第 19 轮谈判中，TPP 成员国以包括澳大利亚、文莱、加拿大、智利、日本、马来西亚、墨西哥、新西兰、秘鲁、新加坡、美国、越南，共 12 个。在原有的高标准协议之下，美国仍在不遗余力地扩大谈判内容，同时强化包括各成员国内部经济管理制度在内的规则制定。自 2010 年 3 月至今，TPP 已举办 19 轮谈判（参见表 3）。

通过多轮密集的谈判，TPP 的 11 个成员国在 2012 年 12 月的第 15 轮谈判中取得重大成就①。在首席谈判代表的通告中，称“在他们（11 个代表团）的加倍努力下，29 个章节的协定以缜密的法律文本呈现，它们涵盖所有贸易和投资的有关问题，整个协议取得进展”。当然，在这一回合的谈判中，大部分章节内容距离美国的目标还相差甚远，特别是关于海关，电信，技术性贸易壁垒，卫生和植物检疫问题等领域的问题等。所以，谈判代表称“未来所余将是更大量的工作”。之前的谈判内容都包括知识产权，不一致措施，跨境服务贸易，原产地规则，卫生与检疫问题，法律问题，环保，电子商务，（纺织品）海关通关、市场准入与原产地规则，金融服务，投资，劳工，贸易技术壁垒等内容。

第 16 轮谈判被称为转向更高水平的磨合②。因为在这一轮谈判中，各成员国积极、务实且灵活的参与，在广泛领域寻找到了解决诸多问题的方案。包括海关，电信，投资，服务，技术贸易壁垒，卫生和植物检疫措施，知识产权，管理的一致性，发展，以及其他问题。在这次谈判的基础上，包括海关，电信，管理的一致性和发展等问题的法律文本将不会再次成为未来谈判的内容。关于这些内容的剩余工作将是协定实施的行动措施安排的定稿。在第 16 轮谈判中，之前被称为法律问题（legal issues）的内容，

---

① http://www.ustr.gov/trade-agreements/free-trade-agreements/trans-pacific-partnership/round-15-newzealand。

② TPP Negotiations Shift Into Higher Gear at 16th Round，http://www.ustr.gov/trade-agreements/free-trade-agreements/trans-pacific-partnership/round-16-singapore。

改为法律与体制问题(legal and institutional issues)。这说明 TPP 协定中的很多内容将在更多细致措施方面大大影响成员国内部的经济管理体制。在这一轮谈判之后,也就是今年年初开始,TPP 自身将面临一些挑战。

在最近的三轮谈判中,由于涉及到服务/投资,金融服务,政府采购,国有企业、贸易救济、争议解决等更敏感也更具挑战性的问题,TPP 成员国内部分歧开始明显。除各国内部反全球化的言论以外,马来西亚前首相马哈蒂尔最近就曾公开表示反对马来西亚加入 TPP[①]。新加坡和越南对于有关国有企业的条款就表示关注。特别是越南,其整体经济中有约40%的增长来自于国有企业,一直反对 TPP 对国有企业的要求超出 WTO 的规则[②]。日本在今年 7 月正式宣布加入 TPP 谈判,成为第十二个谈判参与国[③]。日本对于农业的保护,以及其对东南亚电子产品市场开放的要求,对美国某些州的投资市场开放的要求,也加大了谈判中的矛盾。

如但由于美国对于 TPP 在 2013 年的谈判进程早有时间规划[④],加之其一如既往的强势推进,TPP 在今年内完成谈判达成协定可能困难重重,但取得进一步的共识并不是太大的问题。同时,TPP 谈判中也纳入越来越多的利益相关者的参与。这种政策制定中的公众参与,在发达国家实行已久,不仅将丰富谈判动议,也会使谈判方向对他们更为有利。

---

① 参见环球邮报转引日本共同社新闻,“Malaysia should abandon TPP talks, ex - PM Mahathir says”,http://www.globalpost.com/dispatch/news/kyodo - news - international/130826/malaysia - should - abandon - tpp - talks - ex - pm - mahathir - says。

② 人民网,“TPP 谈判想在年底结束,难!”,http://world.people.com.cn/n/2013/0830/c1002 - 22743903.html。

③ 日本的加入使参与谈判国家的经济总量占到了全球经济的40%,贸易总额占到全球贸易总额的1/3。

④ TPP 谈判是美国政府“重返亚太”的战略核心,谈判的目标是在今年年底前达成协定。

表 5　TPP 各轮谈判时间与地点

谈判回合	谈判时间	谈判地点
1	2010 年 3 月 15 – 19 日	澳大利亚墨尔本
2	2010 年 6 月 14 – 18 日	美国旧金山
3	2010 年 10 月 5 – 8 日	文莱
4	2010 年 12 月 6 – 10 日	新西兰奥克兰
5	2011 年 2 月 14 – 18 日	智利圣地亚哥
6	2011 年 3 月 24 日 – 4 月 1 日	新加坡
7	2011 年 6 月 15 – 24 日	越南胡志明市
8	2011 年 9 月 6 – 15 日	美国芝加哥
9	2011 年 10 月 22 – 29 日	秘鲁利马
10	2011 年 12 月 5 – 9 日	马来西亚吉隆坡
11	2012 年 3 月 2 – 9 日	澳大利亚墨尔本
12	2012 年 5 月 8 – 18 日	美国达拉斯
13	2012 年 7 月 2 – 10 日	美国圣地亚哥
14	2012 年 9 月 6 – 15 日	美国弗吉尼亚州李斯堡市
15	2012 年 12 月 3 – 12 日	新西兰奥克兰
16	2013 年 3 月 4 – 13 日	新加坡
17	2013 年 5 月 15 – 24 日	秘鲁利马
18	2013 年 7 月 15 – 24 日	马来西亚亚庇
19	2013 年 8 月 23 – 30 日	文莱斯里巴加湾

资料来源：根据美国贸易代表处网站资料整理，http://www.ustr.gov/tpp。

六、未来中美双边投资协定谈判策略分析

2013 年 7 月的中美经济对话，已经拉开了中美投资协定谈判的序幕。中国通过自贸区探索适应中美双边投资协定谈判的政策，再进而积极参与 TPP 成为可能。回顾和对比贯穿整个 1990 年代的中国入世（入关）谈判，在未来进一步的中美双边投资协定谈判中，还应考虑如下策略。

第一，充分认知与美方谈判的艰巨性和复杂性。BIT 是美方打造新时期国际经济合作框架的基石。在政府与市场关系、市场经济与法治的

关系、如何从准入前到出现纠纷的裁决和撤资等全程切实保护美国投资者利益等诸多方面,可以看出美方对法律文本的研究已趋完善。中国的谈判参与者不但需要了解文本的内容及其内部的逻辑关系,更需要了解文本背后体现的上述原则和实际利益诉求,还需要了解中国经济体制运行,了解中国各级政府、和各类企业在当前和今后若干阶段如何应对美方提出的原则和诉求,其难度已经超越当年的入世谈判,将涉及到(而不限于)政府审批制度,美国投资者(也包括享受同样待遇的中国国内投资者)从准入、工商注册登记、开办、运行、纠纷处理到结束营业和撤资等整个监管流程,外汇管制和金融服务的开放,争端解决条款将涉及到中美司法体系的复杂对接,等等。相对来说,手持该份文本、已经经历过多次谈判的美国谈判者的利益诉求会比中方谈判者清晰,在谈判中掌握的技巧也比中方对手丰富,这将极大增加中方谈判的艰巨性。

第二,要重视和协调好国内不同管理部门的正常、正当需求和既得利益两种矛盾。金融开放、从准入前开始的全流程投资审批和监管、负面清单管理、国内技术标准和技术法规的制定、争端解决条款与独立于国内司法的仲裁等等,涉及到政府和市场的关系、行政与司法的关系等诸多体质层面的问题,也是近年来国内企业界迫切呼吁改革的领域,BIT 对国内企业和国内经济的外溢性也正是中央下决心推动和美国的双边投资协定的重要出发点。但在实际谈判的过程中,不能只看到对上述领域既得利益者的指责和批评,在破除既得利益藩篱的同时,还需要认真分析原有管理体系的合理性和不同管理部门的正常、正当需求,将不同部门的需求统一到对外谈判中来争取最大的国家利益。因此,对在上海自贸区范围内先行先试准入前的投资者国民待遇和负面清单管理,各方都居以厚望。其实,既然已经认定了这是中国下一步开放和改革的方向,应不妨多选取几个地区来进行试点。

第三,要注意到中美平等谈判下的不对称性,迅速加强谈判人才队伍建设。与入世谈判侧重保护国内市场的重点不同,BIT 谈判的另外一个重要出发点就是要全程保障已经和即将进入美国的中国投资者的利益。虽然从长期看，国内市场对美国投资者的开放和美国投资者对中国投资者的开放具有同等重要性，但在实际谈判中会发现，美国要求中国国内市场开放的广度和深度远远高于美国可以给与中国投资者的让步。从理论上看，美国是一个市场体系相对完善的经济体，美国能够给中国投资者的是其国内企业（包括其他与美国签署 BIT 的国家的投资者）享有的国民待遇，并在负面清单上缩小对中国投资者的歧视。从现实上看，美国投资者在华经营多年，对中国当前和未来投资环境的诉求可以完整反映到美国的谈判要价中，而中国对美投资刚刚起步，中国投资者对当前美国的市场环境和政府管理认知有限，对谈判的负面清单可能涉及的未来环境更无从谈起，这就给中方谈判队伍提出极高的要求。他们需要了解国内政府管理体制和改革的趋势，需要了解相关的中国和美国法律知识，需要了解中国企业在美国的实战经验，迅速加强中方谈判人才队伍的建设是当务之急。

第四，谈判的成果要有长期性和前瞻性。此次中美 BIT 谈判的成果，既会影响到国内市场对美国投资者的保护时间和开放顺序，也对中国内部的各类其他国内投资者有广泛而深远的影响。同时，它在一定程度上，还能给正在走出去和将来会走出去的中国投资者在美国市场赢得一个相对公平的环境，它不但要解决当前的中美相互投资的一些问题，而且还能够未双边投资形成一个长期的框架，具有 10 年、甚至 20 年的长期效应。从这个意义上看，对谈判的成果要具备前瞻性。在 1999 年与美国的入世谈判中，中国过多地侧重保护本国市场，以对本国市场的保护（如电信等行业）换取了美国对中国市场经济地位长达十五年的歧视（最终体现为《中国入世议定书》第十五条），该条款对中国出口企业造成的伤害是始料未及的。现在回过头来看，该条款的内容（如如何厘定倾销和补贴的可比价格）和有效时间（如 15 年能否减少到 10 年）等方面都有商榷的余地。因此，此次谈判要在我国市场对美方投资者开放和外国市场对中方投资者开放之间做出平衡,既要看到当前的平衡,更要看到 10 年、20 年之后中国投资者更为强大之后的投资环境诉求。

1999 年中国克服重重困难与美国达成双边协议,正好是亚洲金融风暴肆掠之时,东亚国家和地区对外向型经济的前景心存疑虑,但中国在此时的低谷切入收获了经济全球化的成果。无论是内因主导还是外因主导,入世构成了过去中国重要的改革红利。入世之后的 12 年是中国经济腾飞的 12 年,是中国经济摆脱低收入陷阱成功迈向中等收入国家的 12 年。2013 年,刚从金融海啸中走出来的全球经济再次面临美国改变量化宽松正常的影响,经常账户逆差、财政赤字和通胀较高的印度、巴西、印度尼西亚、泰国等新兴经济体再度受到冲击。中国以极大的政治勇气选择在这个时候再度逆势而上,全面推进改革开放的顶层设计和总体方案,中美 BIT 也顺势启动,中美就此的谈判虽然会面临各种困难和曲折,但中国经济体制进一步与国际经济体系接轨,更为深入地参与全球经济治理结构,更前瞻性地保护不断走出去的中国投资者的利益的大方向不可逆转,并通过金融、投资、技术标准、司法和仲裁等领域的进一步开放来倒逼、引领和促进国内的改革,下一轮对外开放的红利也将成为新时期最重要的改革红利之一。

【参考文献】

[1]刘中伟,沈家文. 跨太平洋伙伴关系协议:研究前沿与架构[J]. 当代亚太,2012(1).

[2] New Zealand Ministry of Foreign Affairs and Trade, 'Understanding the P4 – The original P4 agreement', http://www.mfat.govt.nz/Trade – and – Economic – Relations/2 – Trade – Relationships – and – Agreements/Trans – Pacific/0 – P4 – Text – of – Agreement.php.

[3]彭支伟,张伯伟. TPP 和亚太自由贸易区的经济效应及中国的对策[J]. 国际贸易问题,2013(4).

[4] New Zealand Ministry of Foreign Affairs and Trade, 'Regional Comprehensive Eco-

nomic Partnership (RCEP)', http://www. mfat. govt. nz/Trade - and - Economic - Relations/2 - Trade - Relationships - and - Agreements/RCEP.

[5] 黄大慧,韩爱勇. 东亚地区主义研究评析[J]. 外交评论,2011(3).

[6]魏玲."第二份东亚合作联合声明"与东亚共同体建设[J]. 外交评论,2008(1).

[7] 张铁军. 中国与东亚共同体建构[J]. 东北亚论坛,2006(2).

[8]王玉清. TPP与中国:香港如何谋取自身利益[N]. 信报,2013-8-12.

[9] 张振江. 亚太自由贸易区:美国战略与中国应对[J]. 世界经济与政治,2009(4).

从历史角度看中国出口增长的前景

贺力平*

在有关中国经济增长和对外开放未来前景的讨论中,一个重要的问题是如何看待中国出口增长的变动趋势。2001—2012 年期间,中国国内生产总值实际平均增长率达到了 10.3%,中国货物出口按扣除价格和汇率变动的实际量估算,年平均增长率达到 13.9%。货物出口与国内生产总值的比率在 2001 年为 20.1%,到 2012 年上升到 24.9%。很明显,如果中国能在未来时期维持一个高的出口增长率,国内生产总值的快速增长至少就能得到一个强有力的外部支持。

未来时期中国出口增长是否能够继续之前那样高增长势头?如果出口增长不可避免地出现减速,政策调整是否应当从汇率和出口补贴等角度来考虑提供支持?这些问题不仅关系到如何看待中国经济结构调整和转型的道路选择,也关系到如何把握未来对外开放的基本方向。

近几年中,中国出口增长已出现一些显著波动。首先,在 2008 和 2009 两年中,由于国际金融危机的冲击而发生了出口增长的大幅度下滑。这两年中,货物出口增长率分别仅为 3.4% 和 2.5%。之后,出口增长很快得到恢复。按国内常规统计,以美元计价的中国货物出口增长率在 2010 年迅猛增加到 31%;2011 年虽有回落,但也高达 20%。但是,出口增长率在 2012 年大幅度下降至 7.9%,并在 2013 年基本上继续如此。

面对这些新变动,人们不禁会提出这样的问题:出口增长率最近两年中的下降是不是一种异常情况?导致出口增长下降的主要因素究竟是外

* 贺力平:北京师范大学经济与工商管理学院教授,金融系主任。

部需求的减弱还是国内竞争力的变动抑或是别的什么因素？

本文试图通过辨析“国际竞争力”或“相对国际竞争力”概念来说明出口增长决定因素中的供求关系，并将之运用到中国出口增长的前景分析中。下面将首先分解过去一些年中国出口增长中的外部需求因素和“竞争力”因素，结合日本和德国的经验说明中国出口增长在未来将面临向世界需求增速靠拢的趋势。接下来结合长期的历史数据说明世界进口需求将可能与各国经济增长速度“趋同”。最后联系若干新兴市场经济体在近年来出口增长方面的迅猛势头说明传统类型的中国出口产业正面临新挑战，中国对外开放必须因此拓展新思路。

一、出口增长与国际需求的趋同趋势

前面已经提到，中国在过去一段很长时间中取得了出口高速增长的成绩。按照世界贸易组织《世界贸易报告(2013 年)》发布的数据，中国在世界各国出口总额中的比重已从十年前的不到 5% 上升 2011 年 10.4%，位居世界首位，超过了美国(8.11%)，德国(8.06%)和日本(4.5%)。历史上，曾经有一些国家在世界出口总额中所占份额远远高出目前中国的水平。例如，英国在 1870 年所占份额为 18.9%，德国在 1913 年所占份额为 13.3%，美国在 1950 年所占份额为 16.8%。在 20 世纪 80 年代，美国和德国在世界出口总额中所占比重分别超过 10%，日本则接近 10%。

人们或可提问，未来中国在世界出口总额的中比重还可以进一步上升吗？显而易见，21 世纪初不同于 20 世纪 80 年代，更不同于 20 世纪上半期或 19 世纪的一个重大差别在于，现在有更多的经济体参与了国际贸易体系，更多的新兴市场经济体加入到寻求出口增长的国际行列中。19 世纪的大部分时间中，国际贸易的主要活跃者在西欧。20 世纪上半期，国际贸易活动扩散世界各地，但主要角色仍然是西欧和北美诸国。第二次世界大战结束到 20 世纪 80 年代，有越来越多的发展中经济体加入到国际贸易,传统贸易大国的地位相对下降。进入 21 世纪以来,在中国对外贸易继续快速增长的同时,几乎整个世界的经济体都比过去更加重视发展对外贸易了。

原则上,决定一国出口增长速度的基本因素可以分为需求和供给两大类。需求由世界其余国家的经济增长及其进口倾向决定,供给由本国的资源禀赋、技术能力和经济政策等决定。一段时间以来,人们喜欢使用“国际竞争力”这个概念来指称供给因素。在给定外部需求增速的条件下,一国出口增长的主要决定因素就是“国际竞争力”。

由于“国际竞争力”是难以直接测量的概念,这里使用一个间接方法来度量“国际竞争力”:用一国在一定时期的出口增长率减去世界进口增长率的差值来表示。已知一国一定时期中的出口增长率是包含了需求因素和供给因素的总和结果,而需求因素可以近似地用国外进口增长率来表示,因此两者之差也就可以近似地看成是本国“国际竞争力”的表示。

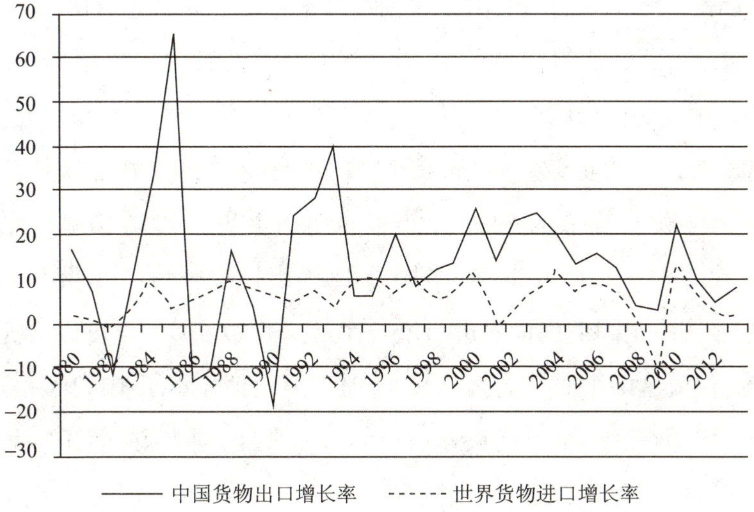

图 1　中国货物出口增长率与世界货物进口增长率(1980—2013 年),单位:%

数据来源:国际货币基金组织《世界经济展望》数据库,发布日期为 2013 年 10 月。两组数据均由数据发布者进行了价格和汇率因素的剔除,即主要反映实物量的变动。如无特别说明,以下各图数据来源和说明均同此。

图1显示1980—2013年期间中国货物出口增长率与世界货物进口增长率，两组数据均按扣除了价格和汇率变动因素的实物量口径来估算。如上所说，“世界货物进口增长率”可以视为各个年份对中国而言外部需求的变动情况，而中国货物出口增长率则是外部需求因素和国内供给因素共同作用的结果。

按照这个想法，不妨将出口增长率做一个分解，即简单地视之为国外进口增长率和国内供给因素作用的加总。用公式来表示，即：

出口增长率 = 世界进口增长率 + 本国“超额”出口增长率 （1）

换言之，

本国“超额”出口增长率 = 本国出口增长率 - 世界进口增长率 （2）

这个“超额”出口增长率在数值上可为正或负，概念上也可以理解为是本国“国际竞争力”的表现，或者就说成是一种“国际竞争力指数”。

图2显示1980—2013年期间中国货物出口“超额”增长率与世界货物进口增长率。不能看到，两组序列在各个年份之间有起有伏，都呈现波动型。其中，尤其值得注意的是，在1990年代以前，中国“超额”出口增长率在一些年份为负数，而在进入21世纪以来，没有一个年份中这个“超额”出口增长率为负数。而且，在1980—1990年期间，中国“超额”出口增长率各年份平均数为3.9%，低于同期内世界进口增长率的平均数4.9%；在2001—2013年期间，中国“超额”出口增长率各年份平均数为8.6%，显著高于同期内世界进口增长率的平均数4.8%。可以有充分理由认为，仅就这两个时期而言，后一个时期突出地显示了中国国际竞争力的提升，中国在后一个时期快速出口增长主要是本国国际竞争力增强的结果。

以上的分析也表明，在我们关注未来时期中国出口增长前景时，重点可放在近年来中国“超额”出口增长率即国际竞争力指数的变动情形上。为了更准确地把握趋势性变化，忽略短期波动的因素，图3对图2的年份数据进行了取5年平均数的处理，即图3中各个年份数字都对应于该年和此前 4 年的平均数。这样做显然有助于让我们更清楚地看出趋势性特征。

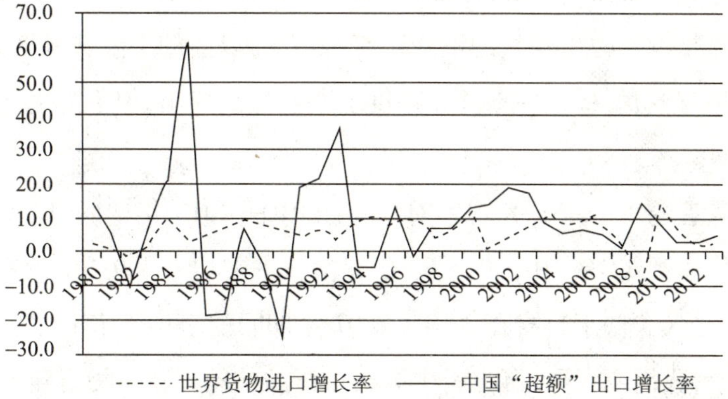

图 2　中国货物出口“超额”增长率与世界货物进口增长率，%，1980—2013 年

数据来源和说明：数据来源同图 1；这里，中国货物出口“超额”增长率等于按常规口径的出口增长率减去当年世界货物进口增长率，该数值可为正数或负数；以下使用该概念亦同此义。

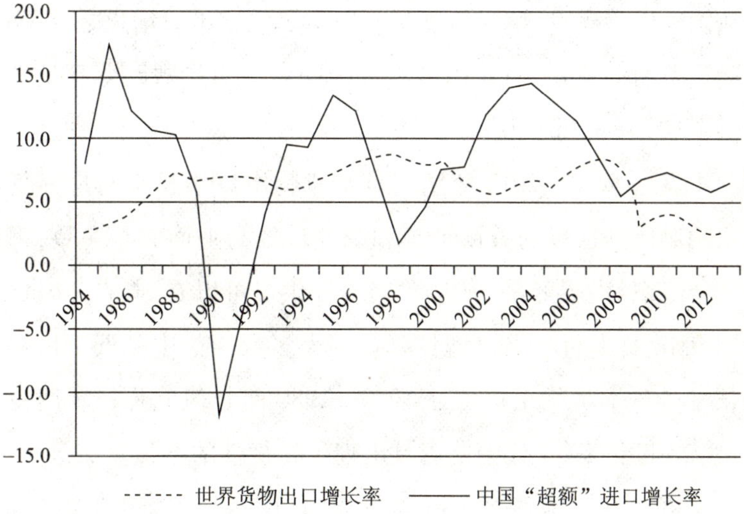

图 3　中国货物出口“超额”增长率与世界货物进口增长率（1980—2013 年），单位：%，5 年平均数

数据来源和说明：数据来源同图 2；这里“五年平均数”为各年份数与此前 4 年数的简单平均值；以下使用均同此口径。

尽管图3中的两组序列仍然带有波动性，但比起图2来看上去要“平滑”多了。而且，特别值得注意的是，近年来，中国“超额”出口增长率自1999年开始不断上升，在2002—2003年达到一个新的高点，此后下降。这种下降与以前曾出现过的下降还有所不同：以前的下降在幅度上很大，时间上相对短暂；最近的下降在幅度上并不那么突出，但下降之后持续的时间较久。

以最近的4个年份为观察对象：在2010—2013年期间，世界进口增长率平均达到6.4%，中国“超额”出口增长率平均为4.9%。后者不仅低于前者，也大大低于自身在2001—2007年期间的平均水平11.1%。从这个情况看，我们或者可以认为，中国出口产品的国际竞争力近年来已经出现下降趋势。2010年以后的几个年份中，推动中国出口增长的主要因素已从过去一些年的国际竞争力因素转变为国外需求增长，尽管中国的国际竞争力指数继续保持了正数。

从国际经验看，一些先行国家在经历了快速出口增长之后，不仅面临着国际竞争力的下降，而且还会出现国际竞争力指数跌落到负数。日本就提供了这么一个事例。

图4显示1980—2013年期间日本货物出口增长率与世界货物进口增长率的对比。这里的数据来源和统计口径与上面完全一致，都由国际货币基金组织《世界经济展望》数据库提供。可以看到，自20世纪80年代中期以来，日本货物出口增长率在绝大多数年份中都低于世界货物进口增长率。日本货物出口曾在1950—1980年长时间保持了两位数的增长，但从20世纪80年代中期后就出现了转折性的下降。

图5更加清楚地显示了日本货物出口在1980—2013年期间的“超额”增长率：这个增长率从1986年开始转为几乎持续性的负数，仅在个别年份表现为正数。在1986—2013年，日本“超额”出口增长率平均为-3.9%。这个负数水平是导致日本出口增长在这个长时期中一直低迷的根本原因，同时也是日本经济增长低迷的重要原因之一。

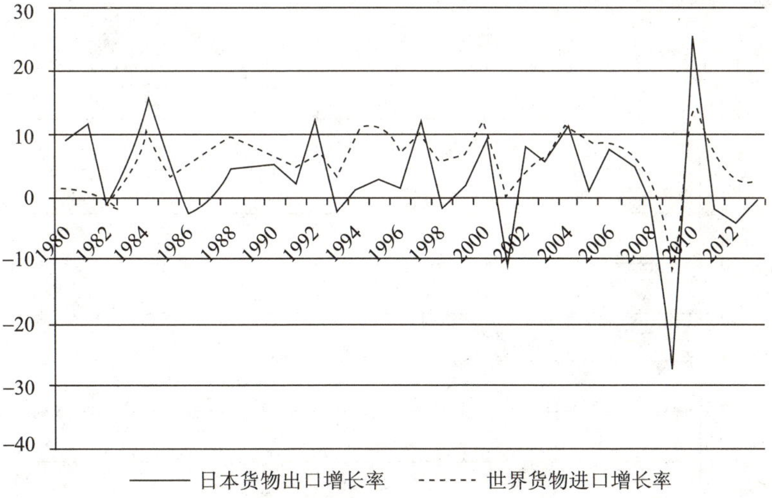

图4　日本货物出口增长率与世界货物进口增长率(1980—2013年),单位:%

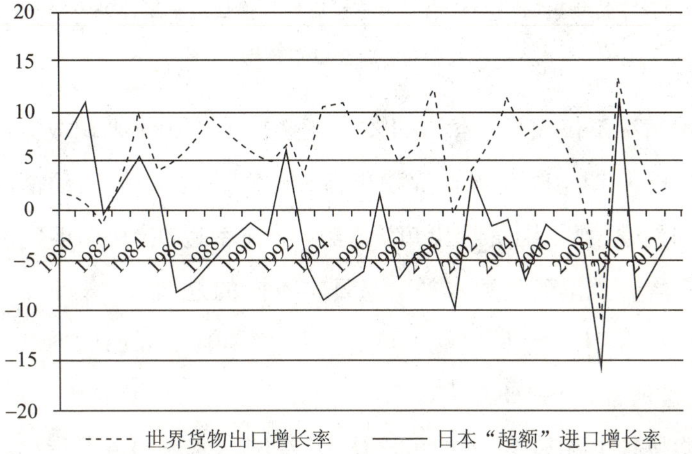

图5　日本货物出口“超额”增长率与世界货物进口增长率(1980—2013年),单位:%

图6使用5年平均数方法来观察1980—2013年期间日本“超额”出口增长率的变化趋势,则看得更加清楚。在这张图中,仅有两个年份(1984和1985年)所代表的日本货物出口增长率的5年平均数为正数,其余各个年份及其所代表的5年平均数皆为负数。也就是说,我们可以这样来解读:日本出口产品从1980年代中期开始失去了它在以前时期有

过的那种国际竞争力。

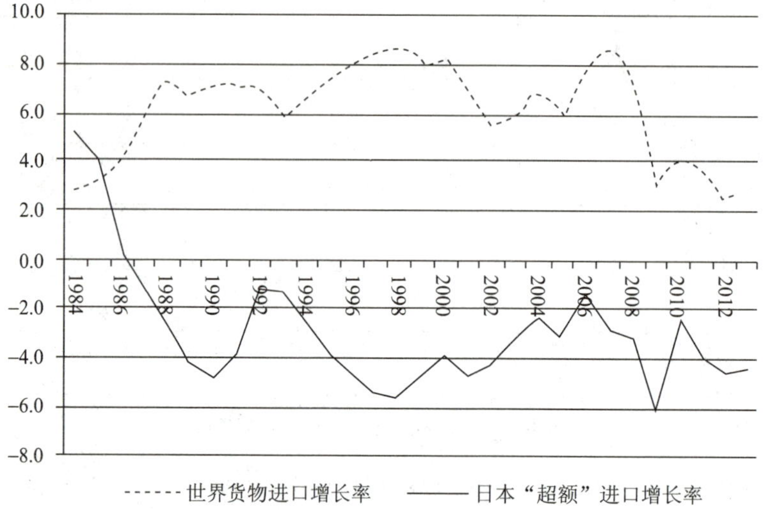

图6　日本货物出口“超额”增长率与世界货物进口增长率(1980—2013 年),单位:%,5 年平均数

这种情况不仅仅是发生在日本。图 7 也使用 5 年平均数方法概括了 1980—2013 年期间联邦德国货物出口“超额”增长率的变动情况。与日本相似的是,联邦德国货物出口“超额”增长率也在 1980 年代后半期出现显著下降并跌落到负数水平。与日本不同的是,联邦德国出口“超额”增长率在进入 21 世纪后出现了显著回升,并在此后长时间中基本保持了正数,尽管通常都在 1% 左右。

简略概括上述讨论,我们可以认为,在国际需求即世界货物进口保持增长的大背景下,决定一国出口增长速度的最重要因素是它的国际竞争力,即出口的“超额”增长率。这个增长率可以为正也可以为负,可高可低。中国出口的“超额”增长率自 1980 年以来保持了一个高水平的正数,但在最近一些年中出现了下降。由于这种变化,中国出口增长率未来会越来越接近于世界货物进口增长率。

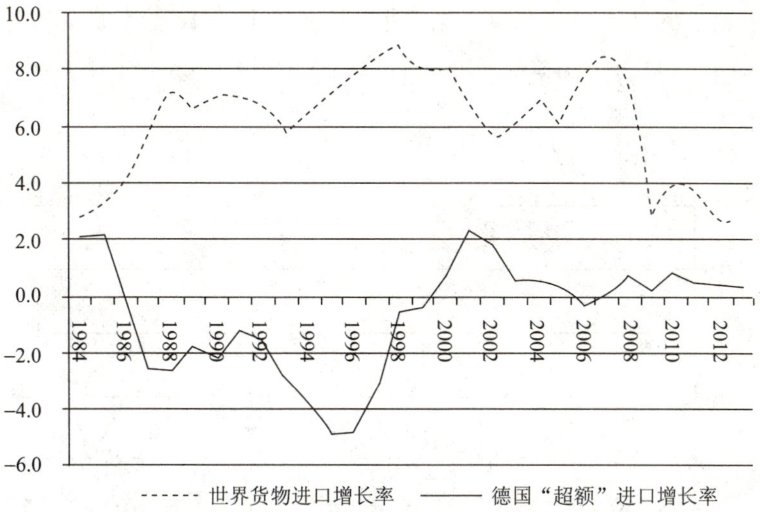

图 7　联邦德国货物出口“超额”增长率与世界货物进口增长率(1980—2013 年),单位:%,5 年平均数

在国际经验方面,进入 1980 年代中期后,战后世界中两大出口增长模范国(日本和联邦德国)不同程度上都出现了“超额”出口增长率的快速下降甚至跌落到负数水平的情况。与日本不同的是,联邦德国的“超额”出口增长率进入 21 世纪后出现显著回升。

二、世界进口需求增长趋势的变化

前一节的讨论主要围绕一国“超额”出口增长率的变动情况,即一国在一定时期出口增长率与世界进口增长率的比较。如果一国不能获得高于世界进口增长率的出口增长率,但只要维持一个理想的速度,一国也能乐见其出口增长率保持在一个同样是理想的水平。

图 8 显示 1980—2013 年期间世界货物进口增长率与 GDP 增长率。可以看到,在大多数年份,世界货物进口增长率高于同年份的 GDP 增长率,同时,前者的波动性明显大于后者。进口增长率高于产出增长率这个事实表明,世界经济作为一个整体,其对外开放程度在提高,各国市场更

多地吸收了国外进口产品。此外，进口增长率具有较高的波动性这个事实也表明，一旦各国国民经济出现波动，对外需求所受到的冲击要强于国内经济。

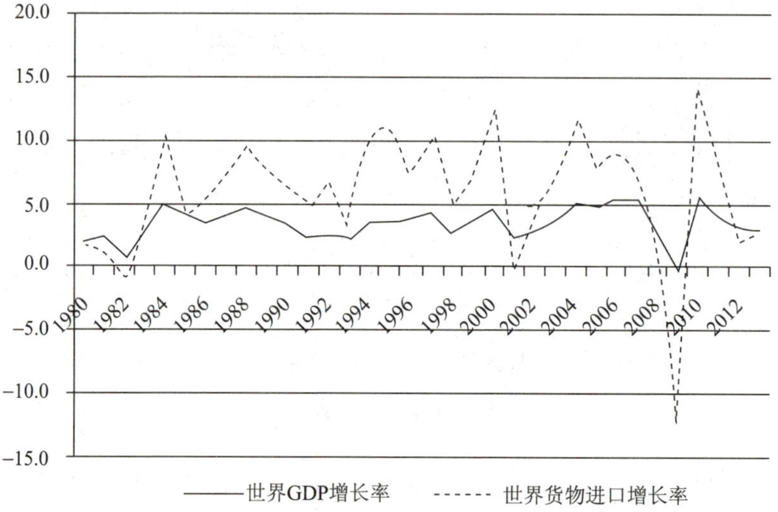

图 8　世界货物进口增长率与 GDP 增长率(1980—2013 年),单位:%

为了更好地揭示贸易波动与经济波动的相对关系，图 9 采用了前面使用过的“超额”法，即用进口增长率减去当年 GDP 增长率。这个“超额”进口增长率可正可负，若为零则表明进口增长率与 GDP 增长率完全一致。

从图 9 还可以直观地看到两组序列之间高度的相关性，即一个序列的变动通常会伴随另一个序列的同方向变动。更准确地说，图 9 显示的情形在提示，当 GDP 增长率升高时，“超额”进口增长率也会升高，而且，后者升高的幅度超过 GDP 增长率升幅。

括号中为 t 参数值。另外，拟合系数 R2 ＝ 0.5629；序列相关性检验值D－W － 1.2807。简单地解读这个结果，可以说，1980—2013 年期间，每 1 个百分点的世界 GDP 增长率变动会带来 2.23 个百分点的世界货物“超额”进口增长率变动；换言之，如果一年中世界 GDP 增长 1%，世界货物进口增长率会达到3.23%。当然,因为该回归方程的常数项为负数,平均而言,一年中世界GDP增长率必须超过2.6%,世界货物进口增长率才能为一个正数。

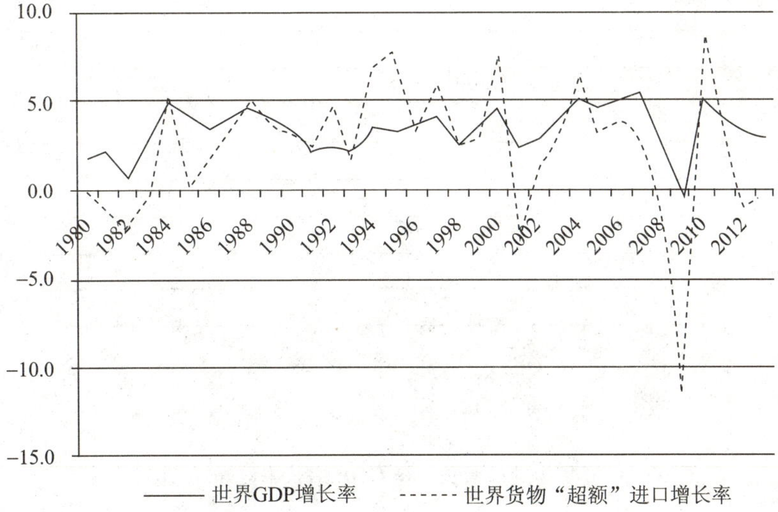

图9 世界货物“超额”进口增长率与GDP增长率(1980—2013年),单位:%

这里对图9的数据进行一个快速回归计量,结果如下:

世界“超额”出口增长率 = −5.2181 + 2.2338 世界GDP增长率(3)

(−4.1596) (6.4197)

这个结果也可以解释为世界经济增长是决定国际贸易增长的基本因素。如果未来时期世界经济增长保持基本稳定,各国进口需求大致也能保持基本稳定。如果预计未来一段时间世界经济增长率将出现一定的减速,世界货物进口增长率也将出现相应的回落。

图10使用5年平均数刻画图9所描绘的两条曲线,这样有助于消除短期波动的干扰并更清楚地显示趋势变动。不难看出,在2008年以前的长时间中,世界货物进口5年平均增长率都显著高于同时期内世界GDP增长率。1980年代中期是“超额”进口增长率爬升的时间,2008年及其以后则是“超额”进口增长率下降的时间。尤其值得注意的是,自2008

年以来的几年中,世界货物进口 5 年平均增长率下降到世界 GDP 增长率之下,即意味着“超额”进口增长率转为负数,尽管幅度并不算大。

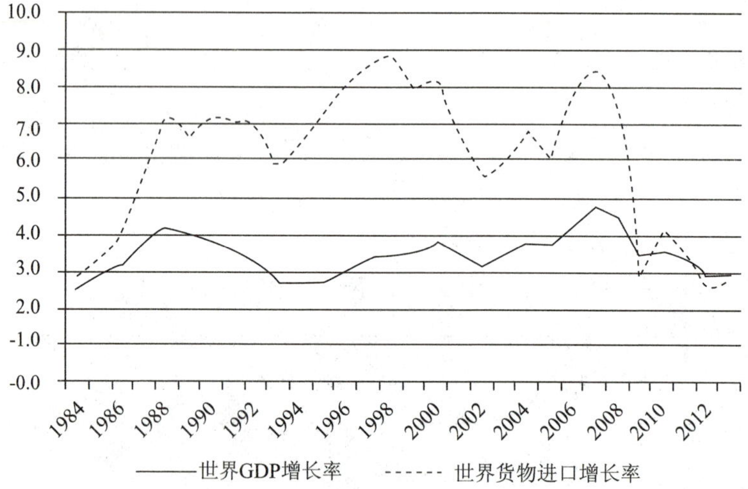

图 10 世界货物进口增长率与 GDP 增长率(1980—2013 年),

单位:%,5 年移动平均数

这种转变很有可能预示着,在今后一段时间中,世界货物进口增长率与世界经济(各国 GDP 总和)大体上保持同步,即难以再指望前者会有高出后者的增长速度。

纵观历史,除了上面提到的较近的时期(1980—2007 年),还曾经有几个时期国际贸易增长速度快于经济增长速度。图 11 依据经济史学家的数据整理资料对比了 1820—1971 年世界工业生产指数和世界贸易指数(两者皆以 1913 年的水平等于 100)。大体上说,这一百多年的时间可以划分几个区间:1820—1840 年,国际贸易与世界工业生产增速相当;1840—1880 年,世界贸易增速高于世界工业生产;1880—1913 年,世界工业生产增速约高于国际贸易;1913—1948 年,国际贸易陷于停顿,世界工业生产增速远远高于国际贸易;1948—1971 年,世界工业生产得到了加速增长,国际贸易增速则更加迅猛。最后这个时期的情形与前面依据国际货币基金组织提供的世界 GDP 增速与世界货物进口增速在 1980—

2007 年的情况基本相同。

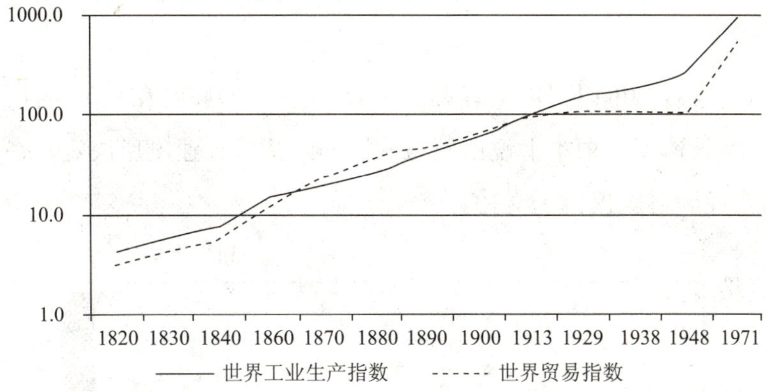

图 11 世界贸易指数与工业生产指数,1913 年 =100,1820—1971 年

数据来源:Rostow, W. W. The World Economy: History and Prospect. Austin and London: University of Texas Press, 1978;Appendix A. p. 662;Appendix B. Table B -3, p. 669.

毫无疑问,影响世界经济与国际贸易相对增速关系的最重要因素是重大国际冲突。除此之外,即使在和平时期,还有别的一些重要因素也影响着经济增长与贸易增长的相对关系。这些因素包括技术进步以及对能源和原材料的新需求等等。

从历史角度看,国际贸易曾主要在两类经济体之间开展:一是工业化经济体相互之间的制成品交换;二是工业化经济体与后进经济体之间制成品交换初级产品。第三种类型的国际贸易,即工业化经济体与后进经济体之间相互交换制成品的贸易活动主要出现在第二次世界大战之后。较早的事例是日本,后来有“东亚四小虎”,20 世纪 80 年代以后又有中国大陆。

随着这些新兴经济体的成长和发展,一个新的问题出现了,即当它们的收入水平与先行经济体的差距缩小后,它们与先行经济体的制成品贸易还能以什么样的速度继续增长?曾经有学者提出一个“收入相似论”来解释工业化经济体相互贸易,认为世界贸易之所以大部分发生在这些经济体之间,根本原因在于它们收入水平相互接近并有着相似的需求结构;正因为如此,它们之间可有大量的产业多样化和产品细分,并在此基础上开展相互贸易。对这些国家而言,贸易增速大致接近,并且也与各自的经济增速大体上相同。

从这个看法可以引申出有关贸易增速的一个判断:在一定条件下,一国出口增长速度从根本上说由贸易伙伴的经济增长速度所决定。在这方面,历史经验再次提供了支持。

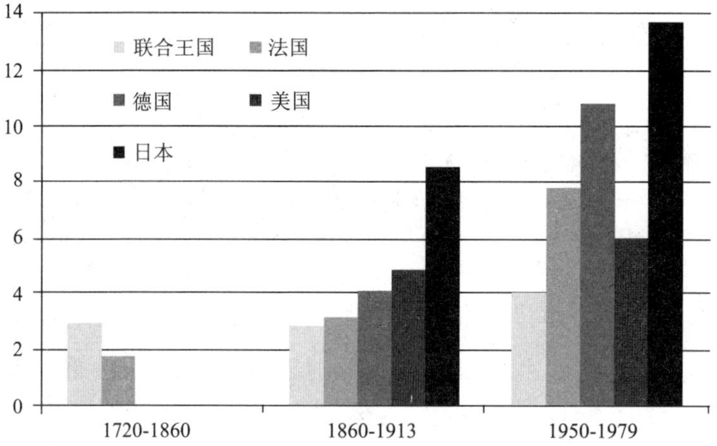

图 12　几个工业化经济体早期货物出口增长率,单位:%

数据来源:Angus Maddison. Phases of Capitalist Development, Oxford and New York: Oxford University Press, 1982, Appendix F: The volume of merchandise exports. 1720—1860 年仅有联合王国和法国数据,其中法国数据指 1715—1860 年;1860—1913 年数据中的德国、美国和日本指 1870—1913 年。

图 12 显示几个先行经济体在几个重要时期的货物出口增长率。首先看联合王国(英国)和法国。这两个国家可以说是 1720—1860 年期间世界上少数几个开展工业革命的经济体,也是那时国际贸易活动中的最活跃者。但是,这两个国家的货物出口年平均增长率都不算高,前者为 2.95%,后者为 1.77%(1715—1860 年)。在随后一个时期(1860—1913 年),联合王国是世界上领先的工业化经济体,规模最大的贸易国(前面曾提及该国在 1870 年占世界贸易总额的 18.9%),也可以说是最具"国际竞争力"者。但是,在这个时期它的货物出口年平均增长率仅为

2.83%,略低于前一个时期。而在经济和技术上稍逊于联合王国的法国在这个时期的出口增长率却上升到3.13%。为何出现这种情况?可以说有两个原因:一是联合王国的主要贸易伙伴收入水平低于自己,并因此难以充分展示自己的竞争优势;二是出现了一些新的竞争者,例如德国、美国和日本等,这些后进经济体的贸易增速更快。

在1950—1979年期间,相对于其他工业化经济而言,联合王国的国际竞争力似乎弱于它在18世纪和19世纪的情形。然而,在这个时期中,联合王国出口增长率却有显著提升,年平均水平达到4.1%(尽管这大大低于其他工业化经济体)。显而易见,联合王国出口增长率的上升主要应当归功于它的贸易伙伴需求的加快增长。

三、第三方竞争者的兴起

前两节的讨论分别论述了中国“超额”出口增长率近年来的下降趋势以及从国际历史经验得到的一个认识:随着一国经济走向“成熟”,其出口增长率会在越来越大的程度上由贸易伙伴的经济增长速度决定。

理解出口增长率的转变,还需要联系到国际经济发展中的一个常见现象,即后进经济体的兴起。历史上有多个国家扮演过后进经济体的角色。19世纪中有德国和美国等;20世纪中,从第二次大战结束到20世纪80年代,有德国、日本和东亚“四小龙”等;从20世纪80年代到21世纪初,则有中国大陆等。在这些事例中,后进经济体的成长及其快速出口增长都改变了先行经济体的相对竞争优势。

进入21世纪的第二个十年时,可以说世界经济中又迎来了一批新的后进经济体的兴起。这些经济体的一个共同特征是,国内经济政策方针进行了大的调整,从过去相对忽略经济增长转变到现在高度重视经济增长,积极学习“中国榜样”,大力发展出口工业。此外,这些经济体大多位于亚洲,都有漫长的海岸线,也都是人口稠密地区。图13对比了中国与

5 个这样的经济体（孟加拉国、印度、印度尼西亚、缅甸和越南）在进入 21 世纪后两个时期的货物出口增长率。

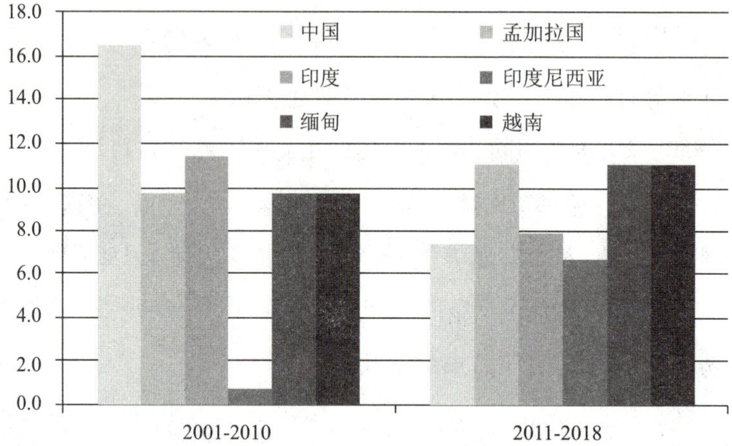

图 13 若干新兴市场经济体货物出口增长率（2001—2018 年），单位：%，（含预测数）

数据来源：国际货币基金组织《世界经济展望》数据库，2013 年 10 月；2011—2018 年含对未来 5 年（2014—2018 年）的预测数。

2001—2010 年期间，中国货物出口年平均增长率高达 16.4%，远远超过图 13 中所显示的其他几个国家；若包含预测数，2011—2018 年期间，中国货物出口年平均增长率估计为 7.3%，不仅比前一个时期有大幅度下降，而且也低于其他几个对比国。图 13 中或许唯一例外的国家是印度尼西亚，该国货物出口年平均增长率在 2001—2010 年期间仅为 0.6%，在 2011—2018 年期间估计也只有 6.7%，皆低于中国同期内的出口增长率。但是，该国出口增长率在前后两个时期中呈现加速上升趋势，显然不同于中国。

这些进入 21 世纪后蓬勃发展起来的后进经济体可以说构成了中国出口增长中的“第三方竞争者”。它们拥有比中国低廉的劳动成本，而且人口众多，人口中也有着数目更大的青壮年人群。尽管各国之间在劳动人口的素质、技能和流动性等方面还有一些不可比之处，但这些后进经济体的劳动数量优势终将逐渐显现，并成为它们在未来一段相当长时间中的国际竞争力的重要决定因素。

面对这些第三方竞争者,中国出口产业的增长速度势必受到不利影响。一些传统市场将不得不让位于新来的竞争者,以获取较低劳动成本为目的的国际投资也将更多地转移到这些后进经济体中。

换言之,在经历了多年的出口高速扩张和快速经济增长后,中国国内劳动成本在显著上升,同时,国际市场上出现了劳动成本竞争力更强的新兴竞争者。可以说,中国出口产业正在面临新的挑战。

面对这种挑战,一个容易想到的办法是调整汇率,让人民币贬值。但是,汇率贬值的办法有着严重的局限性。首先,汇率贬值通常会伴随国内的通货膨胀。如果国内通货膨胀速度超过汇率贬值幅度,贬值丝毫不能带来调节国际劳动成本差距的效应。其次,本国货币对主要贸易伙伴的货币贬值,例如人民币对美元或欧元出现贬值,并不必然意味着中国出口产品在这些贸易伙伴市场上价格竞争力的增强。正如前面所说,在这些市场上,与中国产品展开竞争的主要不是当地厂商,而是来自第三方的竞争者。若人民币对当地货币贬值,第三方竞争者的货币也对当地货币贬值,后者贬值幅度甚至大于人民币,那么,人民币贬值也同样不能改变中国出口产品在当地市场上的价格竞争力。再次,实行政策性汇率贬值无异于对外汇市场进行干预,而干预总是伴随成本。而且,许多国际经验表明,外汇市场干预的成本和代价在各国对外贸易和金融市场日益相互连接的背景下倾向于不断增大,甚至可能导致国内宏观经济政策目标的偏离。

基于这些理由,不能认为应通过汇率调整来继续维持快速出口增长。而且,客观地看,出口增长减速有其合理性,本来就是持续性的经济增长的一个必然结果。需要防止的不是出口增长的减速,而是出口增长滑落到国际需求正常增速之下。正如前面已经指出的,出口增长跌落到世界进口增速之下意味着本国出口产业国际竞争力的下降,而这才会对本国经济增长带来不利影响。

四、拓展对外开放新思路

本文首先从中国出口增长与世界进口增长的对比来看待改革开放以来中国出口产业国际竞争力的变化。数据表明，中国在过去很长一段时间中，出口增速一直快于世界进口增速，这体现了中国出口产业的强有力的国际竞争力，并也是中国出口在世界市场中所占份额不断升高的基本原因。但是，近年来，中国出口增速与世界进口增速的差距在缩小，而这很可能意味着中国出口产业国际竞争力在发生某些重要变化。

历史的国际经验也说明，随着经济增长，位居世界领先地位的经济体的出口增速在很大程度上由贸易伙伴的经济增速决定。一些后进经济体在较早时期通常能获得高速出口增长，随后就出现出口增速的下降，并与世界进口需求增速日益趋同。

导致出口增速变化的一个重要原因是国际市场上第三方竞争者的兴起。它们主要是后进经济体，也是新兴市场经济体。这些经济体在较早发展阶段通常有劳动成本优势，并因此能在先行经济体市场上获得竞争优势。历史上的后进经济体有德国和日本等。中国从 20 世纪 80 年代中期到 21 世纪初也是这样一个事例。

进入 21 世纪后，世界范围内出现了一大批后进的新兴市场经济体，它们也积极发展出口产业。在中国出口增长开始减速的同时，这些经济体未来时期的出口增长预计将加速，它们构成了中国出口增长的“第三方竞争者”。

为适应新形势，我们应有新的思路应对挑战。一方面，国内发展层面应该摆脱继续依赖外部需求的想法，积极拓展国内市场，发展思路转变到内需为主的方向。另一方面，在对外发展层面，竞争思路也应有相应调整。过去，中国的竞争优势主要在劳动成本方面，现在和未来，中国在劳动成本上相对于先行经济体将继续保持优势，但相对于后进经济体这种优势将越来越微弱。如果继续按照发挥劳动成本优势的思路,由于第三方竞争的缘故,中国产品在国外市场的份额将不可避免地日益缩小。只有寻求新的竞争优势才能确保中国出口至少与世界需求获得同步增长。

毫无疑问,在中国正处于从中下收入国家向中上收入国家迈进的过程中,面对新加入国际贸易并拥有较低劳动成本的第三方竞争者,中国必须寻求“角色转换”,即通过产品升级、技术升级和产业升级来支持自身的国际竞争力。这些“升级”绝不简单地意味着增加研发投入。产品升级、技术升级和产业升级要求企业对市场需求及其变动具有敏感性和战略把握,需要众多企业对各自所在的市场和行业的主动性认知和开拓。

在国际层面上,中国显而易见应与中上收入国家和高收入国家之间进行更多的经济互动,包括在多边贸易规则和贸易货币金融政策上的协调与合作。中国与较低发展程度或相似发展程度的经济体之间的经济贸易关系在未来必然会出现一个较快的增长趋势,但这也应当伴随着中国与较高发展程度经济体之间的经济贸易关系的持续发展。平衡型的多边对外开放应是未来时期扩大对外开放的基本取向。

增长困局:新动力在哪?

——我对国民经济局势的看法和建议

周天勇*

中国自1978年改革开放到2012年的30多年中,GDP保持了年平均9.8%的高增长速度。到了2013年二季度,增长速度同比下滑至7.5%。2013年汇丰公布的7月份中国制造业PMI指数为47.7%,9月制造业采购经理人指数PMI终值50.2,略高于8月终值50.1,显示出制造业运行环比略有改善,但中国经济的复苏势头仍显疲软。① 前三季度国内生产总值386762亿元,同比增长7.7%,比前30多年平均速度放慢了2.1个百分点。对上半年的增长速度下行,学术和政策研究界众说纷纭,各执一词,甚至争论激烈。刘世锦等学者认为,8月份增长回升是夏季空调等用电多造成的,由于发展基数大、资源约束、世界经济形势下行等因素,我国经济增长已经步入增长转换期,8%以上高速增长已不可期。今明两年还有可能达到7%~8%,但2015年将是转折期,此后将进入6%~7%的区间,到2020年降到6%左右。中低速增长将会成一个常态。② 而林毅夫等学者则坚持,中国还将以8%以上的速度,增长20年,特别是在增速下滑的关口,还是要以投资推动增长速度。③

2013年10月上旬,世界银行、国际货币基金组织和亚洲开发银行均发布了最新的经济展望,不约而同下调了中国经济的增长预期。其中世

* 周天勇:中共中央党校国际战略研究所副所长,教授。

① 汇丰银行.2013年9月汇丰制造业PMI终值为50.2[N].华尔街日报,2013-09-30.

② 刘世锦.8月经济好转属存货调整7%将成增速常态[N].财经网,2013-09-16.

③ 林毅夫.后发优势带来增长潜力确保“两个翻一番”[N].经济参考报,2013-10-08.

界银行估计中国2013年经济增长7.5%,2014年增长7.7%。该行在半年前预计中国经济2013年增长8.3%,2014年增长8.0%。国报告则预计中国经济2013和2014两年将分别增长7.6%和7.3%,与7月上一次预测相比分别下调0.2和0.4个百分点。① 经济增长趋势确在下行。一方面,在真实的城市化水平只有35%的国家里,如果增长速度降低到7%,甚至6%以下,从中国现在的经济成长阶段上讲,无论是城镇化进程应当推动的潜力,还是从发展的需要看,乃至平衡财政和吸纳就业方面,都是难以接受的;而另一方面,通过政府主导、加大投资、地方竞赛等方式来拉起增长速度的模式,还能持续吗?如果不能,新的增长动力点在哪里?本文将就此发表自己的看法和政策建议。

一、增长:传统模式还有持续的动力吗?

一些学者和在政府部门工作的人士认为,改革开放以来的30多年中,中国的人均GDP从当初的155美元提高到6094美元,这是世界发展史上中国模式的奇迹,应当承认这种增长模式的有效性。② 因此,中国的发展,不论是在增长速度下行的当前,还是在保持长期高速增长的未来,仍然要重视政府主导、地方竞赛和投资拉动的套路。

(一)传统增长模式描述

我们先来小结一下中国改革开放以来的经济增长,并称之为传统增长模式。

30多年来,低成本要素、高投入和生态环境为代价形成了高速增长的生产能力。从供给方面描述,大量成本较低的剩余劳动力从农村和农

① 谭志娟. 三大国际机构调低中国经济增长预期[N]. 中国经营报, 2013-10-12.

② 特派记者崔有植/朴秀瓒. 放弃保八 中国发展模式是否继续有效—郑新立 VS 陈志武[N]. 朝鲜日报,2012-04-17.

业向城市和东部制造业形成转移型增长；便宜的土地和其他矿产及能源等资源进入生产和建设领域，推动了经济增长；境外直接投资和技术的进入，扩大和增强了国内制造业的生产能力；几乎无节制地消耗生态和环境，实际是透支下一代人的福利，并且将成本转嫁给下多代人而形成今天的利润和GDP；政府在发展过程中，各地攀比竞赛，招商引资，主要依赖大企业、大投资、大资本和大项目推动，通过大规模征地拆迁，形成土地资源和土地财政投入，配之以借债融资进行生产能力和基础设施的投资和建设。以上所述，在供给侧综合形成了经济高速增长的强劲推动力。

从30多年的增长的需求侧看，经济增长主要依靠投资和出口需求拉动。(1)出口拉动的贡献较大。1978年，中国GDP对进出口贸易的依存度只有9.74%，2001—2010年，GDP对进出口贸易的依存度平均在50%左右，而最高的2006年，高达65.17%。中国的廉价劳动力、土地、能源，以及没有社会成本的生态环境条件，形成的制造业出口能力，被欧美和其他地区的进口需求所吸收，强劲拉动了中国经济增长的速度。(2)在经济增长的动态过程中，特别是出现增速下行时，投资需求是速度的主要拉动力量。1981—1990年，固定资产投资率为35.5%，1991—2000年，年平均为38.5%，再后来则从2000年的35.3%上升到了2011年的48.3%。从动态数据看，2008年出口增速下滑后，GDP增长对投资需求拉动的依赖程度越来越高。(3)消费需求对增长的拉动力越来越弱。不言而喻，GDP投资率的上升，意味着消费率的下降。中国最终消费占GDP的比重在20世纪80年代时超过62%；而2000—2011年，消费需求对GDP的贡献率由65.1%降至55.5%。30年中，居民消费率从最高的50%左右，下降到了40%以下。而从2010到2013年前三季社会消费品零售总额的名义增长速度，分别为18.3%、17.1%、14.3%和12.9%，其中2013年9月份，社会消费品零售总额同比名义增长13.3%，总体上增长幅度逐年降低。①

从上述中国过去30多年经济增长供给和需求两侧的描述看，虽然每10年都有所变化，但是，政府主导推动，劳动力、土地及其他资源大规模投入，消耗生态环境，出口导向依赖，投资建设拉动型增长模式的特征非常明显。

（二）供给侧推动增长的条件发生了重大的变化

中国经济高速增长了30多年，许多条件已经发生了重大的、甚至是颠覆性的变化，不应当再对过去的模式抱有经验主义的幻想。

一个国家，在其长期的发展过程中，劳动、资本和其他资源等投入，对经济增长的贡献率是逐步下降的。这是经济增长理论和发展经济学揭示的规律。从中国的经济实践可以看出，制造业和小微企业劳动力和资本投入的利润率越来越薄；新就业大学生的工资水平相对下降，与其人力资本投资形成成本收益倒挂；而农民工在城市中收入的增长速度，相对慢于物价、房租和房价的上涨幅度。这说明，中国也不可能违背这个长期的经济规律。

从经济增长供给侧的要素投入成本看，劳动力报酬上升，地租、地价和厂房价格及租金也在上涨，人民币升值，投资的成本越来越高；土地稀缺使东部项目落地的空间越来越狭小；淡水等资源供给和生态环境的约束及压力加大；而居民对产权利益的觉醒和环境意识的增强，使征地拆迁和一些影响环境的项目建设，阻力和难度越来越大。

（三）需求拉动增长的难度越来越大

从目前和未来经济增长的需求拉动看，出口、投资和消费这三个传统模式中的主要方面，都显得乏力。

---

① 根据中华人民共和国国家统计局网站数据整理。

出口需求拉动经济增长趋于衰势。虽然2013年前三季度出口增长8%，但是9月出口1.15万亿元，下降0.3%。过去曾经的出口需求拉动中国经济高速增长的辉煌可能不会再来。一是欧洲经济要从主权债务危机中恢复过来将是一个漫长的过程，美国的财政开支平衡机制对其经济和进口需求形成影响，日本的经济增长也并没有真正从长期低迷中走出，而且中日贸易由于政治因素的影响，存在着不确定性。发达经济体的进口需求在一个长时期中并不会旺盛。二是欧美实施再工业化，利用危机形成的劳动力价格相对便宜的机会，重振制造业，特别是美国制造业增加值占GDP的比重已经从2008年末的11%上升到目前的接近13%，这对进口产品将形成挤出效应。三是发达国家的贸易保护主义抬头，对中国出口产品的反倾销反补贴调查和关税惩罚连连发生，贸易摩擦不断；同时，生态、安全和劳工权利等非关税贸易壁垒也日益增多。四是美国也正在布局新的世界贸易新战略，从其意图看，弱化世界贸易组织（WTO）体系、稳固充实北美自由贸易区、推动建设跨太平洋伙伴关系协议（TPP），并且与欧洲形成直接的自由投资贸易协定机制，谋求美国掌握主动权和话语权的世界贸易格局是其主要诉求。作为世界货物出口规模第一的中国，如果没有相应开展多边和双边自由贸易区谈判和建设的战略应对，势必将挤压和影响中国在全球的贸易空间。五是发达经济体推行量化宽松的货币政策，滥发货币，一方面由于美元等是世界货币，美国不仅获得铸币税利益，还将贬值转嫁给其他经济体，增加国内的流动性来刺激经济增长；另一方面，货币贬值增强其出口竞争力，并倒逼人民币升值提高中国产品的出口成本。这可能是一个不断进行的长时期趋势。长期看，中国对外出口的环境并不乐观。

投资需求继续拉动经济增长的制约和衍生问题。再单纯用2009年加大投资的办法，拉起经济增长速度，结果只能使投资与消费的比例越来越失衡，并且重蹈物价房价猛烈上涨的覆辙。一些学者还是将重新拉起高增长的希望放在政府主导和地方政府竞赛的投资上。而且他们在反驳投资主导增长模式应当转向消费主导增长模式的建议时,举证东亚的日本、韩国、中国台湾在其发展阶段中,区别于增长缓慢的拉美的一个特征,就是高储蓄和高投资率。然而,中国内地传统的投资主导型增长模式中,与日本、韩国、中国台湾的最大区别就是,政府主导和地方政府竞赛,热衷大资本、大企业、大项目、大基础设施,但由于资本的有机构成高,其相对就业吸收能力弱,且大资本和大企业对中小企业创业的挤压所形成的利益大都流入和集中在了政府、央企和其他所有制的大型企业的手中,而没有持续不断地将大部分比例收益形成居民理想的收入,进而变成居民消费的支出能力。也就是说政府主导的投资没有与居民的收入,进而与居民消费形成良性循环。这就是为何日本、韩国、中国台湾在快速发展过程中,居民相应地富裕了起来,而中国在快速发展的时期,却在政府、国企和国有银行集中了大量的收入,居民收入却相对增长不快的深层次原因。

消费增长拉动经济增长的艰难和复杂性。迟福林等学者提出,要将投资和出口需求拉动的增长模式转向消费需求主导的增长模式。① 在传统拉动经济增长办法中,当出口受限与投资负作用大的情况下,这一模式转型无疑是正确的选择。但是,模式转型的关键是国民经济供给侧"调控转型→刺激创业→扩张就业→提高居民收入→扩大居民消费→平衡生产能力"逻辑链条是否改善。

首先,消费增长乏力,民间消费不能替代和填补公款消费的萎缩。从2013年社会消费品零售总额的增长情况看,1—9月为12.9%。特别在1—2月,在元旦和春节因素而消费增长率较高的月份,增长率只有12.3%。中央严格限制公款消费的禁令,使2013年的前9个月中政府、军队、国企、银行等消费部分萎缩,是导致总消费增长幅度下降的重要原因。现在的问题在于,居民消费的增长能补齐这一萎缩吗?这是不可能的。因为收入集中在非居民部门的流程并没有随之而改变。

---

① 迟福林. 经济增长从政府主导转向消费主导[N]. 南方日报,2012-07-25.

其次，从收入流程的走向和集中点看，60%流入和集中在了政府金融国企及非公有制企业之中，居民所得比例很低。全额计算，政府在2012年集中了18万亿左右的预算内外收入，占GDP的35%左右；国企职工2000万人左右，工资奖金总额1万亿左右，职工年平均收入5万元左右，而国企总利润2.2万亿，折旧1万亿左右，国企收入占GDP的8%左右；金融业从业505万人，工资奖金总额估计5000亿左右，职工年平均8万元左右，全行业折旧2000亿左右，银行保险证券利润总和在1.5万亿左右，其收入占GDP的4.2%。政府、国有企业和金融业集中的收入占GDP的47.2%。非公有制工商企业利润2012年大约在3万亿左右，折旧大约也在1.5万亿左右，占GDP的8.6%。考虑国民收入的汇出和其他环节漏出等，非政府国企金融部门外95.4%的劳动力、92%的居民，只分配到了GDP的40%，即20.8万亿左右，其中农村居民5万亿，城镇非政府、国企及银行就业家庭居民则分配了15.8万亿左右。这与1988年居民收入达到GDP的70%、居民间收入差距不大的情形相去甚远，也与其他国家居民收入占GDP的60%~80%比例相去甚远。

2013年前三季城镇居民收入增长6.8%，低于GDP增速。居民收入比例占GDP比例过低，且高收入者边际消费率不高，而低收入人群虽然边际消费率高但低收入决定了其支付能力有限，是中国消费需求难以拉动经济快速增长，以及无法从出口和投资为重点拉动增长的模式向消费为主拉动型增长模式转型的根本原因。这种格局下，即使用财政补贴的方式，扩大家电下乡和城镇居民家电更新等政策，包括扩大消费信贷，以及所谓用加大社会保障的方式来减少消费的后顾之忧等等，都似少源之水，会收效甚微，不可持续。

净出口、投资和消费这三个方面，是凯恩斯框架下经济增长的“三驾马车”，这一部分的分析实际上也反映了凯式框架的宏观经济政策，目前在中国操作余地已经非常有限了，因为这三个方向都没有多少潜力可挖。总之，无论是从供给侧的增长方面看，还是从需求侧的拉动因素考虑，传统增长模式已经不再具备有力和可持续的动力点,如果继续在传统模式下谋求出路,未来长时期经济增长速度持续下滑,是一个必然的趋势。

二、中国经济新的增长动力在哪里

可以看出,传统增长模式下,中国经济目前和未来的衰退肯定是一个有内在逻辑的必然。是不是说,中国未来的发展中,就找不到新的增长动力和新的增长点了呢？回答是否定的。关键是需要从新的视角去考虑和寻求具有新增长动力和新增长点的新增长模式。本部分将就此进行讨论。

(一)鼓励创业,形成小企业带动就业的微观动力

微观社会主体创业和就业的活力,是人民富裕和消费需求旺盛的基础。中国目前的经济环境与20世纪80年代中后期和90年代前中期相比,微观社会主体的活力大大下降。其主要原因是,改革开放前期,由于法律法规较少,审批项目还不繁杂,政府行政和行政事业性机构尚未完全建立,政府收费项目不多等,因此创业较为容易进入和环境较为宽松。90年代后期以来,各部门主导制定的法律法规越来越多、越来越细,审批和准入规定越来越多,收费项目越来越繁杂和规模越来越大,行政和行政事业性机构及其人员越来越多和越来越庞大,普通居民的创业和小微企业的经营也就越来越难;许多城市现代化建设中的大规模拆迁,以及市容和市貌整顿,又使大量创业和就业型的小商小铺消亡;而地方政府从做大GDP规模和增加财政税收两个目标出发,发展战略的重点,还是放在大投资、大资本、大企业和大项目上,重点还是与跨国公司、国企和大型私企联姻。而这种方式的发展,形成的国民收入分配流程,就是向政府财政和大企业利润集中较多(因其资本有机构成较高,对就业贡献却相对较少),而收入流入劳动者和居民手中的比例较小,甚至很小。初次分配

中，大资本所有者较多，中小创业者较少，中等收入者更少。这就是为什么80年代我国居民收入占GDP比例较高，而到今天居民收入占GDP比例却很低的一个非常重要的形成原因。

与国际指标比较，中国目前创业和就业的活力严重不足。证明中国微观创业就业没有活力和动力的两个重要指标，一是每千人企业平均拥有数量，二是大学生毕业后创业率。我们先看第一个指标。以中国2012年的数据为例，如将每5个个体户折成一个企业①，再加上注册登记的其他企业，中国每千人企业平均拥有数量仅为16个；而发达国家在金融危机前为每千人平均50个，危机后在40～45个之间，发展中国家数量也在30个左右。由于企业数量中，中小企业一般要占到98%左右，中国与其他国家相比，中小企业发展特别不足，千人拥有企业数量水平仅是的1/3，是发展中国家的一半。再看第二个指标，发达国家大学生毕业三年内，自己独立创业的比率达20%；而中国目前不到2%，绝大部分毕业生都强烈希望到党政事业单位、国企、银行、外资或大型私企等地方工作，许多毕业生宁肯不就业，也在家等着到这些单位上班的机会。可以看出，中国与发达国家相比，毕业生微创业动力只是后者发达国家的1/10！

与日本、韩国、中国台湾的高速增长期的人民富裕和消费旺盛情形相比，我们缺乏的是微观的创业活力和动力，以及广大人民在创造财富同时分配财富的流程。没有微创业，哪来的大规模的中等收入人群和阶层？没有创业形成的小企业，哪来的大规模的就业需求量？没有大量的中等收入人口和充分就业形成的居民收入，哪来的居民消费能力呢？我们总是讲收入分配不合理，总是在抱怨消费需求不足。一些学者还提出了从调整现有GDP分配入手，如从财政向居民，特别是向低收入居民多分一些，向高收入者多收一些的办法，来缩小差距和扩大消费需求。我认为，这方面的工作需要适当地做一些。但是，最主要的是，要考虑在鼓励广大

① 国际上小企业的平均从业者为10人左右，中国个体经营户平均从业者2人左右，5个个体经营户的从业者相加，相当于国际上一个小企业的平均从业人数。

人民通过创造财富来分配财富。韩国和中国台湾从20世纪50年代的每千人口只拥有5个企业左右，到70年代后期，以及80年代，上升到了每千人50个左右。日本在80和90年代，每千人拥有企业数量也在50个左右。日本、韩国、中国台湾在其高速增长时期，虽然地理人口密度比中国还有大，失业率却很低，一般在2%左右，甚至还存在劳动力短缺，需要从国外引进劳动力来进行平衡。日本、韩国、中国台湾在其发展阶段中，也有高投资率，也有高速增长时期，但是，与中国30多年高速增长时期不同的是，他们这一时期的基尼系数很低，收入分配较公平；高储蓄率和高投资率，并没有导致居民收入水平的下降和消费需求的萎缩，反而带来了居民与国家的同步富裕，投资与消费的良性互动。最主要的原因是什么呢？就是创业活跃，中小老板数量大，形成了中产阶级；中小企业很多，从而对劳动力需求大，失业率就很低，收入提高与经济增长同步，因失业而贫困的人数较少。日本当时提出要以中小企业立国，韩国在20世纪70年代时非常重视并提出中小企业发展战略，而中国台湾也是以中小企业“立岛”。这说明，大规模的微创业，大量特别多的中小企业，是增长的强劲动力，是解决就业、人民富裕、消除收入差距并带来投资和消费良性互动的最高战略。而中国在向东亚新兴工业国家和地区学习时，要么学习如韩国如何形成大企业集团，要么纷纷组团出国学习韩国的新农村建设。非常非常遗憾的是，唯独忽视，并且没有把鼓励人民创业和大力发展小企业，解决民生民富这样一个最重要的经验学来！

从2013年9月的情况看，虽然大中型企业的销售因投资刺激有所好转，但是，小企业的经营状况则继续恶化。2013年9月，国家统计局发布的中国制造业采购经理指数（PMI）为51.1%，比8月上升0.1个百分点，大型企业PMI指数52.1%，比上月上升0.3个百分点，其景气度回升仍然是拉动PMI回升的主因。中型企业PMI指数为49.7%，上升0.1个百分点。而小型企业PMI指数48.8%，则回落0.4个百分点，且都低于临界点。①

中国当下正面临就业困局。中国目前大量的就业分布在哪里？在党政事业机构中，在大量的维稳和其他政府事务的合同编、协编及临编中，在不可持续稳定就业的政府与和大型企业的建设项目工地上，在过去出口形成的对（低水平）劳动力的需求中；随着出口的困难，随着中小企业生存环境的越来越恶劣，一些出口企业破产关门，创业和就业容纳投资者和劳动力的能力越来越弱。有关研究显示，2012 年 6 月中国城镇调查失业率为 8.05%，较 2011 年上升了 0.5 个百分点，其中大学教育程度的青年劳动者调查失业率高达 16.4%，此外二线城市调查失业率显著上升，由 2011 年的 6.4% 升至 8.7%。② 这样一个就业格局，形不成中等收入群体，就业也不稳固，新劳动力寻找工作困难，整个社会也没有稳定的基础。

目前推动发展的思路、战略、体制和政策有很大的片面性。我们为什么不把鼓励人民大规模创业，特别是小微企业的发展，作为减少工人失业、推动人民富裕、缩小分配差距、回归投资与消费平衡、促进经济健康增长的至关重要的立国之本呢？我们为什么非得要在一些不治本的路径上花大力气，而在鼓励创业和发展小微企业上，舍不得形成共识，不立为最高战略，不花大力气除去体制障碍，不出台管用有效的政策呢？百思不得其解！说明我们的思维惯性还是在大投入、大资本、大企业、大项目推动上，还是在政府主导解决就业和民生问题上，还是倚重在 GDP 增长和政府的财政收入增加上，而实际的思路、战略、体制和政策重点还是没有放在人民的就业、富裕和调动全体人民创业的活力和动力上！

这里对微观创业和就业能给经济增长带来的强大活力和动力进行框算。大体估计，假如我们每千人中小企业的数量达到发展中国家一般的

---

① 谭志娟．三大国际机构调低中国经济增长预期［N］．中国经营报，2013－10－12.

② 西南财经大学中国家庭金融调查与研究中心．我国城镇失业率达 8.05%［D］．中国城镇失业报告，2013－12－09.

每千人 30 个的水平,企业的数量就会达到 4100 万个左右①,比目前的 2200 万个多出 1900 万个,按单位企业从业 10 人计,如果年平均收入为 36000 元,交社保 10000 元,劳动报酬就为 46 万,业主利润年 30 万,投入折旧 20 万元,即便是国家免除一切税费,其形成的 GDP 也在每年 100 万元的规模。以此而计,目前中国因与发展中国家中小企业发展不足形成的 GDP 潜在损失在 19 万亿左右。如果我们每千人中小企业数量达到每千人 40 个,中小企业数量就要比目前多出 3200 万个,按照这一水平,我们失去缺少的 GDP 就有 32 万亿元。当然,我觉得,在我们这样一个发展阶段,可能每千人 30 个中小企业与发展水平较相适应。假如创业和中小企业发展正常,2012 年的 GDP 中,大投资、大资本、大企业和大项目所形成的 GDP 的一部分,就会由中小企业形成的 GDP 所替代,GDP 中的一部分水分就会被去除和做实,GDP 总量还会增加一些;GDP 的分配结构中,劳动力和居民收入分配的比例将大幅度上升。如果未来我们向着这样一个方向努力,将会形成中等收入人群增加、失业率下降、人民富裕、国内消费需求旺盛、经济可持续增长和繁荣的经济社会局面,何乐而不为呢?

难道这样一个为世界上许多国家所经历的,并可依靠全体人民创业,发展中小微企业能实现的近 20 万亿规模的 GDP,还不是我们未来最有前途和规模最大的、新的增长动力吗?关键是,我们的思路、战略、体制和政策能不能向着这样一个清晰的方向彻底转变?

(二)创新,是未来发展越来越强劲的增长动力

我们的发展阶段,已经到了需要高度重视科技创新推动经济增长的时候了。从发展经济学总结的规律看,越是经济不发达的时候,经济增长越是需要依靠投入,特别是资本投入的推动;而经济越发达,知识和技术

① 目前许多新闻、讲话和文件中所说的,中国有 4000 多万个中小企业,是不科学的。原因是将每户只有两个从业者的个体户,也算成一个企业而形成统计。类似一个人,推一个冷冻车,卖冰棍的这样大量的个体户,不能看成是一个真正意义上的企业。

对增长的贡献率就越高。30多年的改革开放，已经使中国的发展水平从人均GDP 155美元，排名全球倒数几位之中，提升到了2012年的近6100美元阶段，经济发展已经进入了一个从资本资源投入为主推动的阶段开始向知识技术深化和产业创新为主推动的阶段转变的时候了。而后发国家由于技术的引进消化吸收和再创新，知识技术的全球传播和交流，技术进步对经济增长的贡献，应当比过去的发达国家，在阶段上可能来得更早一些，动力可能还要更大一些。这也是后发国家所谓后发优势的来源之一。

我们有着科技创新的优越条件，对创新驱动战略要充满自信。从依靠创新推动经济增长的条件看：(1)中华民族，从每年中国内地、港、台中学生参加全球数理化竞赛的成绩看，勤奋勤劳并且富有智慧。(2)中国每年工程类应届毕业大学生的规模在200万左右；科学家和技术人员的数量，从国外留学回国的学生和人才等，在逐年增加。全国人力资本的总规模估计在200万亿~300万亿元之巨。(3)随着经济的发展，研发投入的能力大大增强，其投入规模已经接近GDP的2%，占全球研发投入总额的14%左右，而且其趋势正处在快速增长时期。(4)科研装备条件，今非昔比，形成国家级院所、重点实验室、大学和各省市科研院所、企业研发中心、国家重大专项攻关与众多院校所、企业研发中心和科研人员的试验工作室等遍地开花的"热带雨林式"研发相结合，形成越来越完善的有强大研发能力的国家创新体系。(5)积累了大量的科研储备项目，同时具有全世界规模最大、增长最快的市场需求，为技术转化为产品和相关产业发展提供了最好的市场条件。

中国许多领域所掌握的科学技术在全球目前也处于领先地位。如激光、农业超级稻及其他农作物杂交、清除太空废旧卫星、高铁综合集成、智能机器人、汽垫船、航天航空、常温中低速磁悬浮列车地铁、量子通信、定位、移动通信、第四代核电、云计算、物联网、传感网等，技术水平都在世界前沿位置。

中国科技创新推动增长,也存在一个低成本研发、应用和产业化的战略机遇期。中国在科技进步方面,有后发优势,憋足劲,弯道超车,实施赶超战略,实现建成世界科技大国和强国目标,有着非常重大的战略意义。我们在前30多年的改革开放过程中,抓住了劳动力相对便宜这样一个低成本制造和竞争的机遇期,取得了发展的奇迹。从现在来看,由于科学技术人员报酬等比发达国家相对较低,加上一些自己研发的科研装备价格也比发达国家便宜,我们也存在着低成本研发、创造和产业化的优势,这也存在着一个低成本创新的战略机遇期。机不可失,时不再来。

发达国家,特别是美国,在几次经济衰退时期,科技创新振兴经济,是其最成功的途径。20世纪80年代以来,美国企业间科技结盟的数量平均每年增长10%以上。这期间,美国高技术贸易在制造业进出口中所占的比例翻了近一番,超过20%。其经济在20世纪90年代的持续高速增长,其科学技术的进展,是其振兴的最重要动力。① 而21世纪以来,信息技术的深化发展,页岩油气能源技术革命,也是经济衰退的缓冲力量,并为美国再工业化和振兴制造业蓄积了力量,经济呈现复苏势头。2013年8月,美国失业率下降到了7.3%。制造业占GDP的比重,从2008年的11%,到了目前的接近13%。中国应当重视和借鉴美国科技振兴经济的经验,将创新驱动视为推动经济增长新的动力源。

需要看到的是,全球第三次工业革命和欧美的再工业化,势必对中国产业发展,乃至整个国民经济形成影响和挑战。(1)本世纪,将是人类技术进步日益重要和绿色发展主导的新的100年,中国如果在此方面无所作为,将会形成竞争力较弱的二流,甚至三流国家;(2)从技术装备和市场方面看,中国如果没有引进再创新和自主技术创新,将成为世界低一个层次技术和装备的销售市场,其他国家旧技术成本的消化者,并且承担新旧技术替代形成的生产能力淘汰损失;(3)随着技术的进步和更新,生产

① 毛磊. 科技创新——美国周期性经济衰退的缓冲器[N/OL]. 新华网,2003-01-31.

和消费的生态化，消费方式的转变，传统产业过剩，可能从一个行业，向许多行业，从局部向整体蔓延；(4)国民经济的出口拉动、技术推动力相对越来越弱，增长失去开放和创新动力，速度下行。

创新是经济持续增长源源不断的新动力。如果我们“弯道”追赶，加速创新，将科技进步对经济增长的贡献率从目前50%左右的水平上每年提高1.5个百分点，那么2013年由创新形成的增量GDP规模就将达到10000亿元左右，经济增长速度也将会提高到1.8个百分点，并且使经济增长有持续的后劲。如果高度重视科技创新对经济增长推动的作用，并切实将创新驱动战略落到实处，国民经济每年将多获得2个百分点左右，甚至更多的增长速度。

可以看出，中国的经济增长，已经到了一个低成本创新发力的时候了，科技不断进步和新兴产业发展，将会成为中国经济增长越来越强劲的动力。

(三)积极推进新型城市化进程

中国目前真正和全面意义上的城市化水平，可能只有30%，至多35%左右。发展经济学家们测算，在经济发展过程中，由于结构转型，即从农村和农业经济向城市和非农业经济转变过程中，大量人口从经济收益低的农村地域向收益高的城市地域迁移配置，大量工商企业兴办，住房兴建，学校医院等服务提供，生活方式改变和消费增加，加上城市交通投资建设，其对经济增长的贡献在30%～40%之间。中国仍然处于城市化的中期阶段，推进城镇化来保持经济增长高速度，是一个很重要的动力来源。

传统推进城市化的模式是大规模建设，企业不多就搞融资平台，把土地征收来然后抵押，成立开发公司，卖地借债，搞房地产，扩大城市的面积。这样的城市化有一系列问题：一是土地面积的城市化，地面上的城市化发展水平接近日本，但是地下的基础设施水平跟日本差了几十年。二是建筑物的城市化,没有真正市民化。农民进来以后没有城市户口,公共教育服务不向他们提供,其子女不能正常上学;相当多人不能参加城镇的医疗保险,同时也没有享受到公共服务和社会保障;虽然统计有3亿多人来到城里,但是绝大部分没有自己的房子,住在城市的地下室、公棚,城郊的城中村里,居住条件恶劣。统计的城镇7亿多人里,有3亿多不是完全的市民。三是城市化和工业化没有协同发展。我认为大格局的工业化就是农业产业化,特别是工业和服务业比例不断提高。有些城市发展起来了,但是产业没有发展起来。这是土地上建设型城市化的单兵突进,人的城市化与物的城市化之间不平衡,创业就业与将人口简单集中在城市不平衡,产业城市化与空间和面积城市化不平衡。这就是传统城市化的问题。我们现在需要一种新型和协调的城市化。

日本、韩国、中国台湾在其城市化过程中,城乡居民的收入差距并不大,都富裕了起来,投资和消费良性互动;而且其城市化水平在30%~60%时,正是经济高速增长的阶段。有学者提出问题,中国的城乡差距为什么这样大,居民为什么没有富裕起来,经济增长速度为什么突然没有了动力呢?除了上述中国创业不足和就业困难原因外,很重要的区别是,日本、韩国、中国台湾农民向城市转移时,其耕地林地宅基地可以买卖,政府从中也收税,但有一大部分留给了他们,用于创业投资小微企业,用于到城市中购买住宅。中国台湾20世纪80年代时,城市化水平达到60%,85%的城市居民在城市中有自己的住房。同时,对于在土地交易中获利过多的,也通过累进的交易税和所得税进行调节,防止因卖地而一夜暴富。而中国内地的体制是,不允许农村土地直接进入建设交易市场,被政府从农民手中很便宜地强制征用,再高价倒卖给用地商,土地资产及其绝大部分收益变成了城市的高楼、马路和工厂等,而农村农民,包括进城的农民,没有得到土地资产在城市化过程中衍生的利益,没有能力购买城市的住宅。只能居住望楼兴叹,子女望校兴叹,生病望医兴叹,就业望业兴叹,生计望富兴叹。居民没有富裕起来,缺乏国内居民消费需求的强有力拉动，是中国经济突然在出口受阻和不敢再大规模投资状态下，速度下滑的最重要原因。另一方面，少数钉子户，却因补偿而影响建设，并依征地而暴富。

以人为本的城市化，最首要的是形成人民创业就业推动的有活力的城市化。推进城市化，是中国未来增长一个重要的动力。但是，头等重要的是，要形成人民创业和中小微企业发展能动的城镇化。在此基础上，我们还需要一个居者有其屋，提供均等公共服务和享受平等社会保障的城市化。特别是如果没有创业带动就业与城镇化的积极互动，如果不改革土地和房屋征用体制，未来将在城镇中积累大规模失业人口、贫富差距、租客与房东两个阶层等一系列经济和社会问题，整个城市会没有活力和动力，更需要政府背负越来越沉重的福利包袱，结果将是整个社会永无宁日！

因此，增长要获得城市化持续的动力，需要在改革体制中推进城市化。

（四）通过更高层次对外开放，获得新的增长动力

从现在对外开放的环境来看，一方面，WTO 形成的全球贸易规则和秩序，并没有规范住一些国家的双反调查和肆意开征惩罚性关税这样的滥用其条款的贸易保护主义行为；过度生态和安全及劳工权利等这样的非关税贸易壁垒日益兴盛；各大国之间，也展开货币战，逼迫对方货币升值，以此弱化其贸易竞争力，并使其外币和以美元计价的债券和股票等资产遭受贬值损失。另一方面，发达国家和地区的增长低迷，对外需求增长缓慢，甚至下降；中国由于劳动力报酬上升、人民币升值和生态环境标准提高，其传统出口产品的竞争力减弱，正在被东南亚等其他地区的出口所逐步替代。这种局面下，未来中国通过出口需求拉动经济增长，是不是没有新的增长点了呢？回答是否定的。

首先，中国出口很可能要在单边、双边和多边自由贸易新机制的环境

中开拓空间,使经济增长在进出口方面获得新的动力。目前,中国正与28个国家和地区谈判建设15个自贸区,其中已签署10个自贸协定。比如,根据日本三菱综合研究的分析,在东北亚范围内,建立中日韩自由贸易区的正收益比任何双边自贸区都大,中日韩三国GDP将分别增长1.63%、0.23%和1.84%。① 而媒体报道的其他预测更加乐观,中日韩自贸区建成后,中国的GDP将获益增长1.1%~2.9%,日本增长0.1%~0.5%,韩国增长2.5%~3.1%。② 我认为,应当积极开展多边和双边自由贸易区的谈判,包括与美国谈判双边自由投资协定,并与更多的国家和地区形成自由贸易格局,在新的对外贸易投资格局和环境中寻求中国经济的新增长点。

我们也单边启动了中国(上海)自由贸易区的建设,其内容是:"取消资本项目管制,实现人民币可兑换",并对深化国际贸易结算中心试点,拓展专用账户服务贸易跨境收付、非贸付汇和融资功能,对区内符合条件、从事离岸业务为主的企业给予政策支持。企业可自主决定开展跨境人民币业务。并且提出,将探索设立股票国际板市场,"在区内注册的外资企业的境外母公司可直接挂牌交易;支持开展人民币跨境再保险业务试点,培育发展国际保险市场;鼓励中外资银行在境外发行人民币债券,符合条件的中外资银行可赴境外发行人民币债券或创新资本补充工具,用于向区内企业发放贷款,并允许银行对区内企业的贷款突破现有存贷款比限制"。③

我认为,在上海单边建立中国自由贸易区,对中国未来改革、开放和发展的推动作用不亚于1990年上海浦东向全世界开放。这会加快中国人民币国际化的进程,形成经济增长中的人民币国际货币效应;对中国国

---

① 徐菁菁. 中日韩自贸区:一场超越经济的博弈[N]. 三联生活周刊,2012-10-26.

② 耿雁冰. 中日韩自贸区将使中国GDP多增1~3个百分点[N]. 21世纪经济报道,2013-06-20.

③ 资料来源于新华社2013年7月4日的文件,国务院通过《中国(上海)自由贸易试验区总体方案》。

内投资、市场准入、外汇货币管理、人员往来、海关口岸、服务业监管等体制，形成改革的倒逼机制，与全球市场经济体制接轨；将上海发展成国际金融和贸易等重要的经济中心，形成中国经济更高层次的增长极；使中国在吸引国际资金和中国对外直接投资，进一步促进进出口，发展现代服务业，节约参与全球化的货币和体制成本等方面，都会获得巨大的国家利益。上述中国单边、双边和多边自由贸易区战略新格局，将形成经济增长新的推动力。这样一个新的贸易格局，至少会给中国未来的经济每年贡献1～2个百分点的增长动力。

其次，出口转型升级和更高层次的“走出去”，是中国对外开放中的另一新的增长动力。从出口的升级看，一是建立自己的技术品牌销售体系。中国制造需要有自己自主知识产权和自主品牌，培育中国制造的全球知名品牌；各门类产品生产和出口销售，应当建立行业协会，形成出口价格协调机制，扼制多头竞争；需要建立全球批发、出口和各地区代理，甚至零售等上下游一体的商业网络，掌握销售的主动权，控制销售环节的利益漏损流失。二是促进大规模和集成的高技术产品出口。在严格知识产权和技术保密约定，防止核不扩散的契约保证等前提下，中国在目前的发展阶段，应当推动我国拥有自主知识产权集成技术的高铁、卫星、AP1400核电、移动通信、大飞机、卫星定位、大型计算机系统、大型水火电站等技术密集、销售额大、附加值高的项目出口，并且使之设计、技术、工程建设、培训、后续服务等成套和连续化。三是鼓励中国投资走出去，既要中小微投资者走出国门，投资和开办餐饮、加油站、超市、旅店等，更要培育和促进企业走出去，做大做强，发展一批有国际竞争力的，特别是不受国际规则限制的民营大型和特大型跨国公司走出去。在全球视野和格局中，变过去的最终产品出口为一部分中间产品出口，在生产地组装并销售，从而消化国内产能，减轻人民币升值压力，调整和提升中国的产业结构，并在全球经济空间中，并与吸收投资国的合作共赢中，通过国外制造服务、贸易和资金的国际流动，获得国民收入的净流入利益。出口升级的战略意义在于,减少中国资源和环境的消耗,弱化劳动力成本提高和人民币升值对出口的影响,以出口质量换取出口数量,以技术品牌商业网络的高出口竞争力替换低端制造产品规模出口的弱竞争力,以出口和“走出去”方式的转型,获得中国经济增长抗衰退力量和新的拉动力。

再次,从人民币国际化中寻求增长的新动力。关于是否推动人民币国际化,争论很激烈。如中国宏观经济学会会长王建认为,当前国际经济环境不稳定,加快人民币国际化的步伐面临很多风险。①但是,我认为,中国贸易量和内外直接投资量规模巨大的情况下,用外币支付、结算、标价、储备等,交易成本极高,汇率波动形成的损失也很大,使中国在参与经济全球化中与经济大国的地位不相称。人民币防守型格局,经济损失远大于稳妥推进型。

目前的世界经济货币体系格局里,人民币处在一个非常尴尬的处境中,承受着各主权国家国际货币竞争造成的国家利益的巨大损失。一是铸币收益和结算等损失。2012 年中国货物进出口贸易总额 38670 亿美元,以少于美国仅 150 亿美元,居世界第二位。服务进出口总额 4710 亿美元,是全球服务贸易第三大国。2012 中国实际吸收使用外资金额 1117 亿美元,规模仅次于美国排全球第二位,而中国对外非金融类直接投资达 772 亿美元,排全球各国第三位。② 这样一个贸易和投资规模中,假定需要 10% 的流通货币周转,其中如果有一半由人民币形式结算和支付,则人民币铸币利益就在 2263 亿美元,折现价人民币近 14000 亿之巨,考虑人民币升值因素,规模就更大。这几乎是净没有得到的铸币利益。二是货币战中,人民币处在被动挨打的境地,损失巨大。由于美元、日元、欧元和英镑,是国际货币,所属国通过向全世界滥发货币,不仅获得了向全球发行的铸币收益,而且为了平衡贸易,增强其出口竞争力,并在其经济不景气时,向全球货币体系注水,从而在自己较低物价水平格局下,将通货

---

① 梁海:“王健:建议暂缓人民币国际化”,《英才》杂志 2013 年月号。

② 数据出自中国商务部网站。

膨胀压力转嫁给其他国家，如中国在内的非国际货币和货币国际化程度低的国家，转移和获取这些国家的财富。从1994年汇率改革，到2012年，人民币升值，外汇储备资产贬值损失就高达25000亿人民币左右。三是向世界发行货币的国家，在向世界资金市场借债时，由于具备本币直接结算和发行权作为基础，融资成本很低；而且，这些国家可以用向世界货币体系注水的办法，合理地赖去对中国等债权国的一部分债务，变成本国的国家净利益。中国由于人民币是非国际性货币，没有这种低成本融资优势，也抵御和抗衡不了其他国际性货币的这种注水性蚕食。四是世界货币发行国的货币和财政政策，往往左右中国等非国际货币国家的经济形势及其财政和货币政策。比如，美国为了拉动增长，可以将量化宽松发行货币的负作用，转嫁给全世界，特别是贸易和投资额很大的中国；而中国为了保增长，量化宽松导致国内被动发行的货币就只能在本国经济体系内运行，通胀后果只能转嫁给国内，使得消费物价和房价暴涨；同时在国际上，在包括中美关于协调货币政策的谈判中，还有苦说不出。

因此，我们在人民币国际化进程方面，是将其弊和风险看得很重，还是比较人民币非国际化和慢国际化的巨大损失，权衡轻重，到底“守势”和“慢势”合算，还是较为积极的“进势”符合国家整体和长远的利益？我个人认为，在估计和设计防范人民币国际化进程中各类风险的同时，需要允许一些小的可承受的风险和代价存在，而换取人民币国际化带来的巨大利益，避免人民币国际化采取“守势”和“慢势”造成更大的损失。需要指出的是，支撑美国经济动力和抗衡经济衰退的三大要素，一是高科技，二是有活力的体制，三就是向全世界发行具具有国际结算支付储备地位的美元。我估算，如果人民币国际化，由于发行利益、结算交易融资等成本降低、抗衡贬值损失、宏观经济政策话语主动等，所带来的国民经济支撑增长和托起衰退的速度，在1个百分点左右。

本部分寻求经济新增长点的着眼点在于：从微观供给创造层面，鼓励创业和发展小微企业，增加就业，从政府主导的经济动力，转向调动全体人民普遍地微创业和充分就业的活力和动力；从改善微观供给的方式，增加中等收入人群，降低失业率，减少因失业而贫困的人口比例，在促进人民富裕的基础上，积极地改善居民占国民收入分配的比例，良性地扩大居民消费需求，平衡投资与消费的关系，真正转向消费主导拉动的经济增长；而对外开放方面，仍然是以改善国内出口供给结构、质量和水平的思路，通过自由贸易区战略格局的形成，去适应和竞争国际市场，培育国民经济增长的出口和投资等支撑能力；而从国际货币领域，各国国民经济损失和收益的经验和教训看，应当将人民币国际化看成是避免巨额损失、争取全球利益的手段，使之形成抵御经济衰退和支撑经济增长的重要支柱。如果将上述四个方面新的增长动力点看准和把握好，则中国经济未来再以8%左右的速度增长15～20年，完全有科学、客观和雄厚的推动和拉动力量。

三、新增长点：需要战略转型与推进改革

向新的模式转型，寻求新的增长动力，需要转变观念、调整思路、确立战略、改革体制和出台政策，否则不能落实，欲速而不达。因此，这部分内容主要探讨如何办，才能走出增长乏力的困境。

（一）新增长战略与宏观调控的转型

寻求新的经济增长的动力，需要在转变思维方式和发展战略，改变宏观管理模式，特别是要大幅度调整地方主要领导的考核指标三个方面做关键性的工作。

1. 增长方式的战略性转变

增长模式需要进行根本性的战略转型。一是从过去的大规模经济推动，向注重发展小微企业和鼓励全民创业，增强社会活力和动力推动转型。从思维方式和拉动增长的经验看，过去的30多年，越是往后，地方政

府越是寻求和利用大投资、大建设、大资本和大项目进行发展，以推动其经济增长和增加财政收入。这已经成为一个地方政府曾经发展成功的范式。增长模式如果从大转到小，会导致政府 GDP 和税收利益增长缓慢，因此中央和国务院督促地方政府发展小微经济会很费力，割除政府各机构和各行政性事业单位对小微企业的收费及其中各种隐性利益的阻力也很大。但是，再难也需要战略转型。需要让地方政府领导认识到的是，国民收入中居民收入比例过低，财政过强，那么居民不富、消费需求不振的格局，就无法根本改变。

二是经济增长要从资金和资源等投入驱动的方式，向知识技术进展，产业创新等驱动的方式转变。科技进步和新兴产业发展，是未来经济增长的强大动力，也是增长模式转型的关键，对于这点，从中央到地方，各级领导都高度认同。但是，难度在于经济增长创新驱动战略的落实方面。怎样让研发人员手中，以及锁在科研院所和大学柜子中仅供评职级等用的技术成果产业化，怎样让研发人员创业兴办科技型公司，怎样将新技术产业化，怎样融资，怎样办孵化器，怎样让新技术企业或者技术人员开拓市场，怎样发展真正的风险投资，怎样让银行给科技企业贷款，进行什么样的体制改革，形成什么样的机制，需要出台什么样的配套政策等，这一切，从中央政府，还是地方政府层面讲，还不习惯，也没有经验。正如，有的地方政府领导所说，“创新驱动，不像普通招商，具体无从做起”。从微观讲，研发人员不懂得怎么开办公司，怎么与政府各部门打交道，怎么经营使其产业化。因此，形成真正能创新的主体，政府学习和探索进行有效的改革，并出台有用和可用的政策，是创新驱动能够真正推动经济增长的关键。

三是经济增长模式从政府主导和推动，向人民投资创业活力推动转变。从传统的增长模式看，一提起增长，就是政府主导，扩大建设规划面积，征地拆迁卖地，就是政府有什么样的基础设施项目，从哪找资金，建立投融资和建设公司，去招商引进大项目，通过行政或者地方国有化垄断景点经营权与民争利,协会和商会也是政府各部门的机构。这种模式投入大、效率低和腐败频发,抑制了民间投资的活力。新的增长动力,就是要激发民间的活力,调动民间的积极性,让人民去投资创业,让过去炒房、进入高利贷等领域的民间资金进入各种发展领域,特别是实业领域。应当强调,广大人民的投资、创业、创新和创造,是经济发展的真正和最终动力。

四是依靠城市化战略,推动经济持续增长。需要看到的是,从居者在城市中有其屋,享有公共服务和社会保障等方面看,中国城市化的实际水平还很低。未来20年,城市化过程中的投资、创业、建设、交通运输扩大、厂商增加、消费方式改变和规模扩大等因素,无疑是强劲地推动中国经济增长的动力。关键是要进行改革,释放城市化与人民创业和富裕互动的活力。

五是从传统的出口导向拉动经济增长的方式,向更高层次的自由贸易、跨国投资和运营人民币经济拉动增长的方式转型。在对外开放中,更加积极地参与全球化,掌握吸引外资和对外投资、进出口贸易、货币秩序和全球各国财政和货币政策协调中的主动性,特别是在制定各方面规则上取得更多的话语权。

2. 转变宏观调控方式

宏观调控方式也需要从需求侧为主的管理向供给侧为主的管理转变。中国国民经济运行现阶段面临的问题是:投资主导、依赖出口、消费长期增长乏力和不足。如果投资过度,物价和房价水平就会高企;如果控制价格水平,则实际失业率就会急剧上升,增长速度就会下行。对此,我们需要寻求一种新的宏观调控思路和模式。

单纯使用货币政策对中国这样的一个经济体调控的结果是:(1)当实施紧缩的货币政策时,银行保国压民,保工业压服务,保大压小,由于社会资金全面紧张,小企业在社会上的融资利率急剧攀升,甚至大银行与大企业勾结起来给小企业放高利贷,使小企业大量倒闭,供给萎缩,就业岗位减少。(2)而当实施宽松的货币政策时，资金主要流向大工业、大项目、大国企，经济迅速过热，物价水平被拉高，投资与消费的结构更加失衡。货币运行决定实体经济运行，同时货币运行对实体经济运行有反作用。仅仅单方面迷信货币政策的单一反作用来调控国民经济，而不解决国民经济实体结构和体制问题，则国民经济会处于“一控就迅速趋冷——一放就急剧过热”的恶性循环之中。

大规模财政扩张政策在中国只用过两次，而且是在遇到1997年亚洲金融危机和2008年全球金融危机、经济低迷时。主要方式是增加赤字和发行国债，包括财政对家电下乡的补贴，也可以看成是扩大和刺激消费的财政政策。从这两次扩张性宏观调控的对比来看，第一次财政扩张没有造成后来严重的通货膨胀；而第二次却是消费和房地产价格严重上涨。

我认为，宏观调控的新思路是：以人为本，宏观调控目标以“增加就业—提高居民收入—扩大消费需求”为重点。宏观调控，应当从以需求管理为主，转向以供给为主和需求为次的管理，宏观调控政策以促进小企业和服务业的发展为着力点。统筹协调，正确组合货币、财政和其他经济政策；宏观调控与促进发展模式转变和推动相关改革相结合；扩大国内消费，摆脱出口依赖，消化和平衡全球经济萧条可能带来的影响。我认为，这就是未来可能相当长一段时间内应对国内外复杂经济形势的科学宏观调控观和科学调控模式。

实施促进供给和增加就业的财政政策，给能大量增加就业的小企业减税清费，降低GDP的宏观财政收入比例，特别是降低微观企业的税费负担水平。① 通过这样有效的财政刺激政策，增加全社会生产和服务的供给水平，平衡需求，同时改善“就业—收入—消费”侧的国民经济运行格局。而货币政策的重点，则是管住货币，放开市场，推进利率市场化，逐

① 实际上，中国的税收结构中，小微企业交纳的比重并不高，对小微企业大幅度减税，对国家财政总收入，特别是中央和省财政收入格局影响并不大，但其对就业的贡献非常大。对小微企业减税和减费的阻力，主要来自地方基层政府对财政收入可能减少的忧虑，各种依靠收费罚款运转的行政部门和行政性事业机构，以及一部分公务员和其他执法人员对隐性利益丧失颇为担忧。

步放开对汇率的管制,与财政政策相机协调,与金融体制改革适时互动。

3. 从根本上调整地方主要领导的政绩考核指标

能不能实现增长方式的转型,关键在于地方领导能不能转到费力费时的富民和创新的新增长战略上,甚至在于能不能向民众让出有关政府利益。特别重要的一个环节,就是从中央到省地市,上一级领导对下一级用什么样导向的政绩考核指标去指挥和约束。

从传统和目前对地方领导任用升迁的考核看,主要还是GDP增长、财政收入情况、城市面貌和规模,以及大的基础和企业等项目的建设和形成,再加上其他非正常因素。而增长快速,就是借债投入;过多的财政收入,就是与民争利;城市上规模上档次和国际化,就是征地拆迁卖地;偏重大企业和大项目,结果就是就业困难、污水和雾霾。如果仅看前者,政绩显著。因此,转变增长方式,需要改变对政绩的考核导向,科学设计能够反映新增长方式的政绩指标体系。

一是调整政绩考核指标体系结构和内容,加大民生、生态环境等方面的导向力度。考核的顺序应当为:(1)创业和创新活力。具体指标包括每千人企业数量,新技术产业化水平,新技术产品销售占总销售比率等。(2)政绩考核民生为先。真实客观的失业率,为考核的第一指标,权重设为最大比例;此外还包括城乡居民收入水平,城乡收入差距,农村和城市贫困人口比率,社会保障覆盖率,健康人群比率,饮水和食品安全程度,刑事发案率等。(3)生态环境为重。包含水的污染程度,良好天气比率,垃圾污水等处理率,绿化率等指标。(4)考核体系中,最后才是人均GDP,经济增长率、财政收入增幅度等政绩指标,再加以GDP中居民与政府的分配比率、负债率等限制性指标,约束其收过头税费和过度借债搞政绩的行为。应当客观中立统计评价,大张旗鼓张榜公布,新闻舆论形成压力。

二是政绩考核指标体系要真实和客观化,其结果真正与干部任免挂勾,并且加大人民群众对干部任用的话语权。比如,应当废除目前带有误导性和根本不反映实际情况的“城镇登记失业率”指标,而以真实的“社会失业率”指标加以替代。应当采取政府购买统计服务，而由民间社会的第三方组织，客观和中立科学地抽样统计反映各项指标，避免地方政府歪曲造假。应当加大指标对干部的政绩考核力度，干部任用应以指标考核结果来进行，减少非正常因素对干部升迁的影响，使地方主要领导干部的精力主要用在创业创新、民生、生态环境等方面，为国民经济健康良性发展，在科学决策和有力执行上予以保障。从权力来源的逻辑看，仅仅从纵向授予，其行为就会为上负责，而加大横向人民群众在其权力来源方面的影响，其行为就会向他所在地域的人民群众负责。因此，需要通过党内民主、人民代表大会选举、各种形式监督等，加大所在地人民群众对其作为领导的选择力度，使其决策和行为不光要关注地方 GDP 增长、财政收入和城市建设等，更重要的是，还要关注创业创新、就业民生、生态环境、财政负债率等与当地人民群众民生和可持续发展休戚相关的近期和长远利益上来。

4. 密切关注和切实防范并化解潜伏的金融风险

特别需要指出的是，中国宏观调控在未来的 5 年中，需要高度关注各方面债务及资产泡沫可能破裂对国民经济稳定增长的突发影响。2013 年 4 月 16 日，国际评级机构穆迪宣布将中国主权评级展望由“正面”降至“稳定”，距离惠誉将中国长期本币信用评级 AA 降至 A + 尚不足一周。① 如果金融体系出现系统性风险，暴发危机，中国经济将会陷入一个中期，甚至是长期的低速增长时段。与拉美和日本 20 世纪 80 年代开始一样，可能会度过经济发展失去的 20 ~ 30 年。这对 2020 年中国全面建设小康社会，以及实现建国 100 年时的现代化目标，都会错失黄金机遇期，并形成灾难性的后果。

我认为，对于中国经济的债务问题及其潜伏的危机，不能掉以轻心。首先，2012 年末中央和地方各级政府负债率已经接近 60% 警戒线，考虑

① 苏孟迪．两大机构下调中国评级展望 担忧信贷过度扩张[N]. 21 世纪经济报道，2013 - 04 - 18.

目前外汇储备负债计算在央行资产表上,如果算在财政资产负债表上,加上3.31万亿美元,合计20.52万亿元人民币,则中国各级政府整体负债率高达96.7%。[①] 特别是地方政府债务,规模巨大,风险很高。2012年,中央政府负债年末余额7.76万亿元,GDP负债率为14.9%。就2012年末看,地方政府债务余额估计至少为22万亿元。渣打银行大中华区研究主管王志浩透露,截至2013年上半年末,该行测算的中国地方政府债务估计在21.9万亿元,如果加上公司化的地方政府融资平台的贷款,则债务总额最高或达24.4万亿元。[②] 2013年国家审计署发布的《审计公告》显示,9个省会城市负有偿还责任的债务率超过100%,最高的达188.95%,如果加上政府负有担保责任的债务,一些城市债务率最高的达219.57%。[③] 中国许多地方政府的负债程度,堪比美国财政破产的底特律市。

外汇储备负债部分的风险在于:由于人民币币值相对美元等长期处于升势,外汇储备过去损益很大,未来也处于贬值态势;外汇储备规模大,人民币升值,有其有利的一面,也有不利的一面,外汇占款在国内形成的消费品和房地产等通货膨胀压力较大;而当美欧发生金融危机、债务悬崖等问题时,中国外汇储备中的美元,以及外币债权等,其安全都受到违约等诸因素影响。

其次,2012年底中国影子银行体系规模达到14.6万亿元(基于官方数据)或20.5万亿元(基于市场数据),而后者已占到GDP的40%与银行业总资产的16%。[④] 近几年,地方政府在银行正常渠道,以及通过影子银行方式借债规模巨大。"借新还旧"已经成为平台贷款短期缓解压力的"万能钥匙"。市场最为担忧的是,这把"万能钥匙"一旦被中央没收,

---

① 日本2012年底外汇储备为12681.25亿美元,GDP59639.55亿美元,公共债务达到GDP的214.3%,其中外汇储备占GDP的21.3%。

② 魏枫凌. 中国地方政府债务或近25万亿元[N/OL]. 财经网,2012-10-10.

③ 吴亚军. 中国紧急摸底地方债[N/OL]. 同花顺财经网,2013-07-29.

④ 聚焦中国7大金融安全隐患[N/OL]. 中国行业研究网,2013-10-10.

极易导致多米诺骨牌效应，诱发一场金融危机。

再次，企业的高负债也影响到整个金融体系的稳定。中国非金融企业整体负债率已经处于过高水平，企业负债占 GDP 的比例高达 105%，不仅高于日本、美国、意大利，甚至接近英国、法国的水平。有研究机构估计，2012 年底中国企业负债占 GDP 的 110% ~120%。2013 年发布的一份研究报告表明，中国 500 强企业资产负债率平均高达 84%，远高于发达国家大企业 50% ~70% 的平均水平。① 国际货币基金组织 2013 年 4 月也指出，中国市值最大的前 10% 上市公司全球资产负债率较 2003 年上涨 10%，是整体上涨幅度中间值的两倍。其中，工业、原材料、公共建设和房地产等行业上涨最快。② 值得警惕的是，随着中国经济增长出口需求不振，也不敢如 2009 年那样猛投资强拉国内投资需求，加上消费需求疲软，产能过剩行业和企业增多，实体部门资产负债率上升，中国不良贷款率可能将在未来大幅上升，给金融体系形成比影子银行问题还要严重的系统性风险。

第四，需要严密注视房地产泡沫存在崩盘风险，避免价格下跌，传导给银行和股市，形成金融系统的不稳定。世界许多国家的居民房价收入比，大体在 3 ~6 之间；2012 年底全国住宅平均价格在 7500 元左右，城镇居民人均收入 26959 元，全国房价收入比为 8.35；而北京、上海、深圳、杭州等地房价收入比都在 20 到 30 之间。因随着城镇原住民老龄人口过世增多、原住居民房户比上升、反腐深入、房产税开征、农村新进城市居民没有购买高价房能力等因素叠加，房地产市场价格也可能发生大落的风险，在以前高价格水平上与银行形成的借贷抵押，上市房地产企业及与其相关上市（钢铁、水泥等）企业形成股票价格等关系可能失去平衡，引发系统性的金融危机。最近获得诺贝尔经济学奖的席勒直言中国房地产存在

---

① 张茉楠．中国 500 强负债率高达 84% 比影子银行严重得多[N]．南方都市报，2013 －09 －09.

② 陈文宇．企业负债率高企是中国最大金融风险之一[N]．上海金融报，2013 －04 －23.

泡沫,特别是上海、深圳等地房地产泡沫严重,如果和美国一样泡沫破裂的话,这将会对中国经济产生打击。①

第五,养老金缺口,也是未来的债务风险。曹远征和廖淑萍在他们的研究中认为,2013 年,养老金实际缺口为 18.3 万亿元。在目前养老保障制度不变的情况下,往后的年份缺口将逐年放大,假设 GDP 年增长率为 6%,到 2033 年养老金缺口将达到 68.2 万亿元,占当年 GDP 的 38.7%。②如果借债解决,国民经济将很快跌入福利与债务的"陷阱"之中。

一方面,从中国目前国民经济整体的负债情况看,中央政府负债率并不太高;外汇占款负债率是有资产保证的负债;特别是中国经济增速虽然放缓,还是处于升势,从真正的城镇化进程看,中国经济的中高速增长并没有结束。因此,不应当将中国的债务问题看得过于严峻,也要防止唱衰中国。

另一方面,需要看到的是,金融风险的突发,带有很大的不确定性。即使经济负债率不高和金融体系看似稳定,也会因投资者、存户与银行、股市等双方信息不对称,局部行业(如钢铁等产能过剩)和区域(如温州和鄂尔多斯空城和高利贷等)突发事件,不正确信息引导,区域性资产价格暴跌等,导致抛售和挤兑,形成全局性的危机。进一步说,纵观世界经济史,许多严重的经济危机由金融风险暴发引致。对于这样一个事关全局可能突发的问题,不能掉以轻心,需要有防范和化解的思路。

消解金融风险的路线为:(1)层级上继续保持中央政府的低负债率,严格控制并消化地方政府的显性和隐性负债。(2)政府、企业、居民的不同负债领域,要严密注视产能过剩、实体经济负债率升高、房地产企业过度负债等方面,可能增加银行坏账的趋势;居民信贷中,要注意房价下跌与抵押贷款难偿、信用卡违约等问题。(3)增量上控制超能力债务的继

① 沈玮青,李蕾. 诺贝尔经济学奖得主直言中国房地产泡沫严重必须警惕[N]. 新京报,2013-10-15.

② 李唐宁. 养老金缺口的 N 个版本[N]. 经济参考报,2012-07-23.

续增多，存量上尽量进行盘活；在可承受的范围内，以适度的物价波动，消解债务。

在处理福利与风险的关系上，不能将重视民生扭曲为迎合民粹，不论是中央政府，还是地方政府，对于民生项目和规模的承诺及安排，一定要实事求是，量入为出，依据经济发展水平和财政能力做出；一定要汲取欧美等发达国家过度福利负债造成的严重政治、经济和社会危机，避免重蹈覆辙；一定要建立经济可持续发展的理念，不能寅吃卯粮，给后代人造成沉重债务而满足当代人今天的需要。

从宏观经济管理的思路看：(1)保持适当的经济增长，不使速度大落，防止国民经济大幅度衰退，避免企业与银行，企业与企业、居民与银行之间的债务关系恶化和金融系统坏账率上升。(2)调整地方财政体制，改革土地出让金为房地产税和房地产交易税，设置为县市税种，形成稳定的地方财政收入来源。(3)鼓励企业“走出去”，特别是鼓励民营企业“走出去”，放宽居民用汇和储汇管理，以减轻外汇储备压力，实际是政府负债压力，避免美欧日等货币贬值造成外汇损益。(4)利用央行铸币税及再贷款利益部分，以及按银行利润的一定比例，特殊情况下注入一部分国有的其他资产，形成呆坏账准备基金，建立防范和化解可能发生的金融风险的物质条件。(5)调整计划生育政策，改变人口年龄结构，远期改变老多少少的养老人口格局；承认城乡二元结构现实，农村和城镇养老有所差别；子女养老、以房养老等多种养老方式并举；考虑青年人就业与社保金持续的关系，合理设置退休年龄和缴费年限；通过国有资本社会化等多种渠道筹集养老资金，设计养老金可持续筹集的供给方案。

从形成防范金融风险的体制机制方面看：(1)要建立国民经济负债的综合统计和预警系统。形成指标体系，对政府负债、企业负债、居民信用债务、房价收入比和银行资产状况进行统计和综合，时时进行国民经济整体风险评价，以及趋势预估预警。(2)地县级主要领导干部考核体系中，要对其财政负债率，包括其他隐性方面的负债情况，如融资平台、土地储备抵押、地方国企负债率等设置指标,进行评价。将过高的负债率作为干部考核中的一个负面因素衡量。地县级主要领导离任时,应当进行负债状况审计评价,对于超能力负债搞建设的,不应成为其政绩,而应当追究其责任。(3)考虑到债务问题在中国越来越严重,在各级人大政协监督政府的关系中,除了各级政府领导要报告财政预算外,还应当在制度上规定,要编制年度债务预算和债务性的财务报告。建设项目借入和发行债务,债务预算需要向上级财政和发改委备案报告,对于超经济和财政能力的,提出警告和制止。预算和财务报告提交同级人大政协,对社会公开,在会议上进行讨论、审核和批准。(4)摒弃实践已经证明失效的行政控制房价的调控思路,通过改造未利用土地、扩大土地供应、农村建设土地直接进入市场、破除土地行政垄断卖地体制、改革出让金为税收、开征房产税、保障城镇化中农民的资产收益权等经济措施,稳定房价,调节房价收入比到合理的水平上,防范房地产泡沫破裂引起的金融风险。

(二)通过改革克服增长的阻力和获得新动力

从制度经济学看,改革本身就是增长新的动力来源。原有的体制适应传统经济模式,但其增长动力日益下行。而获得新增长点和新动力,需要改革和创新有关的体制,使其适应新增长点对体制的需要;一些不适应,甚至是阻碍新增长点发育壮大的体制,则需要调整和废除。那么,从获得新的增长点和增长动力角度,怎样布局改革呢?

1. 减税清费与改革财税体制及其新财政政策

中国经济发展20世纪90年代中期开始,从财政收支平衡和略有结余,到实施适度的财政赤字政策,成了经济高速增长的重要因素,得益于凯恩斯主义需求管理的宏观经济理念。然而,时至今日,不仅增长模式需要转变,宏观调控方式也需要随之进行调整。从世界各国经济发展的情况看,英美澳等资本主义国家大萧条后实施凯恩斯主义财政政策20年后,同样遇到滞胀问题,都先后或者周期性地实行货币主义政策,或者采取供给主义学派主张。其许多政要都采纳过供给学派经济建议的增加就业和提升增长的政策，如英国撒切尔，美国里根、布什、克林顿、奥巴马等，都鼓励创业和促进中小企业的发展，有的与私有化配合，有的与促进科技进步相适应，有的提倡再工业化等，都体现了采取供给学派政策主导或者与其他学派政策配合的宏观调控理念。供给经济政策，成了这些国家反周期、提高就业率和促进经济增长的重要工具。而供给经济学政策取向，就是减轻税负，促进生产和服务，扩大就业岗位，增加劳动者收入，使生产与分配、投资与消费良性循环。中国的经济增长，特别是解决就业问题，已经到了实施供给学派经济政策的时候了。

那么，中国宏观调控的供给经济政策是什么呢？

从发展经济学家们的研究文献看，后发达国家的GDP税负在18%～25%为宜。而中国目前的实际GDP宏观税费负担在35%以上（按全部口径），超出上限10个百分点。微观税费负担，按照福布斯采用的几个他们能获得的指标计算，沉重程度排在法国之后，为全球第二。如果将没有包含在福布斯指标中的各类繁杂收费项目，以及企业隐性支出等计算在内，中国企业税费负担的沉重程度定为全球首位。而从与发达国家行政公务支出占财政全部收入比例看，最低的仅2.5%，最高的也就19%，而中国实际全部行政公务支出比例高达35%以上。宏观高税费负担和巨额的行政公务消费，严重抑制了民间经济投资和经营的活力，也挤压了居民的消费能力和空间。

一个中长期的财政政策是：宏观和财政支出结构方面，(1)将财政全部收入占GDP的比例从目前的35%左右，降低并控制在30%以内，最好安排在28%左右为宜；(2)党政公务支出比例最终目标是限制在全部财政收入的18%以内（全部口径），今后以每年缩减2个百分点的力度进行；(3)紧急修改预算法，如果来不及修改就通过预算临时法案，15年内将财政收入占GDP压缩至不得超过30%，党政公务支出每年缩减2个百分点，在限定时期内缩减到18%，永远不得突破，作为国务院及财政税务部门不得违反的法律规定下来。

从微观经济政策调整看，我认为，国务院近期通过的关于小规模企业月销售额 2 万元以下免征增值税和营业税的起征点设置很保守，起点太低，并且可能会被地方税务和以费替税的方式所抵消。奥巴马 2013 年安排的用于小微企业和制造业的减税是 3000 亿美元，占其预算的 5% 左右。而中国财政部门称为小企业减税的额度在 300 亿左右，只占公布预算的 0.3%，占全部政府收入的 0.16%。与美国相比，减税政策力度实在是太小。

建议：(1)实施供给学派的财政政策，刺激经济增长，财政分三年，每年为小微企业，产业上为制造业和服务业，安排占预算 3% ~4% 的规模减税，从 2014 年开始，分 4000 亿、5000 亿和 6000 亿进行。(2)小规模企业的税收起征点提高到月销售额 10 万元，此规模以下的免征。(3)由国务院宣布，所有政府行政和行政性事业机构对小微企业收费都是违法行为，严格禁止。凡禁而不止的，一定追究相关人员责任。(4)社保"五险一金"交费率从目前平均工资总额的 40% ~50%，降低到 35%。(5)工会经费和残疾人基金等，紧急停止和修改一些法律和有关条件，以自愿入会交纳、政府财政拨款和社会慈善捐助渠道筹集，不得以税务方式强制向小微企业征收。

中国政府各行政和各行政事业性机构向企业收取的费用无法统计，也不可能得到确切的统计数据。从反映和推算的数据看，仅交通行政事业及交通安全部门的普通和高速公路收费罚款(不含城区内收费罚款)就高达 2700 亿之巨。[①] 有收费权的政府部门多达几十个，我个人估计全国近两年，收费罚款每年规模最少在 4 万亿，最多可能达 6 万亿左右，在正规税收的 40% ~60% 之间。收费和罚款，是党政公务机构和人员膨胀、腐败丛生、"三公"消费的重要来源和领域。曾记得，20 世纪初 90 年

① 中央电视台．媒体推算公路一年罚款 2700 亿 超工行去年利润[N/OL]．新华网，2012 －12 －26.

代中期，政府各部门和各行政事业性机构大肆向农业农村农民收取各种各样的费和罚款，从交粮款中扣，去拉农民的牛，拆农民的房，造成农村社会的极不稳定。中央和国务院痛下决心，强硬进行治理，并在21世纪彻底取消了农业两税，杜绝了收税时搭车收费，使得这方面的社会不稳定因素才得以消除。今天，也是一样，税外繁杂和规模巨大的收费罚款体制不除，创业和小微企业将步履艰难，发展严重受限。中央和国务院应当有壮士断臂的勇气和魄力，通过财政预算、税费、政府机构人员等强硬改革，停止和废除扼杀活力、妨碍就业、滋生腐败的税外各种收费罚款的法律和条规。

地方政府收费罚款无节制膨胀的原因在于，一是供养机构和人员的扩张，二是不顾财力搞建设，三是中央与地方的事务与收入、责任及权力划分不清。正规税收的65%，营改增后甚至可能70%收到中央财政，地方四级政府分配的只有35%左右。于是地方政府只能依靠卖地、收费罚款和借债。因此，需要改变目前主要税收来源于企业的格局，改革税收结构向直接税逐步转型，如前所述，一些土地出让金等费改税，调整中央与地方的税收项目设置和分配比例，在设计防范风险制度的基础上给予地方政府发债的权力，规范中央对地方政府的转移支付，从而减轻地方政府对创业和小微企业利益的过度税费和吃干榨净。

2. 清除行政阻力，放宽创业及小微企业准入

目前创业和投资小企业的体制障碍在于准入限制条款和机构太多。要放宽准入体制和政策。需要进行的改革：一是建立非登记企业制度，对个体工商户，不再进行登记制度，而改为备案制；允许地摊、游商、小店小铺等非正规创业和灵活就业形式存在，对于有食品安全方面问题的就事论事，进行培训、教育和引导。二是清理和取消政府其他部门个体户和企业的各种注册和备案前置准入条规，个体商户及企业备案和注册，只能是工商部门一家统一进行，不能出现许多连带审批和核准部门。三是降低和放宽资本金限制，允许不动产及无形资产作为注册资金；对一些不动产

实力较强和科技型企业,放宽其资本金的限制条件。四是放宽注册场地限制,一些如设计等不影响邻里的企业,应当允许住宅内注册企业住所;居民注册在住宅办企业时,工商局部门取消附加还要到当地居民委员会同意的限制,而一些不宜在住宅中办的企业,可以由有关条例进行限制,而且,考虑就业压力如此之大,条例应当以最快的速度出台。五是取消工商管理部门,包括其他政府部门和行政事业性机构对商户和企业的年检制度,如果确实需要年检,工商部门和其他有关部门应当向财政部打报告,由财政来解决目前由被管理者承担的年检费用。同时,严厉禁止工商部门通过年检要求订报订杂志等行为。六是个体工商协会和私营企业协会,与工商部门脱离,改革为民间组织;或者保持现状,其经费由财政拨款解决,但不向个体工商户和私营企业收取个体工商户和私营企业协会会费。七是工商部门在管理中,要重教育,重培训,重服务,尽量不要查封和重罚。将管制个体私营经济的理念,转变为促进个体私营经济发展的职责和政绩。

3. 创业及小微企业融资和银行业体制改革

对于制造业、创业和中小微企业,贷款和融资难是制约其发展的一个非常重要的因素。从中国银行业的产业结构看,市场集中度太高,存在其条条化、总部和跨区化、大规模化,对应的是政府贷款和特大、大中型企业贷款;而对于小型和微型企业,对于创业起步的科技中小企业贷款需求,没有相应规模的中小银行去供给。现在一提改革银行业垄断,放开为创业和中小企业服务的中小银行准入,马上就有反对意见,认为小银行太多,银监部门监管不过来,高息揽储、贷款风险难控、客户赖帐、集资诈骗、卷资而逃等怎么办?有的部门还以过去农业部和民政部提倡搞的合作基金会和股金会形成呆坏账,以及一些集资案的发生为由,反对发展社区小银行。事实上,合作基金会和股金会是当时县乡两级政府的“钱袋子”,与产权明晰、规范运作的社区小银行根本上就是两回事。

金融体制应当在改革和发展中规范,而不是先规范好,再改革和发展。这里有一个两难境地：我们需要发展经济的活力和动力呢，还是金融方面不出一点事呢？我们是看着许多青年人因融资原因而创业不成，小企业萎缩，在家失业，日积月累，成为社会不稳定的导火索呢，还是大力发展社区等便民和支持创业小企业的中小银行，容忍一些小的风险，在发展小银行过程中进行规范呢？强调发展中小银行，促进社会发展经济的活力和就业，金融监管部门的工作就要多一些，需要承担一些风险，在发展中规范；而强调不出事，最好不要有中小银行，这样银行监管部门就没有风险，工作就轻松一些。但是，抑制创业和小微企业的发展，大规模的年青人失业，公安、安全和社区维稳的工作量将成倍上升，并且就业困难，收入低下，生活拮据，即使强力维持下来，最终还是难以稳定。我认为，银监部门不仅要考虑金融风险，也要从社会不稳定风险的大局着眼，为国家分忧。

目前放开利率浮动，利率由市场供求来决定，利率市场化的改革，我认为十分正确。这为发展中小企业，改革银行垄断体制奠定了一个基础。要推进城市化，要鼓励和促进城市中的创业和就业，关键的不是大力发展村镇银行，而是放宽准入，大力发展城市社区小银行，从体制上形成能将货币流动到小企业的正常渠道，使能增加供给、就业、收入、消费的小企业获得正常规模和相应利率的信贷资金支持。如果不从改变目前资金银行垄断流向国有企业和大企业的体制着眼，想从高度集中的银行垄断渠道中分羹给创业和小企业的思路和做法，我认为事实会证明这是一种“乌托邦式”的想法，将会误国误民。

城镇社区小银行不应当采取由大银行入股，特别是强调国有银行入股控股的方式设立，这样实际上又会成大银行的分支行，结果还是不会给个体、微型和小企业贷款。较为彻底的改革办法是：由民间社会资本发起，限定其规模，发展专门为个体、微型和小企业服务的小银行，包括为社区居民结算等进行服务，为防止小银行再度集中化和仅为大企业服务，限制大银行和国有企业入股城市社区小银行；将目前一些民间地下的借贷组织合法化,允许其发展为小银行;鼓励目前的一些担保公司、小贷公司和典当公司发展为小银行。总之,一定要产权明晰,规模小型社区化,设计其资产等保证制度,政府有关部门不能图监管方便,应当积极地推进金融体制的改革,形成为中国目前和未来个体、微型和小企业融资的金融体系。

4. 通过改革和出台政策落实创新驱动战略

从一些后起国家的经验来看,都经历了一个技术引进、模仿、扩散和普及的发展阶段。中国也不例外。但是,开放30多年以后,今天中国科技进步和新技术产业化应当转向自主创新方式。这是我国科技进步战略的重大调整。而这样的转型,必须在体制上,也进行重大的转变和改革。今天的科技改革,已经不再完全是“官产学研协调”等这样的笼统的提法,而是更加细致的体制改革和机制形成。

首先,需要形成科技创新的制度安排。一是保护知识产权,完善专利、商标和著作权等知识产权保护的系列法律和法规,克服地方行政和司法保护主义,严厉打击侵犯知识产权的违法行为。二是应当建立知识产权的市场估值、交易、价值投入、抵押等体系,使其作为资产得以商业运作。三是政府工商和民间协会等组织,引导和培训拥有技术的人员,如何单独或者与资本合作设立公司,只有公司制度才能使技术快速地产业化。四是需要技术人员学习企业和商业理念,或者与商业人才结合,形成制造生产、市场营销、财务管理、整合资源、控制风险等方面的能力。从目前看,为什么一些技术不能产业化,问题就在于,许多技术人员,不懂得技术怎样估值和实现价值,不知道怎样去办一个公司,不熟悉谈判契约,没有形成合作精神,不善于市场的推广,在治理结构上不熟悉如何将投资、技术和经营通过制度设计既分工又有机地结合起来。

其次,需要适应科技的发展,用有利于创新的商业模式和形成其能商业运营的环境,去推动技术的市场化和产业化。例如,传统的店铺商,在一些销售领域,被电商和快递所代替;又如手机将大量地应用,集成在了一个终端上，不仅使其有通信功能，还有视频、在线支付、游戏、电子书阅读、拍照、理财等一系列的服务；再如电动车的逐步普及，可能需要有充电系统、销电等方面装备和设施的配套，形成为其服务的相关制造和服务产业。没有商业模式的创新，没有新的适应创新的配套条件，新技术也无法市场化和产业化。

第三，需要改革和创新，形成促进创新的科技金融体系。从目前调研的中国技术产业化的障碍环节看，关键问题是“技术—资金—试验—资金—小规模生产—资金—规模化产出—市场”链中，没有完善的创新资金支持机制。特别是新技术的创意、研发、中试、完成试验等关键阶段，少有资金进入予以支持。2012 年，美国有创业投资公司 841 家，创业投资基金 1269 只，创业投资规模达 1992 亿美元，共投向 3143 家创业企业。自 2002 年以来，美创业投资每年向创业企业投资额维持在 200 亿 ~ 300 亿美元，2012 年风投当年募集资金达 206 亿美元，投资总额为 215 亿美元。而中国风投规模最高最多的 2011 年，虽然拥有包括外资在内的各类创业投资备案企业 882 家，管理创业投资规模也达 2206.56 亿元人民币。但是，其中至少 85% 左右没有按照创业投资固有的要求来运作，打着风险投资的旗号，做的是去购买已经完全可以产业化而等待上市稳赚钱项目的股权的（PE 投资）勾当。2012 年，中国风险投资名义总额为 37 亿美元，同比下降 40%；扣除 PE 性质的投资，真正用于风险投资的资金规模估计只有 34 亿人民币，仅占全社会固定资产投资总规模的 0.009%，而美国这一数据约为 0.66%。中国风投占国内投资规模的比例仅仅为美国水平的 1/73！美国目前在世界排名前 500 的公司中，其微软、苹果、谷歌、FACEBOOK 等许多著名大企业都是风投培育的。而中国排进世界前 500 的公司很少，即便是榜上有名的国内外 500 强企业中，没有一家是风投培育的。

而从科技项目的贷款融资看，更谈不上能得到银行的支持。一是由于专利技术等，大量的研发投入成本，形成的潜在的市场价值，不能进行估值抵押,并且几乎没有信用贷款。二是专业型风投少、财务型风投多,中长期的 VC 投资少、短期投机性的 PE 投资多,无法形成一种由专业风投替代银行贷款前识别风险的搭便车机制,无法实现风投与银行的投贷联动。三是对科技研发和企业的贷款担保机构很少,不成体系。

因此,需要尽快并认真研究科技创新的金融支持体制及其机制的形成:(1)从个人所得和社保费率、人员往来便利等政策方面,鼓励海外专业和财务兼容型人才和团队回国创业,带动和引导国内风投事业的发展,形成一大批真正的风投公司。(2)放宽准入,对真正的 VC 风险投资和注重短期利益的 PE 投资,在财政税收、信贷和上市退出等方面,设计和实行差别化的政策。(3)吸引直接投资方面,过去我们需要的是制造业投资,今天我们更加需要的是创新和创造型投资,因此,在保护中国自主知识产权、资金只是进入并退出的制度安排下,放开国外风险投资的进入,在引进资金的同时,学习、引进、消化其组织模式和管理经验,为中国创投事业的发展服务。(4)间接融资方面,培育和发展为研发和科技企业服务的专业型银行,在知识产权估值和抵押、税收、担保等方面设计体制和出台政策,形成创业风投和科技信贷的联动机制。目前国内这方面,浦发银行与美国擅长对科技企业贷款的硅谷银行合资,在上海成立了“浦发硅谷银行”。但是由于在人民币贷款业务上还有限制,发挥不了其专业经验以对所在区域科技企业贷款的应有作用。因此有关部门应当特事特办,提前准许办理输入输出人民币业务,让其运作,形成示范扩散效应,带动国内银行业向科技企业进行融资服务。

第四,是需要改革税收体制,出台鼓励创新的财税政策。从科技创新型企业,以及企业技术创新看,前期的研发投入,即沉没成本相当大,现在的增值税抵扣制度,购买设备房地产可以抵扣增值税,但是,研发投入却不可以。这是不合理的。另外,45% 的工资所得税率,再加税后工资 45% 左右的社保基金,使创新企业的高智能人力成本太高,对人才的薪酬激励程度下降。因此,应当对科技企业和企业的研发投入,实行增值税抵扣制度；工资边际所得税率应当降低到30%为宜，社保基金占工资的比例也应当下调到30%合适。

第五，从理念、体制和政策上需要正确处理实施创新驱动战略中的一些重大关系。

(1)处理存量知识、专家权威与理论创新、学科交叉、边缘知识、科技新人的关系。理论创新是永无止境的，原有的知识不断地被新的理论创新所补充、完善，甚至颠覆和替代。许多新的创意和理念，甚至技术发明来自民间的研究机构和人员，许多创新来自一线但没有学术地位的年轻人，许多新的知识来自回国但不为国内知识权威所知的海归。而我们的科技人员的职称职级，向有关部门所报的科技项目，有审定权的，都是国内院校所的专家，是专家库的国内专家，是国内年事已高和德高望重的权威院士，许多不为他们所知的新人交叉突破边缘型创新，往往受原有知识、专业领域、前沿信息缺乏，甚至知识和威权利益可能被颠覆等因素影响，得不到认可、支持和促进。因此，需要形成不拘一格降人才、效果承认成果、摒弃门户之见、允许颠覆权威知识等有利于落实创新战略的氛围和体制。

(2)实施创新驱动战略方面，正确处理政府推进与调动民间和市场力量，企业为创新主体等方面的关系。既要发挥"国家队"，即国家科研院所、大专院校、国有企业等的创新力量，有政府财力支持的专项科技创新重大攻关，并且重大专项引入不同所有制公平竞争和平等投入，又要从政策和体制上鼓励社会和民间热带雨林式的，社会积极投入的科技创新活动；对科技创新项目的选项，既要有政府有关的决策、计划和预算执行支持，又要有社会需要对科技形成的新的需求，以市场需要为导向，研发用市场需要去调节；对创新成果的认定，既要形成以政府有关部门筛选和指定的专家组来评价，也要根据社会和市场对其功能的认可来作为依据。

(3)在科研体制的改革方面，既要推进原有体制的改革，如事业向企业的转型，从重向上要项目和完成计划任务向响应市场需求转变，从科研为了评职称等向技术为产业发展服务转型;也要大力发展新的科研体制,如创意沙龙、民间研发工作室、私营和外资企业研发中心,并且允许体制内科研人员兼职,国家体制内的研究所与市场需要项目相结合等这样的方式,逐步地用市场和时间的力量,以发展新型研发增量,让增量冲击存量的方式,改革和消化原有科研体制。

(4)新技术产业化方面,处理好市场发育需求与政府引导、政务国防采购支持的关系。要对中国自主创新知识技术的产业化,给以舆论引导和采购政策支持。一些学者和部门认为,这不符合WTO世界贸易有关规则。其实,无论是从韩国支持自己民族工业发展,还是美国对国内新技术的国防采购看,许多新技术的产业化,新兴产业的大规模市场化,都有政府支持的背景。因此,要从舆论宣传等方面,形成支持自主知识技术、民族品牌和国内产业的民众需求氛围,首先是政务用车及其他和用其他产品和服务,不能崇洋媚外,要支持国货;其次是国防采购,无论是从支持新技术产业规模化,还是从安全方面,应当优先采购国内产品和服务;再次是政府采购,在质量、成本、性能等综合因素的基础上,还要从国家产业安全、支持民族工业的角度方面考虑产品和服务的选择。

5. 增长模式转型需要改革土地房屋制度

未来推进中国经济增长的重要动力之一来自城市化进程。最近一些学者的改革方案,专注户籍制度的改革。当然,这非常重要。然而,中国内地城市化与日本、韩国、中国台湾相比,存在最大的两个区别:一是后者城市化进程中,人民群众创业活跃,失业率低;而中国内地创业不活跃,实际失业率高。二是后者城市化进程中农民的产权明晰,农民及其进城的农民从土地财产上分享了发展带来的利益,成为其创业资本、购买城市中住房和其他消费的能力;而中国内地农民在城市化进程中,没有从土地财富的再分配中分享发展带来的利益,形成创业资本缺乏、无法赎买城市住宅和消费能力较低的状况。土地制度对于经济增长的内在关系在于:在土地实物不断再分配过程中,其利益分配的流向,对于经济良性增长的推动和拉动力如何。从目前的土地制度看，土地强制低价征用，与日本、韩国、中国台湾的城市化过程相比，没有留给农民创业和消费从土地再分配过程中形成的相应的利益；推高房价，又剥夺了一部分城市居民的创业和消费能力；而由于房价上涨形成财富积累的城市房东居民，则是食利阶级，并且其收入的边际消费率很低；行政寡头垄断高价卖地，使巨额的国民收入流入和集中在政府手中，形成腐败丛生、效率低下的投资建设、公务支出，甚至是“三公”消费。以上情形致使经济增长过程中，投资与消费的比例失调，政府消费和民间消费失衡，增长没有居民创业小微资本的推动，民间消费拉动增长的力量也就很弱。

具体来说，其问题在于：(1)地方政府将属于农民的土地，低价强制不平等征用，高价倒卖，世代以土地为生的农民，没有从土地的城市化中获得应有的利益，财富被转移集中到城市，与日本、韩国、中国台湾农民富裕起来了的城市化相比，是中国20世纪80年代中期以后城乡发展和收入差距持续扩大最重要的原因。(2)越来越高的土地出让金，推高房价，使许多城市居民背上沉重的贷款，成了房奴；或者望天价房屋兴叹，只能租房，成为收入的40%要由房东盘剥的租客；而多套房者由于房价上涨而积累了大量的财富，形成新型的城市中的房东与租客两个阶层。(3)地方财政越来越依赖土地倒卖，实际上是从农民和许多刚买房的居民手中积累收入，而大量的具有房产财富的居民却不交税，是典型的向穷人收税，而不向富人征税；从国民收入分配讲，政府通过土地的强制低价征收和高价倒卖集中了大量的收入，使GDP居民分配获得的比例下降，居民创业资本来源和消费能力，都因此而受到严重影响。(4)由于地方政府收入的80%来自倒卖土地和办开发区工厂，而不是来自销售(销售税)和居住(房产税)，政府热衷于扩城卖地招商，空城越来越多，土地浪费日益严重。土地成为了地方政府的“鸦片”，一天不卖土地，地方政府一天难以维持。并且，因征地拆迁而引发的地方政府与群众的冲突此起彼伏，甚至发生了许多以生命进行的抗争。土地制度不进行彻底改革，国将永远宁日。

那么,怎样改革中国的土地和房屋制度呢?第一,在严格保护生态环境、发展节水技术、确立农民土地和宅地产权、防止假冒改造的前提和制度安排下,改造盐碱沙漠滩涂低丘缓坡等未利用土地,正视人口城市化和村庄衰落的客观趋势,整治村庄用地,跳出"18亿红线"思维考虑和解决问题,扩大土地供给来源。

第二,废除政府卖地的格局,取消土地的行政"招拍挂"。所有土地,不管是法人拥有还是自然人拥有的土地使用权,都平等地进入农地、建设用地等各类交易市场,改变土地供应的行政寡头垄断格局,平等入市。我们坚决不能走土地私有化这条路,但要创新土地使用权和财产权,实现土地资源的市场配置方式。

第三,为了便于土地制度改革的推进,鉴于农村村委会不是一级经济实体组织,以及农村大量发生的土地实际村长所有进行租卖,包括县乡强制行政收取农村集体土地等问题,应当取消和废止农村土地集体所有制,全部农村土地改为国有制,同时延长土地使用权,林地、耕地、改造过的沙漠盐碱滩涂地,其使用权定为1000年;农民宅基地、居民住宅用地为500年;工商金融等企业及社团法人用地为300年,形成近似土地财产权。

第四,对上述土地的长期使用年期进行确权发证,国有土地年期在,法律上均视为一种近似财产物权,有继承、交易、抵押、入股、出租等所有财产的物权属性。

第五,废除土地出让金制度,以及取消在土地开发和商品住宅方面的各种费项,合并一些税项,改为征收土地房屋交易增值税和房地产税。对因卖地而一夜暴富的,征收累进的交易税和个人所得税进行调节。

第六,政府宏观调控和规划管理,对于土地用途仍然要有严格的规划管理,包括国土利用规划、村镇建设规划,以及城市和城镇内土地的功能用途规划;对土地供需规模,中央政府用贷款窗口指导、利率和税收等手段进行调节。

总之,土地制度改革的思路概括来说,扩大土地供应,国有延长年期,赋予近似产权，土地平等入市，征收以税代金，规划调节管理。

未来彻底进行土地制度改革的局面将转变为：形成竞争性的土地供应市场，降低地价；抑制房屋投机需求，平抑房价。形成未来政府永不枯竭和可持续的地方财政，防止地方政府圈地囤地、浪费使用土地，并防止通过土地财政扩张滥用土地。防止现行土地及房屋等财产、财政制度形成的两极分化。使农民的土地财产化，能变现为在城市里创业的资本。避免城市居民无家可归，流落街头，防止企业再交出让金而倒闭引起大规模失业，避免社会矛盾激化。并且，由于城乡居民能从土地城市化的再配置过程中获得利益，政府向低收入人群让出利益，使他们的创业资本、购买能力等增强，形成国民经济新一轮增长的推动和拉动力。①

6. 形成适应更高层次开放的新体制

2008 年以来，国际经济格局发生了重大的变化，中国需要对外应对措施，从更高层次的开放获得参与经济全球化形成的新的增长动力。而这需要进行三个方面的改革。

一是围绕形成自由贸易机制所进行的体制改革。(1)处理好政府管理与世界投资贸易通行规则、政府与对外经济中行政管理与市场调节等方面的关系。主要涉及各部门清理相关的行政审批事项，废止与世界通行规则相悖的法律和法规，在厂商准入、资金汇出汇入、人员往来、通关便利、贸易结算、税收税率、知识产权保护、生产服务标准谈判和规定等方面进行体制接轨和创新。这需要海关、边检、检疫、口岸、户籍、工商、税务、商务、银监、证监、保监、质检、标准、人社、发改等许多相关部门，清理过去的法规，并提请全国人大废止过去有关冲突和不适应对外开放新形势的法律条款，形成新的与国际自由投资贸易接轨的条款。(2)除了狭义的我国自行建立的地区性自由贸易区外，对于双边和多边自由贸易区，需要国务院协调，精心设计谈判方案，并做好内部标准建设、知识产权保护、货

① 周天勇，郭雪剑．中国未来土地住宅体制改革框架方案[R]．中国城市发展研究会课题，2013－10－10.

币直接互换结算等方面的体制创新,在自由贸易区建设中争取谈判的话语权。(3)建设和形成针对自由贸易区的开放的服务体系,比如会计和律师事务所,投资和贸易纠纷仲裁相关体制,使中国在自由投资贸易领域中,不仅形成新型的服务业,也通过发育国内自己的国际承认的第三方社会组织来维护自己的国家利益。

二是改革妨碍人民币国际化的有关体制。从更高层次的对外开放看:(1)总体上,已经发展到了完善国内利率市场化改革、推进浮动汇率机制形成、实现人民币资本项目可兑换的改革阶段。(2)具体到资本账户开放相关内容,已经到了实施有条件的企业"走出去"战略,放宽境外投资汇兑限制,放宽企业外汇管理要求及跨国公司资金境外运作限制,实施合格境内机构投资者制度的时候。(3)适应更高层次对外开放,需要修改和形成新的《外汇管理条例》。外汇管理局2013年8月27日发布了《合格境内机构投资者境外证券投资外汇管理规定》,取消和简化了相关外汇管理程序,对合格境内机构投资者(QDII)外汇管理政策进行归并和整合。2013年9月1日起,广东将实施服务贸易外汇管理制度改革。需要将各种创新整合,形成新的统一的外汇管理法规。(4)学者王元龙2008年提出"双三步走"的人民币国际化战略:首先,在地域扩张上采取"三步走",即坚持人民币周边化、人民币区域化、人民币国际化的进程取向。其次,在货币职能上也采取"三步走",即坚持人民币结算货币、人民币投资货币、人民币储备货币的先后顺序。先推动人民币为结算货币,逐步增加人民币在全球国际贸易结算中的份额;再推动人民币为投资货币,使人民币逐步成为主要国际金融市场上的主要投资币种;最后逐步使人民币成为储备货币。我认为,为了获得新的融入全球化而带来的经济增长动力,在设计人民币国际化风险控制路线图、法律法规和体制机制的同时,是加快这一战略实施进程的时候了。

三是要形成"走出去"的体制和机制。(1)改革和明确对于"走出去"的企业行政管理的范围,从目前的情况看,商务部负责在境外开办企业审批,发改委负责投资项目和用汇额度审批,外汇管理局负责资金汇出审批。就改革事项讲，要鼓励“走出去”，清理审批事项，轻审批，重服务，重信息统计和监管，教育驻外企业要遵守当地法律，塑造社会形象，同时维护其国外权益。从所有制方面，注重对国有企业，特别是央企“走出去”的审查和监管，放开和鼓励有实力的民营企业“走出去”。就项目审查而言，实际上发改委也不可能到实地去了解，即使去，也搞不明白。应当由可行性研究评价的第三方组织进行项目评价，而企业进行决策，企业家负责项目选择和投资体制机制。考虑到中国外汇储备规模世界第一，有继续贬值的趋势，发改和外汇部门应当放宽企业“走出去”投资的用汇管理。(2)形成“走出去”的配套体系。抓紧培育和建设国内为企业“走出去”服务的与世界规则接轨的民营金融体系，如民营进出口银行、进出口保险公司、进出口租赁公司、进出口担保公司等金融服务体系；再如前面提到的，培养和发展涉外的我们自己的国际仲裁、会计事务和法律事务等机构。(3)从国际投资和贸易的竞争看，有政府背景的国有经济“走出去”，由于所有制歧视和被认为竞争不公平及涉及对方国家安全等理由，往往受到相关国家和世界贸易规则的限制，包括考虑国有企业“走出去”的道德风险和监控成本，需要培养一大批能“走出去”的人才；特别是培育和发展大型和特大型民营企业“走出去”，形成中国在世界上有竞争力的跨国公司。(4)各外事和涉外部门，应当转变工作观念，创新工作内容，将精力、物力和时间更多地用于了解相关国家市场需求、法律法规、经济政策上，通报经济信息；了解驻外企业经营环境，帮助其协调各方面关系，为其投资和贸易服务；提供信息，通报情况，积极参与国内各部门“走出去”政策制定和调整的协调；将政治外交、文化交流与促进经济往来、合作共赢密切结合起来，形成外交与经济的互动；维护我国企业在相关国家的经济利益，在相关国家政策变动、政局变化、事件突发时，为投资、贸易和经营者，进行外交交涉、财产保护、人员撤离等帮助和服务。

总之，中国的经济增长已经到了一个转折时期，传统的增长模式已经动力渐失，需要依靠鼓励创业就业、创新驱动、新型城市化和更高层次的对外开放，才能获得新的增长动力。而实现增长模式的转型，关键是要调整发展战略思路,转变宏观调控方式,在干部考核导向、创业准入和行政审批、财税金融、土地制度,以及围绕更高层次对外开放的有关方面进行配套和深入的改革。这些方面没有进展,增长方式的转变,以及国民经济健康快速的可持续增长,可能很难实现,增长的不稳定性和颓势可能不可避免。

【参考文献】

[1]国家统计局. 中国统计年鉴2012年[M]. 北京:中国统计出版社,2012.

[2]国家统计局. 中国统计摘要2013年[M]. 北京:中国统计出版社,2012.

[3]国家统计局. 中国经济景气月报[M]. 北京:中国经济景气月报杂志社,2013(9).

[4]习近平. 抱有'四大信心',排除中国经济失速风险[N/OL]. 新华网,2013-10-10.

[5]习近平. 改革不停顿　开放不止步[N/OL]. 新华网,2012-12-12.

[6]习近平. 创新驱动不能等待不能观望不能懈怠[N/OL]. 新华网,2013-10-01.

[7]李克强. 有能力有条件完成今年经济社会发展任务[N/OL]. 中国网,2013-09-03.

[8]李克强. 深化经济体制改革义无反顾[N/OL]. 新华网,2013-10-16.

[9]刘世锦. 中国经济增长速度或已处于转折时点[N/OL]. 腾讯财经网,2013-03-23.

[10]忆松. 林毅夫批评看衰中国增长的普遍悲观情绪[N]. 腾讯财经网,2013-07-30.

[11]迟福林. 走向消费主导的中国经济转型与改革战略[N]. 光明网,2012-11-16.

[12]周天勇. 从需求调控转向供给调控恰逢其时[N]. 中华工商时报,2011-08-22.

[13]周天勇,郭雪剑. 中国未来土地住宅体制改革框架方案[N]. 中国城市发展研究会课题.

下篇 >>

开放促改革　释放改革红利

把握好历史机遇期，全面提升外向型经济的发展水平和质量

霍建国*

十八届三中全会关于深化改革的决定是一个顶层设计，是改革的纲领性文件，规划部署了中国的改革开放大业，需要我们深入学习，抓紧贯彻落实。目前中国经济在经历了三十多年的高增长之后，已面临着结构调整和增长转型新的压力。国内已形成重要共识，唯有通过深化改革才可以释放增长的活力。所以说2014年是改革之年，而这次改革的机遇期有两个明显的特点：一是时间上的紧迫，二是改革突破口的选择。若不能把握好时间节点，尽快采取行之有效的重大举措，通过深化改革激活中国经济的发展活力，一旦错过这一机遇期的时间点，中国经济很可能会陷入新的被动发展局面。在落实三中全会决定的过程中不可避免地存在着轻重缓急与顺序之分。如何落实中央经济会议的精神，确实解决好群众关心的阻碍经济发展的重要环节，先行改革至关重要。此外，在把握好时间节点和顺序的前提下，更需要把握好外部发展环境的变化及经济发展理念的调整。在此谈几点对国际形势变化的看法及国内改革开放的认识。

一、世界经济贸易变化的主要特点及趋势

（一）国际经济格局发生明显变化，全球治理难度加大

自然法则是宇宙间一切事物存在和运动的基本法则，经济的发展存

* 霍建国：商务部国际贸易经济合作研究院院长，研究员，博士生导师。

在着内在规律性的变化法则。任何违背经济发展规律的增长以及任何强加于自然规律之上的调控手段都是不可持续的，协调与均衡是维系自然法则的核心内容。此轮金融危机的根本原因一方面是发达国家内部经济结构的长期失衡，此为内部失衡；另一方面则是世界经济长期发展环境的不公平性突显，表现为外部失衡。因此，金融危机后，世界经济面临着新的平衡发展的内在要求及加强全球治理的外部呼声。具体表现为：发达国家经济基本呈现负增长或低增长，而发展中国家，尤其是新兴经济体则表现为较高的增长速度，世界经济格局相应呈现出新的变化。美欧的经济总量分别从2009年的25%和28%下降到2012年的21%和23%，占全球经济份额持续下降；新兴市场和发展中经济体在世界GDP中的比重在2013年将超越发达国家，达到50%以上（2012年为49.92%），其中金砖国家的出口贸易占世界的比重从2007年的13.5%扩大至2012年的17%，进口贸易占世界的比重从2007年的10.7%上升至15.3%，新兴经济体已经成为支撑世界经济增长的新动力，对世界经济增长贡献率已超过50%。

表1　2008年以来世界经济指标及预测值　单位：%

		2008	2009	2010	2011	2012	2013
世界经济总量增速		3.0	-0.6	5.3	3.9	3.5	3.1
发达经济体		0.5	-3.2	3.2	1.6	1.4	1.9
美国		0.4	-2.4	3.0	1.7	2.0	2.3
欧元区		0.6	-4.1	1.9	1.5	-0.3	0.7
日本		-1.2	-5.2	4.4	-0.7	2.4	1.5
亚洲新兴工业化国家		1.8	-0.9	8.5	4.0	2.7	4.2
新兴经济体和发展中国家		6.1	2.5	7.5	6.2	5.6	5.9
中国		9.6	9.1	10.4	9.2	7.8	8.0
世界贸易量（货物和服务）增速		2.8	-11.3	12.8	5.9	3.8	5.1
进口	发达经济体	0.5	-12.9	11.5	4.4	1.9	4.2
	新兴和发展中国家	8.6	-8.3	15.3	8.8	7.8	7.0

续表

		2008	2009	2010	2011	2012	2013
出口	发达经济体	1.8	-12.6	12.2	5.4	2.3	4.3
	新兴和发展中国家	4.5	-8.5	14.4	6.6	5.7	6.2

资料来源：IMF 官网统计。
注：2013 年数据为预测值。

经济总量的变化导致新兴经济体的作用日益凸显，从全球经济的边缘走向中心，成为国际生产、贸易和投资的重要力量，在全球金融监管改革、国际货币体系改革等重大经济、金融事务中开始发挥越来越重要的作用。"金砖国家""钻石11 国""展望5 国"和"灵猫6 国"等新兴市场的群体性崛起，已使发达国家与发展中国家的力量对比发生变化，并将严重影响到世界经济现有版图、格局和秩序的改变。但要强调的是，发达国家主导世界经济的格局短期内仍不会发生根本变化，全球若不能形成有效的协调和治理机制，发达国家和发展中国家之间的矛盾将呈上升趋势。发达国家与发展中国家之间错综复杂的矛盾，为世界经济的平衡发展及协调带来了艰巨的挑战，若不能尽快形成有效的协调机制和全球治理模式，全球经济将难以最终走向全面复苏。

（二）贸易保护主义上升经济全球化受阻

金融危机爆发以来，全球贸易保护主义呈扩大之势，贸易争端不断增多，贸易摩擦从产品延伸到产业，从贸易政策发展到经济政策，从境外竞争环境发展到境内的政策环境。在新的贸易保护主义风潮中，除原有的反倾销反补贴这一传统手段外，也增添了新的贸易保护主义手段，如加强进口许可管理，金融信贷政策、国企政策、产业政策等，国家安全审查、放任本币贬值、逼迫顺差国汇率升值等等，一些发达国家还进一步通过贸易救济措施，强化对绿色、新能源产业和电子信息产品的贸易保护，致使全球各类贸易摩擦不断增加。影响较大的最新案例就是中国光伏产品遭遇欧盟反倾销调查，年涉案金额超过 100 亿美元。这是欧盟对中国发起的规模最大的贸易诉讼案，致使中国光伏产业及所涉及企业面临生存危机。

尽管G20首次经贸部长会议已就抵制贸易保护主义达成共识，但贸易保护主义的势头仍未得到有效遏制，且更为隐蔽化、多样化。如美国倡导的出口倍增计划，其本质也是一种变相的贸易保护。世界贸易组织的统计数字显示，从2011年11月至2012年6月，二十国集团国家颁布的贸易限制措施多达124项。贸易保护主义的加剧在一定程度上阻碍了全球经济的复苏和稳定增长。根据世界贸易组织的报告显示，2009年全球货物贸易量下降12.2%，货物贸易额下降23%，国际直接投资下降了39%，之后虽有所恢复，但到2012年仍未达到危机前水平，而贸易投资作为支撑全球经济发展和全球化的重要力量，在其严重受阻的情况下，全球经济是不可能实现全面复苏的。

与此同时，经济全球化矛盾进一步上升并呈现出新的发展趋势。过去二十年，全球化的快速发展产生了两个问题：一是全球化的利润过多地流向大型跨国公司；二是全球化发展中的协调和规范机制明显滞后。目前各国对全球经济的关注重点正转向气候变化、环境、环境产品、信息化与投资规则等更宽泛的议题，多边贸易体系出现扁平化的趋势，越来越多的国际组织甚至非政府机构参与到各类规则的制定过程中。短期看，未来3—5年，全球化仍将处于低潮，贸易与投资的发展将受到一定的限制；但长期来看，随着全球治理的加强及国际秩序的形成，全球化大趋势仍不会逆转。发达国家和发展中国家都应充分认识到贸易保护主义对全球化的不利影响，全球多边贸易体制应进一步发挥其在推动全球贸易投资自由化方面的积极作用，并在推动形成国际多边投资体制方面有所突破。

（三）国际竞争日趋激烈，竞争形式不断变化

与金融危机相交织的欧债危机是冷战后欧洲经济发展遇到的最严峻挑战，正成为世界经济下行的主要风险来源，舆论普遍认为，欧债危机暴露了欧洲经济结构失衡、金融市场失控、福利水平失真、一体化建设失序

等深层次问题。欧洲是老牌资本主义国家,其经济发展体制较为成熟,按理市场经济内生调节理论可以在市场机制的作用下自行调节修复,但由于统一的欧洲在欧共体政策的驱动下,其市场的活力和纠错平衡能力已受到制约,加之欧共体长期实行排他性的对外经贸政策,贸易保护主义上升,限制了市场的活力和流动性,从而导致市场已经难以通过资源的自由流动来实现调节功能。欧洲国家长期依靠债务透支来支撑其经济社会发展,劳动生产率增长缓慢,技术进步停滞,也是导致欧洲经济增长低靡的原因之一。相比之下,发展中国家的市场化改革正在逐步加快,市场活力和增长动能进一步上升,从而激活了资源的有效配置,加之国际化和全球化的进展又为发展中国家参与全球资源配置提供了有利的外部环境,资源配置的有效性进一步上升,并支撑了其经济增长,所以没有出现欧美式的危机。而欧美高福利社会所带来的负面效应是劳动生产率和技术水平的提升日趋缓慢,难以支撑其经济的有效增长,因此金融危机和债务危机也可以归结为欧美在资源配置的有效性上丧失优势地位,导致劳动生产率停滞不前的结果。

如果债务危机和资源配置危机不能得到有效控制,必然导致全球经济危机的蔓延,并使得国际竞争更趋激烈。从当前的世界经济形势来看,国际竞争的主要形式表现为三个方面:一是发达国家与发展中国家的竞争,多哈回合谈判、哥本哈根气候大会、G20 会议之争、中美矛盾、中日矛盾等都表现出发达国家与发展中国家的矛盾日益凸显;二是大国间的竞争,西方发达国家间的主导权之争、话语权之争、对核心资源的占有权之争等都已全面展开,美国在亚太推行的 TPP 战略、在欧美之间启动的 TTIP 谈判,从某种意义上反映了美国新的全球战略、布局及争夺主导权的意图;三是发展中国家与发展中国家间的竞争,发展中国家正处于工业化阶段、发展模式等具有同质性,在国际市场需求增长乏力、越来越多发展中国家参与国际分工的大背景下,发展中国家间的竞争也更为激烈。而这种竞争体现的是发展的主导权和影响力。在国际事务方面,发展中国家则体现了更多的共同诉求。

适度竞争有利社会发展,但在全球资源短缺的形势下,如果全球经济治理机制不能有效发挥协调作用,很可能导致过度竞争和不公平竞争,从而制约世界经济的发展。解决此问题需要重点把握两个方面:一是形成新的有影响力的国际经济治理结构和协调机制,二十国集团等国际协调机制应发挥更大的作用;二是发达国家经济再平衡的理念需要调整。发达国家认为,全球经济不平衡的主要原因是新兴经济体大规模的出口导致贸易顺差剧增,而国内消费不足是造成全球经济失衡的主要原因。真正的原因恰恰是发达国家内部结构的失衡以及发达国家与发展中国家之间未形成有效的合作机制。

(四)发展理念的变化与调整决定未来经济发展方向

此轮金融危机的导火索是美国雷曼兄弟银行倒闭所引起的,但从根源上可追溯至美国80年代后期形成的新自由主义,其具体表现为:对金融监管的不断放松,导致金融资本同产业资本脱离,投资同投机混淆,在政府干预经济的权力扩张中,欧美社会又形成了高额的政府主权债务。在金融市场开放的形势下,银行的投资功能不断减弱,投机行为不断上升,对银行衍生品的过度发展形成依赖,金融风险持续上升。其根源是制度设置和监管能力存在问题,其次是经营理念和竞争目的不纯。这些问题导致金融体系和货币体系交替影响,最终导致了金融危机的爆发。

金融危机暴露出了发达国家经济发展理念和发展模式所存在的深层次问题。目前,发达国家一些学者已开始对政府过度干预、高福利社会、透支消费、实体经济空心化及银行业和大宗商品市场价值失控等现象正在进行反思,危机后美联储推出量化宽松政策,将0~0.25%超低利率维持期限延长至2015年。2012年再次加大实施量化宽松政策,这一切刺激政策短期内虽起到了一定的作用,但均属不可持续且不负责任的政策。虽然2013年6月伯南克提出要逐步退出量化宽松政策,但目前来看现行经济政策及主流的经济发展理念仍未发生改变。其完全退出的可能性并不大。很可能采取阶段性分步退出的策略,结果很可能加剧美元的波动,引致石油等全球大宗商品的价格和农产品价格波动,最终将不可避免地引发新一轮世界性的流动性调整和通货膨胀及货币币值的调整。而其中发展中国家将不可避免地受到更大的影响。

理论界对经济发展理念的反思还包括政府和市场的关系,公平和效率的关系,以及政府的社会责任和职能定位等。欧美等发达国家长期奉行市场经济体制,但其实施的市场经济并非完全真正意义上的自由市场机制,现实情况是市场主导和政府干预共同发挥作用,其关键在于二者如何达到平衡,处理好哪些应是市场决定的,哪些应是政府必须干预的,否则宏观调控和经济治理效果难以发挥较好效果;反之则矛盾积累,失衡和扭曲并存,经济将难以进入稳定的增长期。

政府替代市场的结果会导致企业增长的动能不足,而政府的缺位会导致过度的利益倾向并造成社会不公,从而影响社会稳定。要想实现市场主导和政府干预的平衡发展,欧美国家首先是要解决发展理念问题,形成可以集聚增长动能的新发展模式;其次,要重视发展实体经济,不断提高劳动生产率,创造积累社会财富,而不能完全依靠资本市场的交易游戏;第三,要重新确立金融资本同产业资本的协调发展模式,改革金融市场运行模式,由投机为主的经营转变为投资获利的发展模式,创造更多的社会价值。

改革开放30年,中国已经具备了一定的经济规模和较为坚实的经济基础,积累了较为丰富的市场化改革的经验,目前经济增长的下行压力主要是来自高增长的回落和经济结构调整以及消化前期大规模投资所形成的叠加影响。中央对形势的判断是完全正确的,当前政策选择一方面要坚持深化经济体制改革,坚持转变政府职能,同时要解决好政府投资功能的转变所形成的投资空间的替补问题和如何通过深化改革构建公平的竞争环境,以调动民间投资的积极性来实现国民经济新的健康平衡增长。

二、把握好改革机遇期的几个重要理念

(一)体制机制和制度性建设是发展理念调整的保障

发展理念的转变与调整将决定未来中国经济的发展方向和质量。中国经济在高速发展的同时伴随着发展理念的一些错位,如历史上形成的包括高度依靠资源能源消耗的规模扩张型发展模式,政府职能与考核中GDP优先增长的因素等,已经积累形成了新的增长矛盾。必须对传统的发展理念进行深刻反思,加快理顺政府和市场的关系,树立劳动创造价值、劳动生产率决定效益、公平竞争决定发展环境、资源优化配置决定发展活力等经济发展的基本理念,通过改变市场环境,激发市场主体的活力,形成内生驱动型经济发展模式。而这些理念的转变与调整,单纯靠人的悟性和行政部署是难以实现的,必须辅之以法律法规等制度性的安排和必要的新发展指标考核体系的约束。目前的经济发展中,GDP的增长一直被视为主要的经济指标,从而忽略了其他关键指标的变化,如环保指标、节能降耗指标、投入产出效益、国民福利指标、以及增长的质量和效益指标,而这些指标的变化同经济的可持续发展密切相关,直接决定着一国竞争力的变化。想要改变这一状况,有必要先改革经济增长的考核体系,建立新的国民经济增长的质量考核指标,在对GDP增长指标考核的同时,加上质量指标的考核。应将能源消耗、工资福利变化、企业效益和税收、节能减排等重要指标作为不同权数列入质量考核指标,并以此作为业绩考核的主要参考内容。国家有关部门应尽快出台新的考核标准,以利推动全国转变经济发展方式进入制度性约束阶段。同时更关键的是要同完善干部考核标准,干部选拔机制有机的结合起来,形成良性攀比的局面。

(二)公平竞争环境决定企业竞争力和可持续发展能力

新一届政府在转变政府职能、减少行政审批方面,已出台了一系列的

新规并取得了明显的效果。但投资主导的粗放型发展模式仍未从根本上得到遏制,其根本原因在于公平的市场竞争机制仍未形成,不公平的竞争环境仍制约并影响着企业发展的内在动能。应通过深化经济体制改革,营造公平的市场竞争环境,由此形成企业转型升级的内在动力,才能真正实现经济发展质量和效益的提高。经济增长活力、结构调整动力、企业创新能力,应更多地通过市场竞争的环境来实现。只有更好地发挥市场在资源配置中的决定性作用,才能真正有效地提高经济发展的质量和水平。只有通过构建公平的市场竞争环境,才能促进企业竞争力的提升。

市场的驱动力一旦显现,中国经济的内生增长动能将被激活。所以当前的重点是加快营造法治的营商环境和良好的市场发展环境。一是通过制度和法律体系建设,形成国企、民营和外资企业之间公平的竞争环境,特别要解决好产业政策、投资政策、银行信贷和创新管理体制方面的公平政策问题,为各类经营主体营造公平竞争的市场发展环境;二是要推动管理方式创新,规范各种税费标准,清理不合理的企业税赋,为企业创造宽松的发展环境,使市场对资源配置发挥决定性作用,使企业在公平的竞争环境下发展;三是要强化公正执法能力和诚信体系建设,维护市场经营秩序,加大对失信行为的惩戒力度,树立诚信经营的社会价值观。

(三)要处理好中国特色的理论与市场经济的有机结合

中国经济发展的主导理论是建立在中国特色改革开放的基础上的,在市场化改革方面不乏参照了西方经济学的基本原理,这些理论对中国推进市场化改革发挥了巨大的影响,但全球金融危机以来,欧美对经济理论的反思加剧,特别是对政府和市场不同作用的把握再次成为新的争论焦点。中国和西方国家处于不同的经济发展阶段,所以需要借鉴西方经济理论的合理内核,结合中国经济发展的现实,形成富有中国特色的政府职能定位和市场经济主导理论,把宏观调控政策的影响力同市场机制作用的驱动力有机地结合起来,使之形成具有中国特色的经济增长理论。

从某种意义上讲，明确的战略目标、科学的规划布局，是我国经济发展的一大优势，是决定我国如何抓住战略机遇期、实现更有作为发展的战略基础。在战略目标设定时，要将保障和改善民生、实现经济可持续发展作为基本底线，应将不断提高企业的竞争力和国家的竞争优势列为主要目标；在改革路径的选择方面，应选择成本低、投入少的领域先启动，应从行政管理体制入手，逐步扩展到高成本、高风险的改革领域。在政策制定时，要优先考虑政策的统一性和公平性，更加注重构建公平竞争的市场环境。这些离开了政府的主导是难以完成的，所以在转变政府职能的过程中，一方面要减少政府对微观经济的干预，同时又必须加强对战略目标和规划布局的主导和影响；一方面要减少政府主导的投资行为，同时又要加强必要的公益性项目投资力度；一方面要切实履行好政府的职能定位，同时又要在具体的法律法规、标准制定方面体现对公众利益的保护和公平法治营商环境的维护。

（四）要处理好改革重点的突破

要充分认识到中国经济发展的环境已经发生根本变化，我国已基本确立了市场经济主体和相对完善的市场经济制度。在进一步推进市场化改革过程中，要特别注意把握好改革的重点。在众多的改革内容中，应选择对中央财政影响小、成本较低的领域先启动，主要是通过体制机制调整和改进管理手段来激活发展动能，对于可能带来成本上升或增加中央财政负担的改革举措应有充分的论证，而转变政府职能、减少投融资市场审批则应往前排。这种操作既可尽快释放改革的红利，又可确保经济的平稳发展，同时也不至于引起大的震荡。

目前实体经济发展的困难，一方面是成本上升的压力，另一方面发展环境的约束也成为重要因素。要以投融资体制改革作为重点突破领域。在投资体制方面，一是要尽快调整现有的投融资政策，包括修改外商投资产业指导目录，大幅度减少或放开支持类和鼓励类的投资审批目录，集中力量管好限制类和禁止类目录,创造条件加快向内外统一的负面产品清单过度;二是在当前产能过剩的情况下,要坚决地落实下放审批权限,激活民间投资的积极性。相信民间的投资选择是避免和消化产能过剩的积极因素,而非产能过剩的负面因素。在控制好政府投资项目的同时,又要切实落实民间资本以参股等方式参与基础建设、公共设施建设、重大项目建设的选择权;三是要积极探索在制造业投资方面对外资实行准入前国民待遇,允许外资在大部分领域自由登记开办企业,保证一定的外商投资增长规模,特别是在中高端制造业放宽外资的投资准入,有利于我加快结构调整和产业结构升级。同时适当加大服务业的开放力度,在安全可控的条件下,逐步引入服务业发展的竞争机制,提高国有经营主体的竞争力。

在融资体制方面,一是加快金融体制改革,分阶段推进资本项下的可兑换和稳步推进人民币国际化,分步骤落实存款利率市场化,以利提高银行业的竞争力和抗风险能力;二是要充分发挥金融对企业技术创新、质量提升、品牌建设、服务升级等方面的支持作用,尤其是要加大对新型贸易方式、营销方式、电子商务等的支持,形成统一配套的金融促进体系;三是要开创新的业务模式和服务工具,加大对中小企业的融资支持力度。此外,还可考虑设立风险基金,在有效监管的前提下,适当扩大外资银行和民间银行的业务范围,引导金融业拓展保险业务,为中国企业在境内外经营中可能产生的经营风险、投资风险、汇率风险等提供风险保障,促进我国企业的国际化进程。

(五)要处理好扩大开放的顺序安排

三中全会决定提出的构建开放型经济新体制是对开放型经济的总体要求。要实现对内对外开放的相结合,实现国内国际资源有序的自由流动,需要我们在实践中加以落实推进。

在对外开放方面,应选择有利于增添增长活力的领域率先实行开放。

对于压力较大的领域和行业，可采取分阶段、分步骤开放的措施，加快制造业的开放是当务之急。开放的力度应同开放后的事中事后监管能力和风险控制能力统筹考虑；在推进自贸区建设中，应加快工业品关税的开放力度，积极适应开放环境下的竞争。要相信中国的制造业仍具有潜在的竞争优势。在开放的过程中，外国优势产品可能会在初期阶段对我形成竞争压力，但中国企业通过竞争，也会迅速提高自身的竞争能力。历史上中国工业化的进程和工业产品竞争的加快提升，无不与扩大开放有关。此外，通过彼此的开放，我们的优势产品也会相应地扩大出口，形成新的积累和发展后劲。在利弊权衡下做出科学的判断和选择是扩大开放的先决条件；而服务业的开放则是有选择地开放。中央已经明确放开育幼养老、商贸物流、建筑设计、会计审计和电子商务等领域，要尽快加以落实；对金融保险、文化教育、医疗卫生、电信等行业，则要加快推动，即创造条件，逐步实现开放的安排。总之，对内改革和对外开放实质上是同一个问题的两个方面，成功的改革、市场公平竞争环境的形成，有利于我加快同全球经济的融合，更主动地推进国际化进程。而加快推进对外开放，有利于促进国内经济体制的市场化改革，缓解我国在国际经济交往中的矛盾，其结果都是为了促进中国经济的可持续发展。所以在处理改革开放的关系时，更应该把握好改革的力度和开放的节奏。

三、全面提升外向型经济的发展水平和质量

面对国际国内经济发展的新形势，中国外向型经济的发展面临着体制机制的创新。对内看关键是全面提高外向型经济的发展水平和质量，对外看就是要进一步提高对外开放水平。通过扩大开放促进国内的经济体制改革，构建开放型经济的新体制，通过加快转变发展方式提高外向型经济的综合竞争力，全面促进外贸、外资及走出去与国民经济的协调发展；通过不断完善涉外经济体制改革，不断提升对外开放水平，构建参与

引领国际竞争新优势,稳步推进贸易强国进程。

(一)充分认识开放型经济的积极作用,坚持发展外贸不动摇

目前国内有部分观点认为,中国出口的依存度过高,且消耗了大量的能源资源,所形成的贸易顺差又给宏观经济调控带来了新的压力,所以,应减少对出口的支持力度,适当限制出口。事实上,出口不仅可以促进国内经济增长,而且也能解决大量劳动力就业,出口的国际竞争力也体现了中国在国际市场的影响力。在国际竞争日益加剧的形势下,中国需要考虑的不应是如何通过限制出口来实现贸易平衡,而是如何采取有效措施尽快全面提升出口的质量和效益。在稳定出口的同时,更加注重发挥进口对国民经济的促进作用,把扩大进口的政策同国内产业升级和产业发展结合起来,通过鼓励企业加快设备折旧和技术改造,全面提升我国制造业的竞争优势。总之,应尽快提高外贸发展的质量和水平,稳步推进市场化进程,探索建立符合开放型经济特点的中国对外贸易管理体制和机制,继续拓展新的开放领域和空间,营造和谐的内外部发展环境,保持国民经济的稳定、协调和可持续发展。

(二)扩大开放领域,稳定外资增长

当前,发展中国家都在加大实施引资政策的优惠力度,使我们利用外资面临激烈竞争,我们必须果断采取利用外资的积极促进政策,将扩大利用外资同我国转变经济发展方式、提高产业竞争力、加强在国际分工中的影响力结合起来,保持和巩固中国在国际市场上的竞争力。关键要在进一步扩大开放空间和领域的过程中处理好综合优势和走出去的效益问题,这实际上是对开放和利用外资提出了更高的要求。一是加大改革力度,完善法律法规,加强知识产权保护,通过进一步推进市场化改革。通过引入竞争机制,规范市场竞争行为,促进垄断性行业的改革,创造公平、公正的市场竞争环境,以良好的投资环境扩大吸引外资的力度。同时要

采取积极主动的方式，通过向投资者提供充分的服务信息、宣传我国的有利投资环境等来促进投资；二是积极引导外资流向。鉴于东部和中西部地区经济发展的不平衡格局，我国对东部和中西部的外资促进政策应有所区分，东部地区应更加注重服务业利用外资，适当开放具有投资价值的服务领域，积极稳妥扩大金融、证券、保险等各类服务业的对外开放；中西部地区仍需注重制造业利用外资，放宽中高端制造业外资准入条件，鼓励中西部地区建立产业转移承接基地；三是改善投资软环境。目前，我国对部分领域是否继续鼓励外资进入存在分歧，需统一思想，形成共识，确立新形势下保持利用外资稳定增长的战略思维。同时要高度重视改善投资的软环境，在外商落户、办理手续等方面提高服务意思，加快政府职能的转变，创造条件积极尽早落实负面产品清单的管理模式，推进投资审批便利化，使外商在各项业务中都能感受到周到的服务及公平的竞争环境；四是出台利用外资新政策。加快研究和制定鼓励战略性新兴产业、节能环保产业、现代服务业、现代农业等与我国转变发展方式相适应的产业引资政策。要加快研究战略性新兴产业的开放领域、鼓励投资领域及新型利用外资方式，多途径、多渠道推动战略性新兴产业的国际合作。要进一步开放重点产业和机械制造业外商参与兼并收购的政策，解决好外商投资企业的国民待遇问题，确保外商投资企业享受国内相关技术创新和研发的特殊支持政策。

（三）积极调整发展战略，加快转变经济发展方式

调整对外贸易发展战略首先需要调整对外贸易发展的指导思想。长期以来，我国对外贸易发展战略主要受比较优势理论的影响。比较优势理论来源于英国古典经济学家大卫·李嘉图的比较成本学说，该理论侧重于土地、资源、劳动力等有形要素成本的比较，在我国外贸发展过程中曾发挥过积极的作用，但该理论忽略了技术进步和创新在竞争中的作用。随着国际经济形势、我国产业竞争力、对外贸易发展水平以及多种经济因

素的变化,追求比较优势将不利于我国产业升级和创新,并会使我国产业结构固化在中低端水平。应尽快建立既符合国际贸易发展规律又顺应中国国情的对外贸易理论体系。借鉴竞争优势理论,通过制定配套的实施政策促进对外贸易的发展。竞争优势理论是美国经济学家迈克尔·波特于20世纪80年代提出的,该理论指的是一个国家在国际市场竞争中实际显现的优势,是生产力发展水平的标志。竞争优势又可细分为产品、企业、产业和国家竞争优势四个层面,值得我们借鉴和研究。特别是在当前我国对外贸易面临转型升级的关键时期,有效借鉴竞争优势理论,全面提高我国企业和产业的国际竞争力是非常必要的。政府应努力为企业创造良好的外部环境,重视科技和人力资本,努力寻求企业、产业和政府的联动机制,并使这些联动机制能经受住国际化的考验,从而促使中国对外贸易进一步适应新形势下的国际竞争环境。

(四)加快自主创新步伐,构建国际竞争新优势

事实证明,在世界经济竞争日趋激烈和经济全球化的过程中,技术创新已成为一国经济发展的重要因素,强化技术创新是一个国家兴盛的必由之路。新形势要求中国的外向型企业要深度地参与国际市场竞争,加快国际化步伐,不断提高自主创新的能力,提升企业的核心竞争力。政府一方面要加大市场的净化力度,做好保护知识产权工作,坚决打击假冒伪劣产品,同时要加大对创新型企业的支持力度,培育一批创新型跨国企业,在国际竞争中抢得先机;支持资金短缺的中小企业的创新,鼓励自主创新含量高的新产品出口;企业要增强创新意识,以开放的姿态对待自主创新,通过借鉴和吸收国际先进技术,通过合作研发和共同开发来构建企业的创新能力。要大力推动加工贸易的转型升级,赋予加工贸易以新的内涵,尽快提高中国在国际分工价值链中的地位。同时充分发挥好利用外资、对外投资、对外经济合作与外贸增长的互动和促进作用,构建中国参与国际竞争的新优势。

(五)加快产业布局调整，促进制造业梯度转移

产业是对外贸易发展的基础和保证。中国制造业的低成本优势正在面临挑战，加快产业升级和国内产业布局调整是进一步提升中国制造业竞争力的出路。应抓好两方面的工作：一是通过加快培育和发展战略性新兴产业，实现产业结构升级和经济发展方式转变，提升中国自主创新能力和国际竞争力。二是要加快产业布局的战略性调整，创造条件让东部沿海地区迅速地向中高端制造业、附加值较高的领域发展；促使中西部地区积极主动承接东部沿海的产业转移，加快东中西对接及新兴制造业生产基地的建设。研究支持战略性新兴产业投资发展政策及支持产业转移承接地的鼓励政策，通过改善投资环境，为企业的转移和重新布局创造有利的发展环境。

(六)稳步推进海外投资，构建参与国际竞争的外部支撑体系

随着中国国际经济地位的提高，未来几年，中国的海外投资将持续扩大，中国需要更深地融入世界经济体系，构建中国自己的海外势力。有必要加强跨国公司的发展并通过构建在海外主要市场的商业存在形式，包括银行、保险、仓储、运输、批发零售等产业价值链的延伸部分，逐步形成海外经营的盈利模式。具体应解决好三个问题：一是支持贸易促进机构在海外主要市场的布点，并提供必要的投资咨询和服务；二是加快海外经营队伍的培训，由政府出资委托有经验的科研院所展开大规模的培训，提高海外经营的能力和水平。可针对不同的投资目的国和地区开展经贸知识、市场营销策略等方面的培训，培养一批成熟的有海外经营能力的营销队伍。这支队伍不仅可以创造经营效益，还可在海外通过各种社会关系扩大中国的影响，树立中国的良好形象；三是继续推行海外投资的便利化，海关、税务、银行、外汇管理方面要有便捷措施，积极鼓励企业加快海外营销网络的建设。上述做法可摆脱单纯依靠出口的被动局面，同时可

巩固和发展与当地市场的合作关系,逐步形成中国海外跨国公司的盈利模式。

(七)积极参与全球经济治理,营造良好的国际贸易环境

国际事务的竞争更多表现为:经济主导权和话语权的竞争。当前,旧的世界经济体系正在受到挑战,新的能够被各方接受的国际经济治理框架仍然处于探讨之中。中国作为最大的发展中国家以及其在全球经济发展中所处的特殊地位,客观上要求我们必须积极参与全球经济治理,提出新的治理理念和新的维系世界经济公平公正的制度性安排意见,推动不合理、不公正的国际经济秩序的改革,倡导建立更能体现包容性增长的全球经济发展新模式。我国应更加深入全面地参与国际经济事务,积极拓展自贸区的发展空间,积极参与世界贸易组织工作,推动多边贸易谈判进程,通过参与二十国集团等协调机制,增强我们的话语权,积累经验,不断提高在制定国际贸易规则中的能力及影响力,切实维护中国的国家利益,营造有利于中国对外贸易发展的国际经济环境,加快中国的现代化进程。

开发区转型在新一轮开放中的地位与作用

陈文玲*

一、开发区转型面临的国际经济形势

经过30多年的改革开放，我国正处在一个新的起点上。世界经济处在一个大调整、大变局、大动荡的新时期。研究国家级经济技术开发区、各类特殊经济功能区如何转型发展，需要对国际经济形势有一个比较清晰的认识和判断。

（一）世界经济面临“一低五高”风险

当前，国际经济复苏的格局发生了非常重大的变化，新一轮的冲击波即将到来。总体来说可以概括为“一低五高”。所谓“一低”就是国际经济的增速整体是比较低的，尤其是发展中国家、新兴经济体经济增速在走低，经济下行。新兴经济体、发展中国家的领头羊中国，2013年的GDP增速是7.7%，今年上半年是7.6%。如果横向比的话，这个增长速度在全世界还是很高的，因为美国平均是2%～3%，欧洲去年、今年一直是负增长，日本连续20多年都是负增长或者1%左右的增长。但是，中国改革开放30多年，年均增速是9.6%。2008年到2011年的五年之间，年均增长速度是10.7%。12年就是一个转折点，我们的增速到了7.7%，也就是

* 陈文玲：中国国际经济交流中心总经济师，研究员，兼任中国市场学会、中国商业经济学会、中国物流学会、中国太平洋学会副会长等社会职务，北京大学、对外经贸大学等院校兼职教授，南开大学、北京师范大学博士生导师。

比我们前30年平均经济增速下降了2个百分点。从去年下半年到今年上半年,中国经济下行、印度经济下行、巴西经济下行,包括金砖五国,经济都在下行。

所谓“五高”,第一就是高债务风险。高债务风险原来主要是美日欧三大经济体,现在正在向发展中国家、新兴市场国家蔓延。美国的国家债务率,今年有可能占GDP比重达到120%。日本的国家债务率,占GDP的比重目前是241%。为什么美国有这么大的世界反响,而日本没有呢?日本90%以上是国内企业和居民的欠款,就是国民欠款,债务没有在国际上发行。欧元区的债务平均90%,像希腊、意大利、西班牙这些国家,债务率都在100%以上。过去我们的债务率是很低的,但是现在呢?审计署曾经在2011年公布了地方政府的债务为10.7万亿。今年上半年有一个数,是十几个城市,债务达到了3.85万亿。关于地方债务现在众说纷纭,有的说占到了GDP的40%,这个当然也包括中央债务。有的说我们低估了,有可能占到60%。地方债务现在确实也存在风险。

第二是高失业率的风险。美国的失业率在国际金融危机以后,2008、2009年一直在9%以上。最近几年,尤其是奥巴马当选总统之后,失业率降到了8%左右,目前失业率是7.6%。日本的失业率也在9%以上。欧洲,像希腊这些国家,失业率达到30%~40%。我们国家的高端人口,特别是大学生、硕士生、博士生这些高学历人群的就业,现在也有很大的问题。

第三是高货币风险的压力,就是说我们现在有货币风险、金融风险,再一轮的金融危机有可能爆发。因为美国、日本、欧洲,还有其他的发达国家,像澳大利亚,包括一些发展中国家,像印度、巴西等,都采取的是宽松的货币政策。全世界向货币注水,导致货币含金量越来越低,价值量越来越低,实物量越来越低,而含水量越来越高,风险越来越高。日本在安倍上台以后,打的第一张牌就是向货币注水,宽松的货币政策。从他上台到现在为止,日元对人民币已经贬值30%多了,对韩国货币也贬值了。

这种情况导致了日本的出口商品价格大幅度下降，对中国的出口竞争力造成了非常大的影响。

第四是高市场风险。现在的市场出现了和以往不同的反周期规律，以前一般的规律是美元贬值，大宗商品一定是升值的，黄金一定是升值的。但是美国实行宽松货币政策，提出来和两个指标挂钩，一个是和就业率的水平挂钩，就是当失业率高于5%的时候，刺激货币的政策不能停止。当通胀率达不到2.5%的时候，货币政策不能停止。过去美国提出货币政策叫量化宽松，有一定量、有一定期限，现在没有期限，也没有量的限制。现在美元快速贬值的时候，大宗商品连续四轮暴跌，如果是按照过去的规律去操纵的话，这次就赔惨了。

第五就是高龄化带来的风险也很大。日本65岁以上的老人占了总人口的23%，预计2030年以后，大概将占到人口的30%。我们国家60岁以上的人占到14.7%，65岁以上的人已经接近8%。现在中国的人均的预期寿命年龄是74岁，女人77岁。日本女人的预期寿命是平均89岁，男人的寿命是平均79岁。欧洲也有很多高龄化的国家，美国的平均年龄73岁，比我们国家还低一些。高龄化，还有少子化，是很多国家制定经济政策的出发点。日本经济产业省制定的面向21世纪的基本竞争战略中，开头就提出应对高龄化和少子化，这是日本制定战略和政策的出发点。

中国现在未富先老、边富边老。在东南沿海的很多城市，已经出现了劳动力短缺，劳动成本大幅度上升。按照这样的一个趋势发展下去，劳动力成本的上升，土地成本的上升，资源成本的上升，环境成本的上升，将对我们未来的发展造成非常大的压力。

（二）世界经济格局正在重新调整

从世界经济布局来看，发达经济体正在从军事结盟、外交结盟、政治结盟走向经济结盟，这是一个重大的变化。这个变化将使我们遇到很大的麻烦和挑战。美国实施“一体两翼”战略,力图把最大的潜在竞争对手排除在贸易体之外。所谓的“一体”就是北美自由贸易区,这是美国最早建立的自由贸易区。北美的自由贸易区主体是美国、加拿大、墨西哥。美国的周边没有可以跟美国抗衡的国家,美国的一体是世界上最早的,最成熟的自贸区。“两翼”,一个是跨大西洋投资与贸易伙伴关系。主要是和欧盟结成自由贸易区。奥巴马上届提出来重返亚太,现在他又回过去了,要一手拉住欧洲,一手拉住亚太,而且要先于亚太解决和欧盟的自由贸易区关系。这个自由贸易区从2014年7月份开始正式谈判,18个月完成谈判,建成跨大西洋战略合作伙伴关系。也就是说从现在开始,到2014年底,美国、欧洲将建成自由贸易区。

另外一“翼”是跨太平洋投资与伙伴关系,英文是TPP。本来这个组织是由文莱、新加坡等几个小的国家发起的,美国2010年宣布加入TPP,作为重返亚太的一个战略平台。现在已经发展到了12个国家,新加坡、马来西亚、澳大利亚这些国家都是这个组织的成员。今年3月份,日本高调加入。按照美国TPP的计划,下一步动员的是韩国,如果完成的话,“一体两翼”将涵盖40个国家,三大洋,占世界GDP 60%的份额,国际贸易40%的份额。

这个自由贸易区和我们以前的自贸区有什么区别呢?它采取了更高的货币贸易标准,高于WTO组织的国际贸易标准,其中保证劳工标准,包括知识产权保护等问题,现在针对中国最多的这些贸易问题都重新设立了标准。

今年6月份,中国的出口下降,进口下降,这是一个信号。美国“一体两翼”战略如果成功,到2014年底,美欧形成了自贸区,2014年或者到2015年,TPP形成贸易体,而且是全新的贸易规则。如果是零关税、无障碍流通的话,中国出口商是否会受到非常大的影响?我们现在面临新一轮国际的冲击波,绝不只是一个概念,而是这些国家在加快行动。

日本方面,向全世界出击,脚踩多只船。第一只船就是美国。原来日本民间反对加入TPP,因为加入要出让很多利益,尤其是农产品贸易的让步。但是安倍为了日本和美国的盟国关系,今年3月份开始启动和美国主导的TPP谈判。日本的第二只船就是东盟的自由贸易区。安倍上台后已经是第三次到东盟访问了,东盟10个国家他已经造访了7个,加快与东盟密切关系,抢占东盟的市场。第三只船就是俄罗斯,尤其是加强和俄罗斯的能源合作。他还制订了所谓的“战略弧”的计划,从东盟一直到东亚、西亚、南亚。日本认为中国的崛起早已经盖过他的风头了,总是不甘心,所以始终把中国当成最大的竞争对手,或者最大的对立面。

日本的经济一旦走出来,对我们国家造成的威胁最大,因为我们是他的第二大贸易伙伴,是他的第一大出口市场,我们和日本之间的贸易始终是逆差。所以日元贬值导致了日本商品的出口竞争力提高。因为他的货币贬值30%多,我们的货币就相对于日本升值30%多,对我们的影响是非常大的。现在日本又开始启动另一项自贸区计划,就是日本和欧洲的自贸区计划。

韩国方面,已经和美国经过十几年的谈判,去年形成了美韩自由贸易区,稳定了和美国的关系。美韩的自由贸易区谈判开始是互不相让的,也有着比较高标准的贸易的规则。与此同时,韩国与我国贸易的联系也是非常紧密的。韩国一方面和美国建立贸易区,一方面推进中日韩自贸区,中日韩自贸区的首轮谈判于2014年5月份开始。我们是韩国的第二大贸易国。中国是120多个国家的第一大贸易国,是70多个国家的第二大贸易国。所以对外贸易、对外开放、对外投资,对于我们国家的国际影响力、国际竞争力、国际话语权还是有相当大的作用。

现在世界进入了以区域经济一体化替代国际化,或者局部结盟替代国际化的一种趋势,速度非常之快。

二、开发区转型的国内背景

中国改革开放后和新中国成立之前,不能同日而语。为什么在这样的历史节点上提出经济要转型?要换挡?可以从五个方面进行概括。

(一)中国已经成一个经济大国

中国的经济的总量已经上升到世界第二位,全世界现在GDP总量是70万亿美元,我们现在是8.4万亿美元,占到世界GDP总量的11%。美国占到世界GDP总量的20%。五年前中国GDP总量是美国的1/3,去年我们是美国的1/2多一点。现在全世界都在预测,中国什么时候能超过美国?我个人认为十年之内,因为我们"十二五"期间,我们国家的规划GDP增速是7%,而美国现在的GDP的增速,一般是在2%~3%。到"十三五""十四五",就是未来的十年,我们的GDP增速即使下行,还有很大的潜力,很多方面的红利可以释放,使我们的GDP增速会保持在6%~7%左右。按照这样的速度,中国超过美国应该没问题。只要中国的战略选择和战略步骤正确,只要我们发展的进程不被打断,那么我们经济总量最终超过美国成为世界最大经济体是指日可待的。

(二)中国已经成为世界最大的制造业国家

2011年,世界工业组织公布中国制造业产值占世界制造业产值的19.8%,美国占了19.4%。2012年,中国制造业的产值占世界比重超过20%,美国占比进一步下降。在二战之后,美国始终是世界上制造业第一的国家,他在世界比重最高的时候是50%。

世界制造业经过了几轮的转移。制造业基地最早出现在欧洲,工业革命之后,世界制造业在欧洲集聚。当时最大的工业化国家是法国、英国、德国。德国制造业产值曾经占到全世界的30%。当时莱茵河遭到了严重污染,空气也很糟糕。

第二轮制造业转移,制造业基地转移到了美国。二战之后美国就一直是世界制造业第一大国,但在国力提升的同时环境也受到了污染,像密西西比河整个流域污染,田纳西河整个河流污染。现在为什么成立田纳西还有密西西比河的流域治理办公室，这是因为当时的河流污染。

第三轮制造业转移重点是亚洲，日本和亚洲四小龙。日本制造业的产值，最多的时候占到了16%。日本是一个岛国，全世界重化工向日本转移的时候，它都摆在沿海，导致近海严重污染，水生物死亡，濒临灭绝，所以日本人到公海去捕鱼，像金枪鱼、三文鱼，这些都是在深海。不了解这个历史，会认为日本人吃的食品太安全了，都是深海的鱼，那时候近海没有鱼了，近海的鱼已经死光了。

第四轮就是向中国、印度、巴西这些发展中国家转移。首先是中国，从广东第一单加工贸易开始，中国开始承接国际产业转移、要素重组。我们在承接的过程中也有四轮发展，不断地升级，不断地整合国际资源。中国承接国际产业转移，实际上最早是承接劳动密集型产业、污染型和高消耗型的产业。当时我们缺资金、缺技术、缺管理、缺人才、缺产业，所以在开放的初期是饥不择食，发展高于一切。然后我们又一轮的承接，就是电子信息产业。我们第三轮的承接就是重化工，包括我们的钢铁、汽车。尤其这些年，化工、钢铁、汽车发展最快。2012年我国汽车生产量、销售量都超过了1900万台。原来我们的国家规划，中长期规划，2020年都不可能达到这个目标，但是我们现在早已经超过了。第四轮转移，就是承接国际服务业的转移，形成以服务业转移为主的产业转移结构。

中国为什么发展这么快，和我们1978年对外开放有关系，和我们打开国门，抓住国际产业转移、要素重组的机遇把这些资源引进来有关，和美国前些年“9·11”事件以后打了两场战争，陷入战争的泥沼有关。

(三)中国今年将成为世界最大的贸易国

1978年，中国的贸易总额是206亿美元，处于世界第32位。去年贸易总额接近4万亿美元，出口从2007年一直到现在，处于世界第一位。进口近四年处于世界第二位，2012年我国进出口总额和处在第一位的美国差150亿美元，今年的进口出口预计都在美国之上。今年可能将成为一个标志,中国跃居世界第一大贸易体。

(四)中国成为以城市为主体的国家

中国正在从农耕社会转向商品经济社会,转向市场经济社会。从农业社会转向城市社会,这是非常大的变化。美国经济学家斯蒂格利茨曾经说过,21 世纪影响人类的两件大事,一件是科技革命,一件就是中国的城市化。我国改革开放初期的时候,城乡比例是 2:8。按照 2012 年的统计数据,中国的城市化率已经达到 52.7%,已经出现了从农业社会向市民社会,农耕社会向城市社会转型的拐点。中国社科院关于城市问题的蓝皮书披露,到 2030 年,我国城市化率会达到 68%,接近 70%。那时可能会有接近 10 亿人口住在城市,世界每八个人里面就有一个人居住在中国的城市,中国城市的人口比美、日、欧三大经济体人口相加还多。

从改革开放到现在,中国已经有 2.6 亿的农业人口转为了城市人口,到 2030 年还会有 1.3 亿的人口转移到城市,加起来是 3.9 亿,差不多是 4 亿人,未来释放出来的这种消费的潜力十分巨大。美国总共 3 亿人。欧盟 27 个国家总共才 3.45 亿人。

(五)中国正在成为一个金融大国

我国的金融资产积累很快,人民币国际化的进程已经开始,主要是通过四条路径来推进的。

第一条就是使用人民币进行贸易结算。现在我们用人民币结算的比重已经达到了贸易总额的 11%。第二条路径是货币直兑,现在已经发展到了 19 个国家,直兑的规模也发展到 2 万亿。第三条路径是货币互换,我们现在和十几个国家已经签了货币互换协议,当时和日本也准备签,最后美国把钓鱼岛的事件给挑起来,进程打断了。如果我们和日本当时货币互换,货币直兑,亚太经济一体化就可能启动,而亚太目前是世界最大的市场,如果这个市场健康发展,本来对中国也好,日本也好,合作才能过得更好。但美国从它的战略考虑，把这个进程打断了。第四条路径是建立若干人民币离岸中心。现在人民币最大的离岸中心是在中国香港，人民币的离岸结算、计算、回流，基本都在中国香港。中国香港之后，已经建成的是新加坡。现在还在谈的法兰克福、纽约等。人民币的国际化进程已经加快，而且不可逆转，所以我们的金融体制要加快改革，人民币要有回流的渠道，不是只输出不回流，需要进一步扩大资本项下的开放，使人民币可以自由的流出、流入。这对我们金融风险的管控能力，对我们的货币将来的信用度，都提出了很大的挑战。

三、通过开发区转型升级推动国家开发开放升级

我国改革开放30多年来，一个成功的经验是通过国家级经济技术开发区，高技术开发区，国家级的保税区，国家级的现代物流园区，国家级的港区联动等，带动整个国家的开放开放和经济体制再造。但这是渐进推出的，实际上是改革开放30多年过程中“摸着石头过河”逐步推出来的，不是一个整体设计，都是根据我们经济发展和渐进式开放的需要探索的结果，带有明显的时代特征，带有明显的过渡性的政策设计的痕迹。一直到2008年国际金融危机之前，我们国家级经济技术开发区有57个，高技术开发区52个，保税区不到10个。现在已经形成了多种特殊经济功能区域并存、多项政策并存，多种形态并存、多种体制机制并存的状况，所以大家感到很困惑，开发区究竟向何处去？

面向未来，我们国家对外开放的新一轮的重点，它的战略目标是什么？是应对新一轮全球冲击，在全球新的经济布局中占据制高点，完成中国从一个经济大国迈向一个经济强国的转变。我们新一轮对外开放是实现强国梦的保障，为此而布局，要拉长战略机遇期，拉长经济发展的周期，要创造良好的内部环境和外部环境。特别是要适应在当中国经济总量上成为世界老大的时候，由此改变的国际生态。

在这样一个总的战略目标指导下,我国对开发区应该有一个重新的战略定位,或者叫战略定位的重新考量。

(一)开发区应该成为打造中国经济升级版的实验区

各类开发区是中国经济增长质量最高、技术最密集、体制机制也是最好的一部分。随着中国经济体制的趋同化,我们原来需求诱致性的改革,也就是从局部开始突破,从需求引发的那种制度变革,是渐进式的制度变革。未来,要研究开发区在中国经济升级中怎么走在前列,怎么成为体制机制创新的实验区,怎么成为新一轮对外开放的窗口。

(二)开发区应该成为应对国际形势新变化,或者应对国际经济新一轮冲击的战略平台、战略载体

过去的开发区可能是一个单一体,中国将来的开发区,200 多个国家级经济技术开发区,将近 200 多个高技术开发区,应该有一个制度整合和政策整合,考虑建立适应新的国内外形势的体制机制设计。要从整体上来考虑,开发区在新一轮的国际竞争中应该承担什么样的角色。在这样一个特殊职能定位中,给它什么样的新的功能和政策。

(三)开发区应该是再造产业优势的高端产业平台

应在新形势下考虑我们产业链的再造,价值链的再造,资本链的再造,服务链的再造。考虑怎么能够集中形成优势产业的核心竞争力,形成产业配套能力、产业服务能力、产业资本的运作能力。世界上很多国家产业发展到一定阶段,肯定会因为种种原因要转移,我们怎么能延长经济发展周期,拉长战略机遇期,很重要的一点,就是实体经济不能丢,尽量延缓产业向境外转移的进程。

实体经济非常重要的组成部分是制造业。新中国成立 60 多年,前 30 年形成了一个比较完整的工业体系,后 30 年形成了若干在国际上有竞争力的产业体系。比如纺织,现在纺织品的出口还占全世界 30% 多;

比如汽车，我们已经连续四年生产量世界第一。怎么能把产业配套能力、产业的核心竞争力留在中国，使实体经济成为支持经济长期健康发展的支柱，使我们不走完全虚拟化的道路，这个非常重要。有竞争力的产业应该绝大部分在开发区，而现在的开发区，产业布局太散，缺少优质产业的布局。

围绕优质产业形成的难以复制的服务链、价值链、供应链，转移都很难，转移的成本高昂。我们曾经担心产业向周边转移，但实际上绝大部分没转移，为什么？因为一个产业转移就要产业链转移，产业配套能力转移，还伴随着所需要的人才转移，成本非常高。

所以作者认为，我们需要把优势培育出来，把产业更长时间地留在国内，抵消部分的人力资本上升，土地资本上升，资源成本上升的影响。开发区应该重构产业竞争优势，形成面向国际的核心竞争力，这一点也是我们新的战略目标。

(四)开发区应该成为我国生态文明建设的先行区和示范区

要研究怎么能形成低碳经济、循环经济、绿色发展模式。我国研究了绿色发展的公共政策体系，全球关于绿色发展的法律法规、各国的绿色发展战略，以及我们国家这么多年以来在绿色发展中出台的各个领域的政策，面向未来提出了建立绿色发展的政策设计等等。像广西贺州，围绕着一个大的化工厂，形成了一个跨产业、耦合式、立体化循环的现代循环经济体系。这个产业跨到了工业，跨到了农业，跨到了服务业，跨到了城市整个循环经济。柳州的柳钢用了15年，连续投资了一百多亿元，形成了全循环式的制造业模式，零污染，零排放，零消耗，零损耗。如果要建一个这样的工厂，至少需要一千多亿。

(五)开发区应该是新一轮改革开放的排头兵

现在体制机制的创新又到了一个瓶颈，到底怎么创新，怎么突破？这到了一个非常重要的关口。开发区应该是新一轮改革开放的排头兵,继续为我们的体制机制创新提供新鲜的经验。

四、国家级开发区转型的战略选择

(一)国际国内的联动战略

原来我们开发区主要是坐地成交、坐等成交,招商引资、招商选资,基本还是一个受动体。将来我们实施走出去战略,尤其是要跟国家大的安全战略、外交战略、军事战略相呼应。要成为一个搭载优质资源走出去的战略平台,集成优质资源的战略平台,首要目标是精耕细作,经略周边。现在的周边环境在恶化,主要是战略被动。美国现在把本拉登消灭了,两场战争打完了,能源的后顾之忧解决了,页岩气也将满足供应了,2017 年之后可能成为最大能源输出国,近忧、远虑解决得差不多了,马上面向亚太,给中国设置了非常多的难题,尤其是我们周边。

但是中国人很聪明,很多东西只要解放思想,制定新的战略。开发区能不能从坐地成交,从引进来,到走出去。我们原来在国内经营的开发区,能不能作为一个战略的平台载体,作为企业走出去的战略平台,在周边国家首先复制。产业链整体转移,产业配套整体转移,在国外产生的 GDP 也是中国的 GNP,也是中国竞争力的组成部分。这可能要求我们进行思想理论的创新、观念的变革。衡量一个地方不是看这个地方的 GDP,是看这个地方在全世界创造的 GDP。我们的视野要从单纯的经济发展走向国家战略,怎么能够使开发区战略成为国家战略的组成部分,这个问题很重要。

(二)区城联动战略

区城联动战略,或者叫区港战略,或者叫区区联动战略。就是区和所在城市的联动,区和港口的联动,区和区域的联动,这一点也是非常重要的。现在的开发区和改革开放初期的开发区不一样，区内区外的制度没什么两样，政策也没有什么两样，不同的是体制机制可能还有一些优势，有些地方体制机制都一样，因为区域外的城市体制机制也在改革，改革的方向都一样。将来开发区的转型，可能就是一个城市的最有竞争力的新区，或者成为城市一个功能区。

（三）东西联动战略

尤其是和中部和西部的联动，实现东部开发区的快速升级和向中西部有序转移。现在国家批准中西部几个承接产业转移带，比如说皖江承接产业转移带，环洞庭湖生态经济带，天水—关中经济带，都是经过国务院批准的重点承接产业转移的地带。在西部，重庆内陆型开放城市，新疆向西开放通道等等，现在江苏的一些国家级经济技术开发区已经和西部的一些开发区连手共建，产业逐步配置，形成新的产业链构成。

（四）海陆联动战略

陆地的发展、沿海的发展和海上的发展结合起来，尤其山东在这一点更突出了。现在我们新一轮的沿海布局已经全面形成，从最南部的海南岛国际旅游岛规划、广西北部湾规划、珠三角改革发展规划、福建海峡西岸经济区的规划、接下来唐三角改革发展规划，然后是江苏沿海经济带的规划、黄三角地区的规划、天津滨海新区的规划。整个沿海从南到北的规划没有空白点，而且都是到 2020 年。中国已经形成了海洋战略，国家出台的有山东半岛蓝色经济区、浙江沿海战略，还有广东的沿海战略。山东既是沿海经济带重要的一环，将来也是国家沿海战略重要的一个环节。将来面向东北亚，放眼东南亚，依托腹地，山东特别是青岛完全可以成为新一轮对外开放的前沿。

海洋的开发、海洋的安全和陆地安全，海洋产业和陆地产业上的匹配。我们整个的运力、航海的运力、航空的运力、铁路公路的运力，怎么能够集合成一个一体化、智能化的现代物流体系?这些战略对我们未来的发展相当重要。

(五)存量调整和增量设计联动战略

现在最大的任务是调整存量,包括产业结构、产业形态、包括商业运营模式、流通方式,这一系列的存量调整实际上就是再造优势。除此之外,我们要加快自身改革,要创造体制机制的优势。我们现在面对美、日、欧三大经济体,将来我们成为最大经济体之后,面临着严峻的挑战,能不能将我们最有竞争力的各类开发区整合之后,形成若干个面向不同国家的自由贸易区的试验区,再造我们的贸易优势?对将来的海关政策、国家政策、商品政策、税收政策、金融政策等等应该进行一体化设计,利用已经形成的开发区的各种优势,把我国的存量调整好,再造面向国际的竞争力,使我们国家能够持续健康发展,真正实现我们伟大的中国梦。

(根据作者在商务部座谈会的发言和在青岛黄岛开发区的讲座整理)

利率市场化、金融脱媒与上海自贸区展望

曹远征*

现在利率市场化问题很热，大家都在讨论它有什么含义，未来会怎样。我想讨论四个问题。第一个，讨论一下利率市场化的历史和现状，也就是什么是利率市场化，它是怎么过来的，现状如何。第二个，讨论利率市场化的目的是要说明一个新现象，就是中国经济进入新阶段，金融领域发生了深刻的变化，出现了金融脱媒，中国金融正在转型。与此相适应，宏观调控机制也在转型，货币政策由数量调控转向价格调控。第三个，在上述基础上，我们再来观察一下这些变化的意义。这种变化构成了下一步金融体制改革的基础，预示了金融体制改革深化的方向。而上海自贸区恰为这一改革提供了试验场所。于是，第四我们将讨论一下上海自贸区，在自贸区这样一个制度安排下金融会有什么发展。

首先，我们讨论第一个问题，来看看利率市场化的历史与现状，并在此基础上展望其下一步发展趋势。

利率市场化是中国经济体制改革的一个重要组成部分。中国经济体制改革从 1978 年开始，到现在是三十五年了，这个改革是市场导向性的，题中应有之义就是要素的价格市场化。利率作为资金要素的价格，也必须市场化。从经济体制的角度观察，利率市场化包括两个相辅相成的含义：一是在微观上由金融企业自主定价，二是在宏观上它是一个金融市

* 曹远征：中国银行首席经济学家。国家特殊津贴获得者，兼任中国人民大学经济学院博士生导师，美国南加州大学客座教授，上海复旦大学兼职教授，中国宏观经济学会副秘书长等，“中国经济50人论坛”成员。

场;这意味着,金融企业是在金融市场上竞争性定价的。

利率市场化作为一个目标来提出来,是在1993年党的十四届三中全会,特别是在当年国务院关于金融体制改革的决定中明确的。这个目标就是,建立以市场资金供求为基础,以中央银行基准利率为调控核心,由市场资金供求决定的各种利率水平的市场利率管理体系。请大家注意两件事:一是各种利率水平,不是一个单数而是一个复数,是各种各样的利率,这意味着金融产品的多样化和丰富化,是由金融企业自主定价的竞争性市场。二是利率管理体系。这不仅意味着金融市场是受监管的,也意味着市场利率是可以被调控的,从而形成以中央银行基准利率为核心的市场利率体系。从这个角度观察,也要求竞争性金融市场的发育,如此,货币政策的操作工具才能功能化、细致化。

自1994年开始,利率市场化一直在进行之中。到了去年党的“十八大”又进一步明确了这个目标,要稳步推进利率市场化改革。我们的问题是,这个进程从20世纪90年代开始,到现在持续二十年了,利率市场化究竟到了什么程度?它意味着什么?

回答这个问题,首先我们要搞明白一件事:金融是什么?在座很多是学经济学的吧,有一个问题要问大家,你们理解,金融是干什么的?换言之,经济学与金融学有什么不同?经济学有一个基本的概念是均衡,这也是经济学的方法论基础。依此出发,有一个最基本的模型叫可计算的一般均衡模型。这个一般均衡模型蕴含着一个很重要的定理,叫阿罗－德布鲁定理。基本意思是,既然市场是均衡的,均衡意味着市场可以自动出清,自动出清意味着供给者可能自动找到需求者,需求者自动找到自己的供给者。在市场出清的概念下,是不需要中介的,作为金融中介的金融机构理论上不应该存在。即使在马克思的《资本论》中也特别提到,包括商业在内的市场流通中介几乎不创造价值,而是分享价值。从经济学角度观察,市场如果有中介,它是帮助市场出清,是在分享市场出清的一个好处。金融中介的作用是融通,融通降低交易成本,金融中介通过降低交易成本而分享交易费用。但是我们发现,金融机构这种中介,即使在市场出清的情况下也是存在的。现代金融学发现金融中介机构的作用不仅仅是协助市场出清,更重要的是风险处置。由于未来的不确定性,面向未来投资是有风险的,金融中介机构的核心功能是面对一个不确定的未来,给客户提供一个控制风险的解决方案并实现它,从而使客户在不确定的未来有一个相对确定的前景,这是金融机构的核心竞争力,这就叫风险的配置或处置。金融机构是提供风险配置处置的一种机构,资金融通只是促成配置的一种手段而已,不是它的核心问题。从这个角度来讲,我们突然发现利率市场化过程其实就是一个未来不确定性显现的过程,就是一个风险释放的过程。依此,可以看到利率实际上是等于三个东西之和。第一个就是融通。融通构成利率的一个组成部分,通常称为资金的时间价值。资金期限越长,利息越高。所谓资金的时间价值,是消费者放弃当前消费的一种补偿,这个补偿就是利息。你放弃的时间越长,补偿得到的越多。第二个组成部分是资金获得成本。任何一个资金融通组织,也就是金融中介,要运营就有成本发生,这个成本也要计在利率之中。上述两部分就是大家通常理解的资本融通的利率问题。但是,利率市场化的核心问题不在于这一点,而在于风险,是市场风险和信用风险的体现,是不确定性的确定过程,利率是对有这样一个风险的补偿,这第三个部分是构成利率的最重要的部分,通常称之为资金的风险价值。

大家经常说高风险高收益,低风险低收益,高风险由于它的不确定性很高,要补偿这种风险就要有高的利率。如果风险比较低,确定性比较大,它的补偿就会相对比较低,利率也相对比较低。所以我们说市场利率是指资金的时间价值加上资金的风险价值,再加上资金的获得成本,这构成了利率的全部含义。在利率管制的情况下,利率只有资金时间价值和资金获得成本这两条,它不含有资金的风险价值。因此,利率管制的放开,就是风险的释放,要求资金体现其风险价值。

从改革的角度看,利率市场化体现了市场经济的取向。如前所述,这个市场经济取向体现为两条:第一条它是竞争性市场,金融机构相互竞争,这个竞争还不仅仅是机构之间的竞争,而是产品的竞争。不同的金融机构提供不同的金融产品,不同的金融产品在金融市场上相互竞争,形成竞争性市场。第二条意味着金融机构需要自主定价,不仅仅是指它有了定价自主权,更重要的是它要承担风险,因此,它要对风险定价。金融机构能不能识别风险并准确地定价成为关键问题,风险管理能力因而成为金融机构的核心竞争力;而由于每一种金融产品都是一个风险合约,金融机构的风险识别和定价能力就充分体现在金融产品的设计和创新上。如果这么理解的话,我们发现所谓利率市场化,当下关注的问题可分为三个方面。第一个方面是将定价权还给市场。央行行长周小川表达的非常明确,他说利率市场化就是金融机构自主定价权。第二个方面是利率水平的变动,是高了还是低了?未来利率水平的走向如何?第三个方面则更为关键,是未来不确定性开始显现,也就是风险的释放。它挑战着金融机构的风险管理能力。从这个意义上讲,利率市场化,除了金融机构定价自主权和利率水平的变动以外,核心是风险的释放。这样一个风险的释放与对风险的定价恰恰反映了金融本质。因而,利率市场化是对金融本质的回归。从这个意义上讲,中国金融机构之所以与国际金融机构还有相当差距,不在于规模,不在于资金的融通能力,而是在于你能不能对风险给予准确的定价。因此,我们说利率市场化是对中国金融机构的重大挑战,也正因为这个挑战促使中国金融机构转型。

利率市场化怎么开展的?我们看看这张图,1994 年 1 月 1 号中国展开了新一轮的金融体制改革过程,提出了利率市场化的目标。在这个图中有两条曲线,红色的线是 6 个月到一年期的贷款利率,蓝色的线是一年期的存款利率。你会发现自从 1996 年开始,贷款利率和存款利率就开始有变动。但更重要的是绿色的线,它是 2007 年开始推出的上海同业拆借市场的利率,也就是货币市场利率,你会发现这条绿色的曲线变动非常之频繁,变动幅度非常之大,这种变化具有革命性意义,表明利率机制开始发挥作用，利率开始成体系，利率不再是单个利率的变动，而是牵一发而动全身，是体系的运动。同时也表明中国的利率市场化，真正对经济发挥全面性影响作用也是在最近几年刚刚开始的。

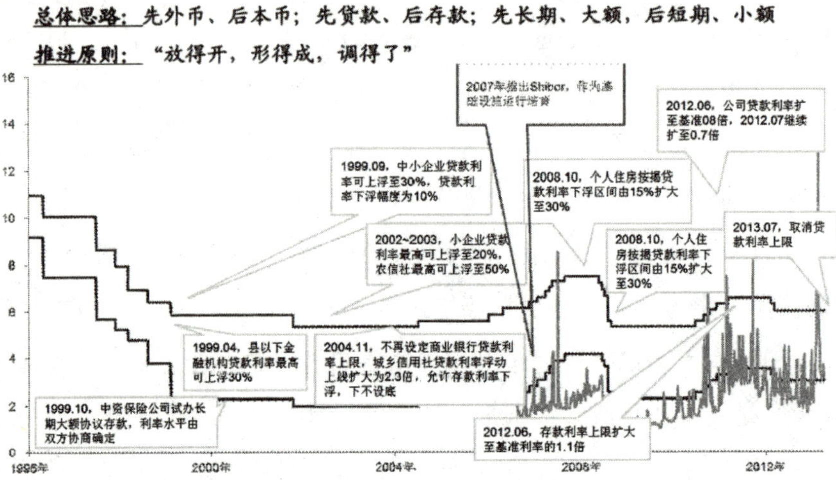

图1　人民币利率市场化改革历程

如果从改革的角度回顾开放利率的过程，这张图也显示改革顺序：先是把外币市场化，再是本币市场化；先是把贷款市场化，再是存款市场化；先是长期大额存贷市场化，再是短期小额市场化。同时这张图也展现改革节奏控制原则，即利率放得开，形得成，调得了。首先，利率要能够放开，但放开不是目的，而是要形成一个竞争性的市场利率。这个市场利率可以调控的，是一个可以管理的利率体系，央行可以使用一系列工具进行货币政策的管理。以上的顺序和原则构成过去二十年中国利率化的一个基本特征。这一特征也显示了中国经济体制改革是渐进式改革的模式。

但是我们也注意到，从前两年开始，利率市场化进程突然加速。利率市场化的进展比我们想象得快，利率市场化的程度比我们想象得要大、要深。金融是由三个市场构成的，一个是货币市场，一个是资本市场，信贷市场是两者之间的市场。从时点上观察，这张图反映了 2011 年的情况，你会看到货币市场、债券市场上利率都是放开的，在信贷市场上已是基本放开的,只有两个品种受到管制,而且一个是管制上限,一个是管制下限,这就是人民币存款利率存在着上限管制,人民币贷款利率存在着下限管制,除此之外,在信贷市场上,诸如委托贷款、信托等利率都是放开的,定价都是市场化的。2012 年又有一个新的变化,6 月到 7 月,央行两次放宽了存贷款这两个品种上限和下限的浮动标准,贷款利率可以下浮 30%,存款利率可以上浮 10%,也就是说,这两个品种可以在上限和下限内再浮动。经过一年的市场竞争,到 2013 年,人们发现这个贷款怎么也下浮不到 30%,贷款利率基本稳定在基准利率的 90% 左右,也就是下浮 10% 左右。道理很简单,如果下浮多了,银行的成本受不了,上浮得多了,企业也不干。市场竞争的力量就确定了市场的利率基准,这个基准是贷款利率下浮 10% 左右。市场基准出现使央行更有了信心,于是出现了 2014 年 7 月 19 号贷款利率全部放开。

目前,中国在信贷市场上只有存款利率还有上限管制,允许上浮 10%,但是其他利率,包括信贷市场的贷款利率,包括债券市场一级市场的发行利率和二级市场的交易利率,也包括货币市场拆借市场上的利率,全部都是自主定价的。未来会怎么样,我们说存款利率也会放开。根据过去的经验,放开的顺序也是先放开长期大额,后放开短期小额。长期大额的存款用新产品取代,例如大额可转让存单(CD)就是跟大客户、跟企业商定利率。大额和长期存款逐渐被新产品取代以后,就剩下短期的小额存款。小额更多是储户,储户的银行存款被认为是支持未来消费的,这个存款需要保护,这是大家经常议论的存款保险制度。存款保险制度各国都有采取,中国未来也会采取存款保险制度。一旦采取了存款保险制度,小额存款的利率也可以放开。顺便提一下,关于存款保险制度,目前还有两个问题在讨论,一是保险额度。什么是小额存款?如果对小额存款全额保险了,对小额以上的是不是按比例保险?二是存款保险制度的建立,是不是需要有一个存款保险公司,是否需要建立一套与之相适应的新的监管办法?但总体说来,利率市场化的下一步改革,可能会按照过去我们成功的经验，先长期大额，后短期小额这个顺序，最后一步到达存款保险制度，这个时间表我们的预期可能是在两年内完成。道理很简单，按目前看来，2015 年人民币可以实现资本项下基本可兑换，如果人民币基本可兑换，那么意味汇率是自由化的，汇率是利率的平价，在基本可兑换前，利率应该是市场化的。

与此同时，我想提醒大家，利率市场化并不仅仅是利率的放开，利率的放开只是利率市场化开了头，真正形成一个竞争性的市场利率体系，取决于金融机构本身的竞争能力，取决于金融机构本身的风险定价能力，取决于金融机构产品的创新能力。一个完整的市场利率体系是货币市场、信贷市场和资本市场丰富多样的产品的竞争，从而在时间序列上共享的一条收益率曲线，并以国债收益率曲线为代表。从这个意义上讲，利率不再管制仅仅是万里长征迈开了第一步，下一步利率市场化将更多更大地依赖于金融市场自身的发育，取决于金融机构的自身竞争力。

现在，我们讨论第二个问题，金融转型和金融脱媒。由上所述，利率市场化在过去两年中有了格外的加速。这个格外的加速，从更深层次看，意味着中国金融正在发生深刻转型，中国金融出现了金融脱媒。所谓金融脱媒，就是间接融资向直接融资转变，资本市场的发展快于银行信贷市场的发展。

那么，为什么现在利率市场化会加速，金融转型和脱媒会加快呢？这与中国经济进入新阶段有关。

首先来看中国的宏观经济的变化。2011 年的第四季度开始到现在，中国经济持续在下滑，到目前已经十一个季度了。大家经常会看到媒体或者各种研究报告称中国经济下滑超预期，超预期不是指下滑速度有多快，幅度有多大，而是指下滑时间超过预期。经济学的一个重要问题是研究经济波动，波动有上升也有下降，一个上升加一个下降就是一个周期。在经济结构不发生重大变动时，这个周期波动是有规律可循的，通常时间长度是固定的。按照过去已发生的周期来衡量现在的波动，是我们研究经济学基本的方法之一,但是用这个方法衡量中国这次经济下滑,好像不灵了,下滑时间的长度已经超过过去的周期了。从这一个角度来讲,这似乎表明经济下滑已不能完全靠周期波动来解释了。如果不能靠周期波动解释,那么一定是出现了趋势性变化,这一变化一定是结构性变化引起的,它预示着中国经济进入一个新的阶段。现在大家基本上都认可,从总量上看,中国经济告别了两位数高速增长,开始进入一个新的增长阶段,潜在增长率开始下降。潜在增长率开始下降,至少有以下四个因素在发挥重大作用,这四个因素过去曾支持中国经济高速增长,目前,这四个因素发生了变化,中国经济增长条件就发生了变化。

第一个因素,世界经济的增长将长期低速。金融危机是去杠杆的过程。目前全球杠杆依然很高,难免还会继续去杠杆化。美国两党讨论债务上限问题,就是讨论美国政府资产负债的杠杆问题。美国政府的资产负债杠杆超过 GDP 的 100% ,必须要把杠杆降下来,否则赤字这么大还得去借钱。日本的国债超过 230% ,欧洲国债负担也很重,并出现了欧债危机,去杠杆化成为这些国家的必然选择。从这个意义上讲,人们热议的所谓美国 QE 退出问题也就是去杠杆。在这么一个去杠杆的过程中,世界经济增长是低迷的。中国经济是出口导向型,在世界经济低速增长的背景下,出口难以大幅增长,从而出口导向经济难以维持。2010 年,中国出口增速 30% ,2011 年出口增速 20% ,去年只有 8% ,今年上半年负增长。出口在中国经济中占的比重非常大,由于出口下降导致经济下滑。一个明显的例子是 2008 年的金融危机。金融危机对中国经济的影响并不在于对中国金融的打击,而在于金融危机导致出口出现严重困难,出口连续五个季度负增长。由于出口的产业不仅对 GDP 有意义,对就业也有意义,2008 年说要保增长,实际就是要保就业。如果经济增长不到 8% ,将有两千万农民工要从城市回到农村去。当时的办法,就是靠加大投资来替代出口下降。未来一段时间,世界经济仍将低速增长,虽然不排除出口也许有短期的改善,但长期的改善却相当困难。过去我们讲出口,说它不是卖掉卖不掉的问题,而是你能不能生产出来的问题,只要能生产出来就能卖得掉。但是这个时期正在过去,出口的条件正在发生重大改变,国际需求、世界市场成为了硬约束,这跟过去三十年相比,是一个重大变化。

第二个因素,劳动力成本在上升。中国经济增长模式是典型的二元经济的增长模式,现代工业有较高的劳动生产率,能支付较高的工资,吸引了大批农业劳动力离开农村投身于工业,投入到高劳动生产率的工业中间,形成了工业化和城市化的趋势。同时,由于劳动力如此众多,使其工资长期维持在较低水平上,中国就形成了一个低成本制造的竞争优势。在同等质量下产品最便宜,产品就可以卖向全世界。这是形成中国出口导向型经济发展的重要原因之一。2005 年以前,沿海地区工资水平基本上不涨,农民工要增加收入基本靠加班,但是现在情况发生了重大变化。从数据上来看,现在 45 岁以下的青壮年农民工,50% 已经离开农村,25 岁以下的青壮年农民,70% 已经不在农村,这意味着农村劳动力已经变得不再那么充沛富裕,直接的后果就是工资水平普遍上涨。在过去几年中,农民工的最低工资,每年平均增长在 20% 左右。如果到北京郊区了解一下在蔬菜大棚干活的农民工工资,你会看到日工资大概在 150 块钱人民币左右,而且要当天结清,否则第二天来不来还不一定。顺便说一句,这也是近几年城乡人均收入差距缩小的一个原因,农民的收入增长速度从 20 世纪 80 年代以后再次高于城镇居民的收入增长速度。但是,由于廉价劳动力不再,低成本制造业受到挑战,沿海地区很多中小企业遭遇困难,包括融资难、出口难,但困难的核心是劳动成本上升。于是又出现了一个新的现象,产业向外转移。目前中国还是纺织品第一生产大国,第二生产大国是越南,越南的工厂很多都是从中国迁过去的。类似 20 世纪 80 年代初期香港在深圳办来料加工,中国制造业现在开始在越南、缅甸、柬埔寨大规模投资。如果有兴趣的话,可以到商店里看一下,中国商店里的服装标牌有很多写着越南、孟加拉国等制造。劳动力成本上升,不仅劳动密集型行业已经开始面临严峻挑战,而且会对整个制造业带来重大影响，这与过去三十年相比又是一个重大的变化。

第三个因素，人口开始老龄化。坦率地说我们现在还不能完全理解人口老龄化对中国经济的影响，但这一定是一个非常深刻的影响，而且是刚刚开了个头。人口学有一个基本概念，叫总和生育率。这个概念很学术化，但道理很简单，可以简单理解为一个妇女一辈子生孩子的胎数。从统计学上来看，如果总和生育率高于2.1%，人口就会越来越年轻，现在越南和印度就是青年人越来越多，占人口的比重越来越高，相比较之下，老年人的比重是下降的。但是如果总和生育率低于2.1%，新生的孩子增长不快，人口结构一定会呈现老龄化趋势，也就是老龄人口占人口的比重就会越来越高。中国过去采取计划生育，一对夫妇一个孩子，生育率不可能达到2.1%，一般估计是在1.8%左右。第六次人口普查的结果是总和生育率低于预期，按我的算法在1.4%～1.5%之间，和1.8%的总和生育率有重大区别。如果总和生育率是1.8%，中国人口高峰大概发生在2035年以后，人口规模达到16亿之后开始下降。如果说总和生育率在1.4%～1.5%，中国人口高峰可能发生在十年以后，达到14亿左右，2025年以后人口开始下降。如果说是1.8%，中国老龄化应该出现在2020年以后。所谓老龄化，按联合国标准，就是65岁人口占总人口数的10%。如果说总和生育率在1.4%～1.5%，现在就已经是老龄化了。按照中国的标准，六十岁退休，这个比重已经达到13.7%，如果继续维持60岁的标准，到2020年这个比重会达到20%，五个中国人中就有一个人是六十岁以上的，养老问题将会变成一个很大的社会问题。

人口老龄化对经济学而言，是人口抚养比发生变化，就是说这个社会中能参与劳动做贡献的人少了，吃饭的人多了，干活的人少了，这叫抚养比变化。这样一个变化，意味着我过去攒的钱现在要更多地用于消费，更少用于投资。这是一个好消息，也是一个坏消息。从是好消息的角度看，意味着中国消费产业的发展，尤其是未来的医疗、保健、养老等服务业和很多相关新兴行业的发展。从坏消息的角度看，意味着投资的能力在减弱，这是对中国经济一个大的挑战。过去我们的高增长一直靠高投资来带动，投资率曾经达到40% ~50%。如果未来储蓄率下降，支持高投资的可能性在减弱，跟过去三十年相比这也是一个重大的变化。

第四个因素，环境和资源的约束日益凸显。过去中国经济增长是资源耗费型和环境不友好型的，现在问题变得越来越突出。大家在北京生活，你看北京的雾霾就知道这种经济增长模式是难以为继的了。国家因此出台治理计划，希望到2030年全国PM2.5降到35。最近北京市又出台了一个紧急应对计划，把空气污染分成蓝色、黄色、橙色、红色四个等级。一旦遇到极端气候，小学放假、工厂停产、汽车不能上街。在这种情况下，经济增长的可持续发展肯定要受到影响。再看看能源。20年前，1993年中国石油第一次开始净进口，20年后，中国的石油消费量60%来自进口。用经济学家的眼光来看，如果一个国家的能源60%以上依赖进口，这个国家的能源安全是需要担忧的。资源也是如此。例如农产品，现在人们的收入多了，生活要求也高了，要吃绿色食品，不要转基因食品。有人说大豆是中国土生土长的，为什么现在要进口，而且还是转基因大豆。中国确实是大豆的原产地，但是按中国目前食用油的消费量，如果中国光用本土产大豆，按现在的产量算，大约需要3.5亿亩耕地。中国现在是18亿亩耕地红线，你是想吃大豆还是想吃大米？显然大米比大豆重要，所以大豆只好进口。类似的例子还有棉花，过去山东、湖南、湖北是我们主要的棉花产区，现在却主要集中于新疆。同样的问题，你要穿衣还是要吃饭？吃饭显然比穿衣重要，所以棉花也需要进口。从这个角度讲，由于资源和能源的约束，粗放型、资源耗费型的增长方式难以为继，这和过去三十年相比也是重大的转变。

中国经济开始进入一个新阶段，这个新阶段总量表现就是告别两位数高速增长。这点已经成为大家的共识。经济政策立足点也发生了变化，宏观经济调控目标，从短期看，只要经济增长不滑出下限就不用管，而着力于长期经济结构调整。如果短期经济增长滑出下限，就把它抬起来，而不是一味地追求 GDP 的高增长。从经济发展阶段的角度看,中国经济新阶段的到来同样也表明中国工业化进入中后期,从而对金融产生新的需求并促使金融产生新的变化。

在工业化初期阶段,发展中国家的核心问题是缺少资本。为帮助并推动工业化进程,发展中国家的金融安排通常是加快资本形成指向的,力图使资本便宜化。因此对利率的控制,对汇率的控制,甚至包括借助国家权威来动员金融资源,都是加快资本形成所做的金融安排的。表现在外汇方面,就是鼓励资本流入但是防止资本流出,汇率操纵甚至外汇管制是必要的;表现在信贷上,需要在利率上进行利差控制,贷款利率尽可能低,便于工业化的资本形成;在金融资源动员上,如果有必要,由国家直接动用资金资源,在兴办国有银行的同时实行信贷的配给政策,也就是产业政策,贷款优先选择哪些是最值得发展的产业。这个政策的直接结果就是所有的发展中国家都有开发银行。加快资本形成过程帮助了工业化的快速发展。而间接融资,也就是通过银行来融资,因成本低并便于控制,就成为发展中国家的主要金融形式。

从经济发展的角度看,随着工业化的进展,小企业积累了一定的资本,变成大企业。这时,他们虽然仍可以向银行借钱,但却发现银行的功能不能完全满足其需要。企业要发展,需要长远战略,而支持长远战略需要长期投资。支持长期投资不仅要有自有资本,而且要有长期稳定的债务资金。但是理论上,银行是不能满足企业长期负债的,因为银行是借别人的钱,贷款期限不能太长,否则流动性会出问题,借短贷长是银行最避讳的事。由于银行主要提供短期资金的安排,于是企业长期债务资金安排就需要别的途径,即资本市场。企业的长期负债就是资本市场的债券。在中国已经出现了这一现象,债券融资增长速度快于贷款的增长速度。企业负债由贷款而债券化了。有一件事绝对不是危言耸听,请大家关注一下中国石油的资产负债情况,在 2008 年以前,它的负债 90% 来自银行。你再观察它今年的负债表,90% 债务资金是来自资本市场的。坦率地说,这是工业化进程中的一个必然现象。很多发展中国家经济成长到一定阶段都出现了资本市场的爆发性发展。换言之,随着经济发展,企业变大,要求巩固资产负债表,需要有长期负债来源,而且企业越大,长期负债的需求越高,就出现了债券融资替代贷款的现象,这个现象就是贷款端的金融脱媒,并由此推动着金融结构由间接融资转向直接融资。

从收入增长的角度看,工业化中后期也是社会开始进入中等收入社会的时期。中国去年人均收入六千四百美元,按照联合国标准,人均收入超过四千美元就是中等收入社会。联合国的标准是,人均低于四千是低收入国家,四千到一万零五十是中等收入国家,其中中等收入分为两个阶段,一个阶段叫下中等收入,一个阶段叫上中等收入,中国正处于上中等收入的门槛跟前,要迈过这个门槛。从中国的地域分布来看,北京、上海去年的人均收入已经超过一万美元,已经进入高收入社会。中等收入社会对金融有什么影响?大家经常说到银行存款,存款是放弃当前消费支持未来消费的行为,放弃的代价是利息。用老百姓的话说是攒钱,把小钱攒成大钱再买大件儿。20 世纪 80 年代攒钱买电视、买冰箱,现在是买车、买房子。进入中等收入社会,意味着除了现在消费满足未来消费以外,我还有闲钱,比如买了房子以后还有钱。使用闲钱的行为跟消费行为是不一样的,它是投资行为。所谓投资行为是愿意承担更高的风险,从而获得更高的收益的行为。当中国社会普遍进入中等收入社会以后,很多人都有了闲钱,他们的行为就变成投资者的行为,愿意承担更高的风险去获得更高的收益。所以很自然就出现一种新现象,银行的存款被理财化了,大量的理财产品热销。理财产品是有风险的,如果你到银行去买理财产品,银行一定要让你签一个协议,这个协议还要叫你读一遍,最后要描写一遍,表明你知晓风险并愿意承担这个风险以获得高收益,这就叫投资行为,是和过去的低收入社会存款不一样的行为。中国这种行为正在普遍发生。2013 年年末银行已经提供了四万种理财产品。从金融创新的角度看,银行的创新动力,远远高于目前的资本市场,资本市场才提供了多少产品,银行就有四万多种。这里,我并不是表扬银行,这是利率市场化之下迫于无奈,没有办法,银行为了留住客户必须提供满足需求的金融产品。从一定意义上讲,理财产品就是直接融资产品,因为它是银行的客户,直接为被投资者提供融资。它与资本市场的区别仅在于银行完成一级市场的发行,但二级市场尚不能自由流通销售。这种现象是存款端的金融脱媒,即存款理财化。这也推动着金融结构由间接融资转向直接融资。

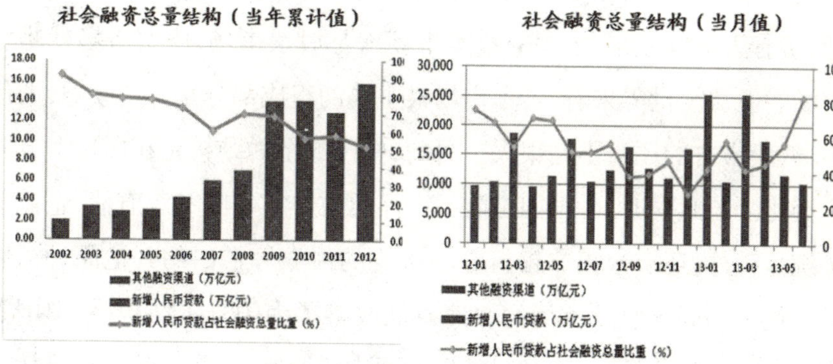

数据来源：Wind，中国银行国际金融研究所

图 2　金融脱媒开始出现

怎么来衡量金融脱媒的程度呢？我们来看这张图,贷款占社会融资规模的比重。2002 年社会融资规模的构成中 90% 以上是贷款,十年以后的 2012 年,这个比重下降到 52% ,贷款只占一半。从当月的累计值来看,现在这个比重下降到 50% 左右。这种变化有两个含义,一个是如果利率不市场化,你会发现受利率管制的贷款只占社会融资规模的一半,另一半你是管不了的,利率管制效率大不如从前。第二个是表示整个中国的金融结构正在发生深刻的变化,金融脱媒开始出现,直接融资开始发展,间接融资的比重还会进一步下降。而直接融资的利率是市场化的,并初步形成了利率体系,市场利率开始有效。上述两方面的含义都预示着一个结果,央行需要放开利率,至少是贷款利率。央行也可以放开利率,因为

市场利率开始有效。这个过程恰如20世纪80年代价格双轨制的并轨过程。有管制价格(计划轨)编程计划与市场轨并存,放开计划使其与市场并轨。从发展的眼光看,尽管我们现在不知道未来中国会不会像美国一样以直接融资为主,但是我们至少知道,间接融资的比重在急速下降,中国正在向直接融资方向靠拢。到2014年9月,在资本市场上,中国债券托管量的规模已经远远超过股市。过去我们讨论中国资本市场,说是单边的市场,单边市场有两个含义:第一个是说这个股市只能涨不能跌,涨的时候大家能赚到钱,一旦跌了全都得赔;第二个是说这个市场只有股没有债,所有人都炒股票,中国的资本市场就是股票市场,股票市场就是资本市场。但从全世界来看,资本市场最主要的组成部分是固定收益,即债务市场,股市占的比重不是很大。目前,中国的金融结构正在向这个方向发生变化。与此同时,中国固定收益产品也在丰富。除了政府债、企业债等传统品种外,还有包括非银行金融机构的债券等在内的其他品种。以债券为代表的固定收益市场的快速发展改善了中国资本结构,使中国资本市场开始丰富化,并具有了对冲性。通常说股好债就不好,债好股就不好,而这种对冲安排是资产配置中的核心,是资本市场有效性的重要体现。

在这样一个金融脱媒的过程中,最有意义的变化是传统的商业银行也在转型。债券交易主要发生在银行间市场,银行间市场成了债券市场主体,而交易所和其他市场占的比重相对较小。银行间债券市场的发展为传统商业银行提供了一个新的发展空间,商业银行发现自己不完全是一个传统的以存贷业务为主的金融机构,也可以做资本市场业务。商业银行业务也由传统存贷利差业务向息差业务方向发展,换言之,它逐渐向现代西方商业银行即批发银行方向转型。解释一下,传统存贷业务是靠网点吸收存款,然后把贷款放出去,贷款与存款的差是利差。现代批发银行业务是资本市场上有高利率的债券,银行在市场上发行另一个票据借一笔钱去买这个债券,中间有一个差叫息差。通过发行票据再去投资证券,这种业务叫做批发银行业务。这种业务完全不依靠储蓄,不依靠网点去拉存款,而依靠其对市场的判断,依靠良好资产的形成,这显然对银行风险识别和定价能力提出更高的要求,这也就是为什么金融机构雇佣经济学家的原因。

由于金融脱媒,我们发现中国的金融机构竞争格局正在发生变化。过去我们总认为券商很厉害,但是现在银行有六成的债券,变成了最大的债券持有者。我不想批评证券公司和基金公司,我是说银行在变化。银行不再仅仅依靠存贷利差业务,而是向资金配置方向转变,有了资产管理业务,它开始与基金公司、证券公司同台竞争。这对银行来说是一个革命性的变化。同样,在新的竞争面前,证券公司和基金公司也在转变。一个明显的例证就是基金证券化。现在很多基金公司发行的是偏债型基金,甚至是全债式基金、货币市场基金。证券公司也开始从事资产支持计划业务,开始向资产负债管理方向延伸。于是发展趋势是各类金融机构都在新的层次上展开竞争,产品创新层出不穷。而这正是利率市场化的目的,形成高水平的竞争型金融市场。

从目前的情况看,这个局面的形成并不是遥不可及。因为在过去的七年中,中国的债券市场年增长都在30%,2008年末,托管的总额只有10.3万亿。到2014年9月,已是25.3万亿,已经超过GDP的50%。

综上所述,可以得出一个简单的评论,金融脱媒既是经济发展到一定阶段的产物,也是利率市场化的必然结果。从实体经济角度观察,金融脱媒使金融产品多样化、丰富化,为企业拓展了融资渠道,巩固了其资产负债表,并为企业进一步发展奠定了资金基础。从金融部门观察,金融脱媒进一步推动着利率市场化。为了应对风险,金融部门需要提供更加丰富的风险合约,推出更多的金融产品,金融市场在进一步深化中。随着金融脱媒,一方面传统银行业正加快转型,另一方面,券商、基金公司、保险也在拓展新领域,混业综合经营将变成中国金融的新业态。从这个意义上讲,金融脱媒的过程也就是中国金融机构从传统分业经营走向混业综合经营的过程。从更深层次看，金融脱媒即是金融部门风险定价能力提高，也意味着金融本质的回归，金融机构开始处理不确定性，这就是风险管理。

在这一金融脱媒的过程中，传统地依靠数量控制的货币政策调控逐渐失效，必须改弦更张，以价格调控，即利率调控取而代之。从这个意义上讲，货币政策调控机制也在转型，同时这种转型也具备了条件。一个明显的标志就是市场基准利率开始形成。所谓基准利率，如果在全球来看，是伦敦同业拆借利率。全球金融机构根据自己的实际情况在这一基准利率上加点形成自身的利率。加点就是金融机构对风险的定价。对货币政策而言，货币供应量的松紧可以影响市场基准利率，从而影响整个市场利率。我们预测中国未来利率定价机制很可能也是这样的：上海同业拆借利率加点。事实上这个过程正在进行中，中国目前银团安排的利率定价已经开始采用上海同业拆借利率加点的方式。这种定价方式的出现意味着央行可以通过公开市场业务的某种操作来影响上海同业拆借市场利率。即用影响货币市场的基准利率来调控整个市场，而金融市场的发展也为这一利率调控的货币政策奠定了基础。

关于货币政策利率调控机制，这里有一个简单的示意。市场利率是一个体系，从时间序列上观察有短端利率、远端利率。所谓短端利率就是货币市场利率，货币市场无风险利率是隔夜拆借利率，这是最短端的利率。远端利率通常是债券利率，一般是由三十年期国债作为最远端。短端与远端之间的利率就是信贷市场利率。由此，一个完善的利率体系就是货币市场、信贷市场、资本市场共享时间序列上一条收益率曲线。怎么共享？靠金融产品。金融产品从货币市场隔夜品种开始一直向债券市场延伸，期间有无数个产品互相衔接，这条曲线才是平滑的，这才叫完善的利率市场。在利率体系中，央行可以通过公开市场业务操作来影响短端货币市场基准利率水平，通过信贷市场，再向更远端的资本市场进行传导。这个传导就是使货币政策不再靠数量管理，而是变成一个价格水平的调控，从而使货币政策调控机制弹性化。举例来说，就是可以对灯进行若明若暗的微调，而不是简单的开关式调控。事实上，我们可以看到，自2012年利率市场化进程加快后，货币市场短端利率波动加大，而央行对这个利率的影响也在加大。这既是利率调控有效的证据，也成为央行调控利率的依据。

第三，在上述讨论的基础上，我们再来看看利率市场化、金融脱媒带来的影响是什么？还有什么问题需要注意？还有哪些方面需要改善？如前所述，利率市场化是风险的释放，对中国金融来讲，这可是新鲜事物。坦率地说，我们现在还不能全然理解利率市场化会释放什么样的风险。其中最为突出的一个例证就是2014年6月份出现的所谓“钱荒”。其实，钱荒这个说法很不准确，钱根本不会荒的，它是媒体的夸张表述，反映出来的是措手不及的心慌。“钱荒”用学术语言来讲是流动性问题。所谓流动性，说穿了就是现金，流动性困难就是现金困难。为什么流动性对金融非常之重要？看看银行的经营就明白了。所谓银行的经营，就是你把钱存在银行，银行用你的钱去放贷款，你来取钱，银行就用别人的钱来还你，别人来取钱，银行再用其他人的钱来还，直到贷款到期，这叫流动性。在这个过程中，存款是流动性的来源。如果所有人都跑来银行提存款的时候，流动性一下就枯竭了，银行便不能经营了。于是我们说银行最怕的就是挤兑。所以管理金融风险的第一要义就是管理流动性风险。如果一个银行的流动性出现问题怎么办？它就向同行借款，这就形成同业拆借市场。如果很多银行同时出了问题怎么办？就要靠央行出面。央行是银行的银行，它作为最终贷款人，给商业银行提供最终的流动性。央行的这种功能也就是防范系统性金融风险的金融稳定功能。如果从这个角度评论这次流动性出现的问题，我们可以看到，人们开始意识到央行还有一个作为最后贷款人确保金融基本稳定的责任。这个跟通常人们以为的央行货币政策不完全是一回事，货币政策调控的目标是宏观经济的波动。而最后贷款人的责任是金融系统的稳定。尽管两者有关联，但却是相互区别的职能。从宏观经济来看，保证就业是宏观经济政策的最高目标。中国现在GDP的增长速度尽管只有百分之七点几，但就业却是相对充分的。只要失业率没有上升，货币政策就不宜松动，不宜转向。但货币政策不松动并不意味着金融稳定不会有问题。而如果金融稳定有问题就意味着央行作为最后贷款人，需要通过补充流动性来缓解困难，稳定金融市场。从这个意义上讲，所谓钱荒问题的出现，使人们对利率市场化有了更加深刻的了解。利率市场化是风险的释放，这不仅仅意味着需要商业银行对商业性金融机构加强风险管理，而且同样也要求央行加强对风险的管理。换言之，利率市场化既为金融发展奠定了基础，同时风险管理也需要加强，其中流动性风险管理尤为重要。此次流动性问题的出现，也使人们发现央行目前公开市场业务操作的局限。

目前央行公开业务操作的工具主要是央票。央票的发行基础是外汇，外汇卖给央行，央行就得发行货币，而货币供应量过多，会造成流动性过剩并引致通货膨胀。于是央行用发行央票的方式将过多的流动性收回。在这个机制中，外汇的多寡成为核心。但外汇供给是波动的，其规模不受央行控制。外汇多了，央行被迫买入，流动性过剩；外汇少了，央行补充流动性的渠道阻塞，流动性不足。从全球情况来看，各国央行包括美国的央行，公开市场业务的操作工具都是国债。由于赤字规模是可以控制的，从而国债的发行规模是一定的，央行通过吞吐国债来调节流动性的基础是牢靠的，这个操作不会受到外汇忽多忽少的影响，会是一个基础可靠的操作。由此可以推断，今后我们央行的公开市场业务操作工具很可能是国债替代央票。一旦国债成为央行公开市场业务操作的主要工具，这就要求国债短期化，同时也要部分期货化，换言之，国债会覆盖短端和远端利率市场，向短端和远端延伸。即向货币市场和更长期的债券市场两端延伸。也正是出于这个原因，请大家高度关注国债期货的发展。现在十年期国债已有期货，将来很可能有三年期、五年期的。期货是衍生工具，对央行而言，这意味着可不动用国债这种基础资产，而用衍生工具，就可以调节预期,使利率的波动更加平缓,不出现大起大落,从而使利率调控的机制更加完善。

流动性问题的出现对商业性金融机构而言是管理理念的转变。过去利率严格管制,不仅资产的价格,即贷款利率是固定的,而且负债的价格,即存款利率也是固定的。在这种情况下,存贷利差也是固定的。金融机构若想增加利润,只能增加可贷资金规模,银行管理的重心是琢磨怎么能搞到存款,通过扩大负债规模来扩大资产。如果利率市场化,管理的核心就不再是怎么搞到存款了。过去存款既是银行负债的来源,也是流动性的来源。现在我们可以向市场借了,市场给我提供流动性,也可以提供负债,我并不需要完全依赖于存款了。从全球情况来看,利率市场化的一个趋势性结果,是存款对于银行的意义在下降。但能否形成有效的高收益的资产则成为银行管理的重要挑战。在形成良好资产的前提下,银行要观察它的存款与非存款之间负债的成本,要看从哪儿负债更便宜、更有效。银行资产负债的管理是实现成本跟收入之间的最大化,这叫主动负债管理。以形成良好资产为目标,被动负债变成主动负债的转变,使银行突然发现过去在负债来源单一条件下所形成的资产与现在负债来源多样化之间存在的矛盾。突出表现在期限错配上,即资产的期限长,而负债期限越来越短,所谓流动性紧张便因此出现。流动性紧张既说明金融机构开始纠正这一期限错配,同时也反映金融机构的管理要对赢利性和流动性做一恰当的匹配。

最后我们再来讨论一下上海自贸区。建立上海自贸区的意义是什么?我觉得有三条:第一条是以开放促改革;第二条是建立服务业的制高点,引领中国产业结构变化;第三条是向更高标准的开放靠拢。

首先,以开放促改革。中国目前的经济体制的症结,在于政府和市场的关系。一是政府对市场价格干预得太多,不仅对价格水平有干预,而且直接参与价格形成。所谓利率市场化,要素市场化,说的就是资金价格该由市场决定,政府不应该参与价格形成。二是政府干预还体现在对经济活动的直接控制，变成了审批经济。审批门槛如此之高，企业想爬都爬不进去。“十八大”报告提出，理顺政府和市场关系，是下一步改革的核心问题。怎么理顺呢？新一届政府说要减少审批。李克强总理说本届政府要减少1/3的审批。上海自贸区以开放促改革，它的核心是两点，一个是负面清单管理，一个是准入前国民待遇。负面清单就是说凡是政府没有禁止的，企业就可以自由从事，不需要政府审批。如果上海自贸区变成负面清单管理实施成功，就意味着政府过去那种正面清单式的许可制度开始失效。而上海自贸区的经验是可复制可推广的，推广到全国就是政府职能真正的转变，是从过去的建设性政府、参与经济活动的政府，转变成一个公共服务政府。

其次，建立了服务业的制高点。中国经济很重要的一个特点，就是服务业不太行。数据表明，“十一五”计划，是指标大大简化的规划，只有23项指标，其中9项是约束性的，14项是预期性的。按照2011年温家宝总理在全国人大做的“十一五”计划总结报告，他说9项约束性指标全部完成，当然完成是有代价的。2010年下半年，出现大范围的拉闸限电就是为了完成环保指标和节能减排指标。温家宝说14项中有3项没有完成，这3项就是服务业增加值、服务业比重和研发经费占GDP的比重。这里我不想讨论为什么没有完成，我就想问一个问题，为什么没有完成的都跟服务业相关？它凸现了中国经济的结构特征，集中表现为两点：一是目前的经济结构以工业为基础，制造业、工业占我们GDP的绝大比重；二是工业，尤其制造业是高度外向，是出口导向型的。由于这两个特征，形成了一系列的问题。比如说由于以出口为导向，它一定是投资主导型的，生产规模越来越大，而一旦出口疲软，产能就会过剩。因为投资比例过高，消费就上不去，反过来，过剩又需要更多的投资来消化。为解决这些问题，“十二五”规划包括“十八大”都说得很清楚，一、二、三产业要均衡发展，重点是发展服务业。内外需要共同提高，核心是扩大内需，而扩大内需的重点是扩大消费，扩大消费又需要发展服务业，服务业是中国产业结构升级的方向。金融业是服务业的主要组成部分,发展金融业就成为调整结构的主要内容。

中国金融业尽管发展非常之迅速,但是历史不长,也就三十多年。改革开放前的1978年中国是没有金融业的,中国只有一家银行——中国人民银行,而中国人民银行又是隶属于财政部的,是料理国库的。那时候没有利率,也没有什么贷款,都是财政拨款。中国金融业是改革开放的产物。1984年,工商银行最后从人民银行分离出来,中国才形成双重银行制度,也就有了商业银行有了中央银行。而资本市场则是在20世纪90年代后才出现的新生事物。从这个意义上讲,中国金融业还是一个幼稚产业,要靠它自身探索,还有很长的路要走。我们能不能加速它的发展呢?回顾改革开放的经验,这是可以做到的。20世纪80年代改革开放,当时我们开放干了三件事,引进资金、引进技术、引进管理经验。当时有一位很著名的日本经济学家,他到中国来访问,看了中国很多企业。我们问他,感想如何?这位老人家的一句话让我们大吃一惊,他说没有看到企业,只是看到工厂。现在想想,人家说得非常深刻。当时中国是计划经济,计划就是命令,就是纪律。生产可以不计代价,只要完成产品就行了,既没有损益和利润的概念,也没有产品创新的动力,因为它只是政府的附属生产单位,是有级别的。其治理结构与政府的治理结构一模一样。翻开80年的文献,当时我们讨论的是到底厂长大还是党委书记大,目的是推行厂长经理负责制。中国了解并建立现代企业制度是从深圳开始的。在引进外资的同时,我们也引进其管理经验,才开始理解企业是怎样组织的、怎样运行的。企业是以产品和劳务为载体来实现财务目标的商业组织,它是股东、董事会、经营管理层的治理结构,完全不同于政府的治理结构。参照深圳的经验,我们的服务业发展是否也可以照此办理。请它们进来,看看它们怎么做,学习它们的做法。上海是个金融市场,外资进入这个市场带来金融产品的创新和交易,我们就来学习这种创新,学习这种交易,我们就会自然而然地跟随市场一块成长,这是中国服务业走向高端的希望所在，而且这个高端具有国际意义。为什么美国金融机构是全球性金融机构，因为美元是国际货币，料理美元就是料理国际业务。上海是人民币的本币中心，而人民币正在国际化，处理人民币业务就是处理国际业务。上海如果能承担起这个责任，自然会引领服务业的制高点，引领中国产业结构的调整。

第三，向更高标准的开放靠拢。目前世界经济的一个新现象就是TPP、TTIP的出现。我们抛开政治和意识形态不谈，如果和WTO做个比较，TPP、TTIP是更高标准的开放要求。WTO是国境间的，它要求的是开放市场，关税减免，或者非关税壁垒减少。而TPP、TTIP则涉及境内事务，比如竞争中立，政府不应该保护任何企业。中美谈判中，美国人提出为什么中国的国有企业不分红？你不分红就有更多的资本可以投资，你就比别人有更多的竞争优势。对于劳工保护问题，他们认为最重要的机制是自由组织工会，这样才能进行劳资对等的谈判。还有环境保护、清洁贸易机制、开征碳税。加税不是为了反倾销、反补贴的惩罚，而是鼓励你更好地环保，这些都是更高标准的开放要求。这些要求中国在短时间内是难以做到的，所以我们要搞个实验区先试试，努力向新标准靠拢，否则中国有可能被世界边缘化。请大家记住李克强总理的话，这叫做"第二次入世"。第一次入世是2002年，我们明白了加入WTO是向国际惯例接轨，按国际惯例办事。上海自贸区是第二次入世，我们就要按新的开放标准办事。先拿到实验区实验一下，如果实验成功，就复制并推广到全国。

由上，我们不能小看上海自贸区这样一个试验。上海已经开始试验负面清单的管理机制，尽管市场对上海已公布的负面清单不满意，说这和发改委的正面清单没有什么区别，只是把它反过来写了一遍。但是，它的变化是在理念上，意味着只要不在我清单之列，那些事都是你可以干的，不必再找我。与此同时，上海自贸区负面清单还有一个动态管理过程。随着时间的推移、随着条件的成熟，负面清单会越变越短。在准入前的国民待遇方面，按照国际上的标准，企业在准入前也应该是公平的，准入前不应该受到任何前置条款的限制。换言之，国民待遇就是国民待遇，而不是现在的准入审批。目前上海自贸区企业注册不再需要你先有项目后办理注册，而是你把企业注册了再去找项目，注册资本金也可以慢慢到位。这就是简化行政审批，是与国际接轨。

上海自贸区的试验主要是服务业，服务业主要是金融业，金融因此变成上海自贸区关注的热点，热词也就成为利率市场化、汇率自由化、资本项目开放和人民币的国际化等。

利率市场化我们已有了讨论。随着利率市场化进程的加速，一定要求汇率自由化，因为利率是汇率的平价，利率是资金的价格，汇率是外汇资金的价格，这两件事是平价关系。而在资金自由出入的情况下，资金供求关系决定的汇率水平才是市场汇率。因此汇率机制的形成一定涉及资本项下开放。根据 IMF 的定义，资本项目一共是 43 个科目，目前中国 85% 以上的科目都是开放的。管制的仅剩三个科目，但是这三个科目非常重要，我们称之为资本行为主体管制科目。第一是外商直接投资需要审批，中国对外投资也需要审批；第二是中国居民不得对外负债，对外负债需要进入外债规模管理；第三是中国资本不对外资开放，如果外资要进入中国资本市场尤其二级市场，需要通过一种特殊的机制安排，即合格境外投资人机制。这也构成目前中国资金项目管制的主要内容。

为什么资本项目要管制，大家都说是亚洲金融危机带来的经验教训。十五年前的亚洲金融危机表明，如果资本项目畅通无阻，外资自由出入，一会儿冲进来一会儿流出去，会使宏观经济不稳定，并可能带来金融危机。很多专家学者听到资本项目开放，有很深的担忧。从国际经验上看，这种担忧是对的。但我想说的是，中国的情况已经发生了深刻的变化，这一深刻变化的意义不在于资本项目能不能开放，而是以什么开放、怎样开放。

目前人民币在国际化，意味着中国的资本项目可以用本币开放，从而大大不同于其他发展中国家。在那些国家资本项目开放意味着本币和外币的可兑换，外资可以自由出入这个国家，而本币的开放跟这种开放是不大一样的。我们可以对外币依然保持管制，但是对本币可以在资本项目中放开。比如说第一个科目，外商直接投资。外商对华直接投资固然可以以外币进行，但是我们更鼓励其用人民币进行，外商以人民币对华投资条件优惠于外币，例如不需要外汇逐笔审批，同时也鼓励国内企业对外以人民币投资。再来看第二个科目。目前深圳前海可以进行人民币跨境贷款，中国居民和企业可以在香港借人民币，这是中国居民对外以人民币负债。这表明尽管中国居民目前不能对外以外币负债，但可以以人民币对外负债，不仅可以在香港发人民币债券，也可以在香港以人民币借款。至于第三个科目，中国资本市场目前对外币不开放，但是对人民币是开放的，或者是半开放的。典型的例子，就是人民币 RQFII。从这个角度观察，中国资本项下开放是本币开放，但是本币的外币依然保持不兑换。请注意今年的体改方案中有这样一句话，探讨人民币在资本项目的可兑换操作措施，换言之，目前人民币在资本项下已经实现了开放，只是人民币在资本项下外币还不可兑换。所谓操作措施，我理解就是今后外币资本项目使用条件比照人民币的使用条件渐次靠拢。

目前，在上海自贸区已经出台的措施中，关于资本市场开放的重要突破主要体现在三个领域：

一是境外企业境内融资方面。人行关于《金融支持中国（上海）自由贸易实验区建设的意见实施细则》和证监会发布的资本市场支持自贸区政策措施中均提出，区内企业的境外母公司可按相关规定在境内市场发行人民币债券进行融资，或将开拓境内资本流出的新通道（目前仅 QDII 和 RQDII）。

二是推进期货市场开放方面。包括筹建国际原油期货平台，允许符合条件的区内个人和机构双向投资证券期货市场，支持证券期货公司在区内建立专业子公司和区内证券期货经营机构开展面向境内客户的大宗商品和金融衍生品柜台交易等。

三是人民币跨境使用方面。除双向人民币现金池以外,金融机构还可为跨境电子商务提供人民币结算服务(以前只可做外币的跨境电子商务结算)。

需要说明的是,国务院、人民银行、证监会的相关突破和规定在关键领域大多附有定语和状语,有的直接明确可以开展,有的附有限制条件,有的列明需在条件成熟时开展,这里的分析是在较为积极的情景假设下展开的。

长期来看,各国资本市场开放的目标基本一致,即实现资金在国际金融市场的自由流动,以达成全球资金的优化配置。在此目标下,虽然各国资本市场开放模式和节奏不尽相同,但大多采取渐进谨慎的步骤。国际上成功的资本账户开放的顺序一般为:先长期资本,后短期资本;先直接投资,后证券投资;先债券投资,后股票投资;先放开对金融机构的管制,后放开对非金融机构和居民个人的管制;在所有形式的资本流动中,先放开流入,后放开流出。我国资本市场开放也基本依照此顺序推进。

“逐步实现人民币资本项目可兑换”是我国金融改革的总体要求之一,也是资本市场发展的大势所趋。在与利率汇率市场化改革、人民币国际化进程相协调的基础上,下一步应适度放宽外国投资者的投资限制,加大证券资本流入,谨慎有序地放松境内居民对外证券投资的限制,适当允许境内金融机构向非居民融资。在这些领域,上海自贸区是全国下一轮改革开放的新标杆,其经验一旦可复制、可推广,天津、广东、重庆等地将会积极跟进。下一阶段,天津、广东、重庆等在开放资本市场上可能推出新举措,这些措施将结合各地特色而有别于自贸区,以适应当地的经济与金融状况。

从上面的讨论中可以看出,人民币资本项目可兑换已初显了一个路线图,而这个路线图正在上海自贸区试验,上海自贸区的试验是一个市场一个账户。一个市场就是人民币市场,一个账户就是在上海自贸区注册的企业有一个自由贸易账户。这个账户中有一个本外币额度,不管你有什么用途，这个额度逐渐放大，放到最大，这就是可兑换。这个可兑换过程也是人民币国际化的过程。在上海自贸区如果大量外资机构也使用人民币，就意味着人民币的国际化。外资没有人民币怎么办，可以拿美元买，在这个买卖关系中人民币的汇率就自由化了，汇率的市场机制就形成了。而人民币调用到境内来，市场的利率自然会影响上海的同业拆借利率，影响国内的利率，利率就更加市场化。由此，上海自贸区便通过开放促进了金融体制改革，同时这一试验在操作上也是可行的，上海自贸区建立的意义是中国经济不要与世界经济脱钩，我们要努力挂在经济全球化的列车上，更加深入地融入经济全球化之中，这是中国第二次入世的含义。如果上海自贸区试验成功并向全国推广，中国的金融体制会成为更高质量、更高标准的体制，从而支持中国经济的长期可持续发展。

新形势下的金融改革与开放

常　健*

关于金融开放,最近的讨论集中于资本账户开放,以及其和利率汇率等改革的关系。笔者认为,进一步市场化的改革迫在眉睫。考虑到时下国内金融风险突出,实体经济缺乏活力,全球经济再平衡,美欧复苏乏力,流动性泛滥,导致新兴市场金融动荡频繁,当务之急应该是通过顶层设计,有计划地推进国内金融业改革和非金融重点领域如财政和企业产权的改革,齐头并进释放改革红利,进一步扩大对外开放。

一、新阶段面临的新挑战

最优的金融结构要与实体经济的需要相适应。虽然中国的金融机构和市场有了长足的发展,但金融抑制,体现在对利率、信贷投放和资本账户的管制还很普遍。事实上,金融抑制在改革开放相当长的时间里对中国经济增长起到了促进作用。举例来说,利率管制的结果是资本价格被人为地压低,这提高了生产利润率、投资回报率和出口竞争力,补贴了生产者、投资者和出口商。政府对于信贷资源的控制,对于通过国有银行体系的分配,在资金短缺的年代集中有效地支持了重点产业的发展。资本账户管制和较为封闭的金融市场,也使得中国的金融体系和资产市场相对绝缘于 1997—1998 年亚洲金融危机和 2008 年的全球金融危机。

* 常健:巴克莱银行大中华区首席经济学家,经济学博士。

但是，随着中国经济总量的增大、经济运行体系复杂性的增强，金融抑制的弊端也越来越明显。对资金需求方而言，存款利率管制直接导致资金价格信号失灵，扭曲了资源的配置，降低了资本效率。举例来说，廉价的资本必然鼓励了低效率的国有经济和地方政府的投资冲动，对更有效率的中小企业形成了实质性的挤出，导致过度投资、经济过热和结构失衡。而且，政府配置资源必然带来寻租和腐败。对资金供给方而言，负利率和较低的储蓄收益是对居民的变相税收，必然影响居民的收入和消费能力。美国彼德森学院的 lARDY 测算，2008 年这部分被“剥夺”的收入高达 GDP 的 4%。资本管制限制居民海外投资也加剧了国内的资产泡沫的压力。

不仅如此，金融风险和潜在系统性风险正在快速积聚。近两三年监管当局对传统银行业务的监管加强，并对金融创新持开放的态度，带来了影子银行的迅猛发展和虚拟经济的过度膨胀。各类金融机构在社会融资链条上赚取利差，推高了实体经济的融资成本，降低了资金融通的效率。虽然产生机构利润但并不创造社会价值。金融机构在制度套利的创新上日新月异，核心竞争力和抗风险能力却没有增强。非标准融资，通道式资产管理规模和同业资产规模急剧扩张，资金在机构间空转比例明显上升。银行、证券、信托和保险的全面混业经营，更增加了分业监管的挑战和系统性风险。笔者认为，持续上升的金融风险约束了下一步金融开放战略的实施，也彰显了加快金融改革、化解风险的迫切性。

与此同时，金融业应为之服务的实体经济的前景却不容乐观。中国在十二五时期处在又一个关键的转折点。经济在多年高速增长后已经正式踏入“7 时代”，旧的增长模式无以为继已是共识，而结构转型期的中国面临太多的挑战。人口红利渐行渐远，加上各类生产要素的进一步市场化，意味着潜在增长速度趋势性放缓。笔者认为，下一个五年下降到“6 时代”应该是个大概率事件。诸多受制度影响的历史遗留问题，包括制造业产能过剩、地方政府债台高筑、不少城市存在房地产泡沫和经济放缓带来的各种金融风险日益突出,都是不可忽视的因素,包括公共和私人部门债务已超过国民生产总值的200%,利益再分配阻力重重等。

二、迫在眉睫的金融改革

中国经济进入中速增长后面临众多瓶颈,能否成功推进国内金融领域的改革,关乎整个国民经济的发展以及经济结构的转型升级。下一轮改革的目标应是全面调整经济结构,关键是处理好政府和市场的关系。转变政府职能,简政放权,把错装在政府身上的手换成市场的手。同时,反思2008年以来的全球金融危机,金融市场的发展要遵循为实体经济服务的原则,抑制社会资本脱实向虚,防止虚拟经济过度自我循环。应看到,我们是在一个既没有有效的价格机制,也缺乏市场法则约束,信用由政府隐性担保以及政府行政权力主导的市场,金融改革任重而道远。

笔者认为,目前国内金融改革的重点至少应包括以下几个方面。首先,深化金融机构改革,加快商业银行的转型。通过深化产权改革和治理结构改革,改善激励和约束机制,培养更具有市场导向的微观主体。兼顾国家控股与股权结构合理化的目标,在条件具备时,推动银行股权结构进一步多元化,降低国家对金融机构的持股比例。在区域性金融机构经营稳定的情况下,及早推进并购重组和股权多元化,以预防风险。为创造多元化金融结构,有效支持实体经济,降低银行业准入门槛,鼓励民间资本进入银行业,并发展与中小企业相匹配的中小金融机构。

第二,加快建设多层次资本市场,发展多元化的金融体系和多样化的金融产品,更好地满足市场融资和投资者的需要及风险管理的需要。稳步扩大债券市场规模,推动信贷资产证券化、常规化发展,继续完善主板、中小企业板和创业板市场,积极探索发展股权交易市场,促进民间融资规范发展。

第三,有序推进利率市场化,建立充分发挥市场配置资源的资金价格形成机制。贷款利率下浮限制2014年七月已经取消。下一步存款利率市场化应稳定短期存款利率，推动大额可转让存单的利率市场化和扩大市场化定价的金融产品规模。发挥债券市场在完善利率结构、利率传导机制和优化利率市场化微观基础方面的积极作用。完全实现利率市场化后，银行可以根据资金供求状况自行确定存贷款利率水平。需要设立存款保险制度，并建立金融机构退出机制和破产清算制度。

第四，增强人民币汇率的灵活性，进一步放宽汇率的浮动区间，增加汇率机制的弹性，引导市场形成人民币汇率双向波动的预期，实现真正有管理的浮动汇率制度。这需要进一步完善人民币汇率形成机制改革，改革外汇市场的交易主体和交易机制，减少不必要的行政干预，提高汇率形成的市场化程度。这将有助于减少国际资本流动对国内政策的干扰，增强货币政策的独立性，更有效地控制通货膨胀和经济运行，也为未来进一步放开资本账户和应对跨境资本频繁大幅波动创造条件。

三、无法回避的配套改革

毋庸置疑，上述金融改革的顺利推进可以改善金融结构，健全金融体系，提高资本配置的效率，降低社会融资成本，并且让金融系统和货币政策当局有空间去应对冲击。但实际上，金融领域的很多问题远远超出了货币政策和银行体系的范围，也不只是商业银行和监管机构之间的博弈。实体经济中的诸多问题，如产能过剩、地方政府融资平台和房地产泡沫等都会反映在金融机构的资产负债表上。确实，历史上几次大的金融危机都与房地产泡沫有关。此轮金融危机后各发达国家中央银行均将资产价格纳入了宏观审慎政策框架。

值得注意的是，由于政府的预算软约束所带来的道德风险，过度举债和债务失控的风险是中国金融体系特有的一个内伤。要真正有效地降低金融风险，调整经济结构，必须从改变微观经济主体的激励机制，如机构的股权结构入手,打破地方政府、企业和投资者的预算软约束,有效转变政府职能和理顺政府和市场的关系。

笔者认为,相关领域市场化改革的有效推进,特别是财政改革和国企改革,是化解金融风险和金融改革成功的基础和必要条件。中国的财政和准财政活动具有很强的货币创造性。地方政府控制资源和分配,对经济活动有着绝对的影响力。其过度投资、不计回报和不考虑偿付能力的模式,带来了越来越多的金融和债务风险。过去十年,在央行的大力推动下,金融改革在银行改革、利率、汇率、人民币国际化等各方面都有所突破。但由于其他领域体制改革滞后,金融改革"单边突进",金融风险却不断加大,系统性风险也在上升。

四、资本账户开放的利与弊

资本账户的开放,至少从理论上,对希望"走出去"的企业和希望分散投资风险的家庭来讲是有现实意义的。资本管制不利于"走出去"的企业对外投资、跨国兼并重组和获取国际先进技术。不过,需要分析的是,一大部分民营企业未必有"走出去"的经济实力和管理能力。从另外一个角度讲,开放理财和投资,可以帮助家庭获得境内外更多的投资渠道和选择,更好地分散投资风险,获得合理回报。由于资本管制和缺乏较好的投资机会,中国家庭的财产过多集中在房地产上,容易受到未来经济和房地产市场下行的冲击。

在新形势下,推进资本账户开放和人民币国际化,也是我国进一步参与国际分工、重塑新的国际经济和金融体系的一项重要选择。由美国牵头的TISA、TPP和TTIP谈判,代表了当前国际贸易自由化发展的新方向,而参加谈判的大多数国家和地区(包括韩国等新兴市场国家和印度、巴西等发展中国家),都已经在相当程度上认可了当前国际上新一轮的自由贸易协定,特别是服务贸易与投资协定的新标准、新规则。中国需要适当地增加对外开放程度，积极主动地融入，建立新的世界经济金融格局。

另一个比较普遍流行的传统理论是说资本账户开放有利于一个国家提高资源配置效率，促进经济发展。不过实证研究发现，资本账户开放对经济增长的作用并无定论，而且对发展中国家的研究发现影响经常是负面的。这取决于本国的经济基本面，金融制度是否健全、金融市场是否成熟和其他一些条件，比如资本定价权。研究发现，如果一个国家处于转型期和产业调整期，经济结构相对脆弱，那么，推进资本项下的自由化将会诱发各类投机资本的攻击，导致国内汇率、利率和资产价格的剧烈波动，生产能力遭到破坏，国民财富受到损失。

确实，从贸易开放的经验来看，凡是对外开放比较彻底的领域，大都竞争力强、发展得较好，因为开放倒逼国内的市场化改革和完善相关制度建设。但是通过资本账户开放和人民币国际化能否倒逼金融改革，抑或带来金融危机，在学界和市场有很多争议。哥伦比亚大学的魏尚进教授认为，从增加金融稳定、提高效率的角度出发，最佳的改革顺序是国内的金融改革优先，包括解决银行的内部治理与外部监管的问题，然后推动汇率利率改革，而相对要推迟的是资本账户进一步开放和人民币国际化。来自央行的看法则是汇率、利率改革和资本账户开放没有固定顺序，应该相机抉择，成熟一项，开放一项。笔者认为虽然这几项改革可以在一定程度上协调并进，但推进国内金融和其他重点领域的改革是加快对外开放的基础。

深化金融体系改革
推进金融回归实体经济

王国刚*

中共十八届三中全会指出,经济体制改革的核心问题是处理好政府和市场的关系,使市场在资源配置中起决定性作用,完善主要由市场决定价格的机制,更好地发挥政府作用。从金融角度看,就是要发挥市场机制在配置各种金融资源方面的决定性作用,完善金融产品价格主要由市场机制决定的金融体系。这不仅切中了中国金融体系和金融市场的时弊,而且指明了未来中国金融改革、发展和金融创新的方向和重心。

中国金融历经几十年的发展,取得了举世瞩目的成就,但也存在着一个严重的缺陷,即金融体系脱离实体经济的状况越加明显。实际上,发端于20世纪70年代末的中国金融体系,对实体经济而言,是一种外部植入型金融体系。它几乎剥夺了实体经济部门的各项金融权利,成为既位于实体经济部门之外又不断从实体经济部门中获取养分的一个自我循环体系。在美国金融危机的背景下,金融服务于实体经济的呼声愈加强烈,可是,中国的外植型金融体系脱离实体经济的状况却继续加重。中国经济发展正进入一个新的历史时期,由此,改革外植型金融体系,推进金融回归实体经济,建立内生型金融体系,已是必然。

---

* 王国刚:中国社会科学院学部委员,中国社会科学院金融研究所所长,教授,博士生导师。

一、金融体系内生于实体经济

打开任何一本《宏观经济学》都可看到如下表述：在两部门模型中，居民（或家庭，下同）部门是资金的盈余部门，实体企业（或厂商，下同）部门是资金的赤字部门，为了支持实体企业创造财富、维持经济运行，资金就应从居民部门流向实体企业部门，由此，在经济运行中，居民部门是资金的供给者，实体企业部门是资金的需求者，金融活动原本就在他们之间进行。

在此有三个需要细化的问题：第一，居民部门的资金是如何提供给实体企业部门的，或者说，实体企业部门是如何获得居民部门的资金的？最初，居民部门主要通过股权投资、资金借贷等方式将资金投入实体企业部门；随着金融关系的发展，居民部门通过购买债券、股票等证券将资金提供给实体企业部门；再后，随着这些金融活动规模逐步扩大，商业银行等金融机构建立，在上述渠道继续发挥作用的条件下，居民部门又通过存款等路径将资金提供给实体企业部门。由此可见，居民部门和实体企业部门原本就拥有金融权。

第二，实体企业部门之中是否存在资金供求关系？在实体企业之间存在着由商业信用支撑的商务往来关系。在货物与钱款的交付中，由于时间和空间分离，自然存在着先付款后发货或者先发货后付款的现象，由此，商业本票、商业期票和商业汇票等金融产品应运而生。由于实体企业购买的一部分大型设备并不日夜使用，有些实体企业临时性加工某些零部件又需要此类设备，所以，实体企业之间的设备租赁使用现象自然发生；此类现象的进一步扩展，也就有了实体企业间的融资租赁业务。由于某些实体企业有着暂时的闲置资金，与其经营运作相关另一些上下游实体企业却缺乏资金，由此，在商业信用和互利基础上的实体企业间发展起了资金借贷关系。此外，实体企业之间的资本投资、债权并购、股权并购和项目融资等等也在市场发展中逐步展开。由此可见,实体企业本来拥有充分的金融运作权利。

第三,实体企业部门是否存在资金回流给居民部门?居民以股权方式投资于实体企业,实体企业以股利方式将与收益回报对应的资金支付给居民;居民以债权方式购买实体企业的债券,实体企业到期将与债券本息对应的资金支付给居民。这些现象说明了,实体企业和居民作为实体经济部门的主要经济主体,彼此间是存在金融权力和金融活动的。这些金融权力和金融活动从实体经济运行中内在地生成,是实体经济部门运行和发展不可或缺的基本机制。另一方面,随着实体经济部门丰富多彩的发展,这些金融权力和金融活动在不断创新中扩展延伸,越来越趋于复杂化和细化。

金融是建立在资产权益基础上为了获得这些权益的未来收益而进行的权益交易关系的总和①。在经济运行中,资产权益及其收益在本源上指的就是实体经济部门的资产权益及其收益。实体企业向居民出售股票、债券等金融产品之前并不直接拥有与这些金融产品相对应的资金(或资产),通过出售这些金融产品、获得了对应资金、形成了对应的可经营运作的资产,因此,实体企业实际上出售的是这些资产的未来收益。在此类交易中,居民实际上购买的是获得实体企业经营运作中这些资金(资产)中未来收益的权利。与此对应,股票、债券等金融产品在二级市场中的交易也是为了获得资产未来收益的权利。由于居民投资和实体企业彼此间的投资获得的是资产未来收益,所以,不确定性(即风险)的存在也就在所难免。各家实体企业的经营运作状况不尽相同,有在经营运作中获得资产收益的,也有在经营运作中盈亏平衡从而没有获得资产收益的,还有经营运作亏损的。居民部门人数众多,在风险的喜恶程度上,偏好差别甚大,因此,尽管所有的居民在金融投资中都乐于追求高收益回

---

① 王国刚.简论货币、金融与资金的相互关系及政策内涵[J].金融评论,2011(2).

报，但在投资亏损等风险发生时，也不乏有着坦然面对之人。就总体而言，居民部门在金融投资风险喜恶程度上的多层复杂结构与实体企业部门经营运作在风险程度上的多种多样性能够大致匹配，由此，保障了经济运行和经济发展的正常展开。

从实践角度看，在西方国家的经济发展过程中，实体经济部门的金融活动在交易规模、产品种类、交易方式等方面不断扩大，以至于单个实体企业已很难直接将其作为经营活动的一项业务纳入经营管理之中，因此，将金融业务独立出来设立专业化金融机构成为必然。这一过程中较为普遍的事件最初发生在19世纪的上半叶。在此后100年左右的时间内，金融产品、金融市场和金融机构快速发展，尽管经济危机和金融危机频频发生，但政府部门只是充当着守夜人的角色。20世纪30年代大危机给人们以深刻教训，这促使了金融监管登上历史舞台，由此，逐步形成了由金融制度、金融监管、金融产品、金融市场和金融机构等构成的金融体系。尤其值得注意的是，在金融体系形成过程中，实体经济部门（实体企业和居民）所拥有的金融权并不因此而被剥夺。对居民部门而言，消费剩余的资金在金融投资运作方面依然有着充分的金融产品选择权；对实体企业而言，在发行债券、获得贷款、发行股票以及获得融资租赁、信托资金、建立基金等方面也保留着充分的选择权。不仅如此，实体经济部门所拥有的金融权利还是一个完整金融体系的基础性构成部分，也是金融体系能够成为国民经济构成部分的根基所在。

理论逻辑和实践逻辑都阐明了一个基本原理：金融内生于实体经济部门，实体经济的发展是金融发展的根本所在。实体经济部门所拥有的金融权是金融体系的一个基础性构成部分。从这个意义上说，金融根植于实体经济部门。离开了实体经济部门，金融就将成为“无源之水、无本之木”。美国金融危机的一个教训是，金融运行脱离了实体经济部门，成为自我服务、自我循环的独立体系。一旦金融脱离了实体经济，金融泡沫的产生就在所难免。

二、中国外植型金融体系的成因和特点

在30年的计划经济时期,中国没有金融活动,也谈不上金融体系。当时,行政机制和财政机制支配着国民经济中的几乎所有活动。企业的资金由财政拨付、供销由国家计划安排、生产按照计划任务展开、职工工薪由国家统一规定、利润全额上缴和国家财政统付盈亏等机制,切断了居民与实体企业之间资金融通的金融联系;在此条件下,银行只是作为财政的出纳机制而设立,并无证券公司、信托公司、基金公司和融资租赁公司等金融机构,也不存在金融监管部门。这些体制机制的安排,决定了中国不可能有产生和形成金融活动乃至金融体系的基础性条件。在这种经济格局中,一方面居民不是资金的主要供给者,政府财政部门成为实体企业经营运作资金的主要提供者,实体企业之间禁止展开股权投资、资金借贷等金融活动,它们的经营利润全额上缴财政部门,因此,不存在居民和实体企业之间的金融活动;另一方面,实体企业缺乏最基本的经济权益,也就谈不上金融权益,由此,金融机制也就难有存在和发展的基础性条件。

中国金融起步于20世纪70年代末的改革开放初期。当时有五个条件决定了中国选择的将是外部植入型(即外植型)金融体系:第一,在长期计划经济(即行政机制成为经济运行的支配机制)条件下,实体经济部门的企业和居民没有金融权,既不知道何谓金融权,也没有金融意识(甚至没有"金融"一词的概念)。一个突出的实例是,80年代中期,负债经营作为具有创新意义的观念突破而大加宣传,"借鸡生蛋"、全负债经营广为推行。第二,受计划经济中审批体制影响,金融机构的设立、金融产品的问世和金融业务规模(甚至金融机构客户)等都需通过严格的行政审批,由此,在金融部门中普遍延续了各项活动均需经过行政审批的制度(在90年代后期之后,甚至有着细化审批制的倾向)。到1984年,虽然工、农、中、建等银行已经分立,但它们作为专业银行(并非商业银行)各

有着政府行政部门安排的特定业务。第三，面对发达国家的成熟的金融市场体系，我们期望能够尽快地缩小与他们的差距，由此，将他们浮在表面上的金融机构格局借鉴学习过来，并没有深入地看到他们沉在水下的实体经济部门金融权利。第四，在90年代中期之前，企业改革的组织制度、变固定工制度为合同工制度等尚在探讨之中，“自负盈亏、自我发展”的公司制刚刚起步，以资金平衡表为中心的企业财务制度正在向以资产负债表为中心的财务制度转变。在缺乏资产负债理念和制度的条件下，企业不能发行股票、债券等金融产品，也就难以有获得金融权利的内在根据。第五，1998年之前，银行信贷依然按照国家计划安排，在信贷规模和信贷投放对象上都有明确的行政取向。虽然已有股票、债券发行，但由国家计划安排，并通过制度规定，这些金融产品只能由金融机构承销运作。实体企业和居民依然缺乏对各种金融产品的最基本选择权。改革开放30多年来，中国努力从实体经济外部推进金融的发展，形成了一种外植型金融体系。

外植型金融的主要特点表现在八个方面：

第一，在金融产品方面，实体经济部门（包括实体企业和家庭）几乎没有选择权。居民消费剩余资金除了存款几乎没有去向（存款意味着，资金只能通过金融机构的媒介才能进入实体企业），实体企业除了贷款也很少有从金融市场获得资金的其他渠道。金融活动的各项权利成为金融机构的专有权。没有金融机构和金融监管部门的准许，实体企业几乎得不到来自居民的资金供给。

第二，实体经济内部没有展开金融活动的制度空间。从最初的实体企业间不准借贷资金，到实体企业难以发行商业票据进行短期融资，再到实体企业间不能进行融资租赁等都通过制度规定予以限制。一旦实体企业间进行了这些金融活动，就以违法或者非法予以处置。

第三，各种证券发行都必须通过金融监管部门审批并由金融机构承销，使得实体企业丧失了自主发行各种证券的权利。这些承销证券的金融机构,不仅直接决定着实体企业能否发行证券,而且在证券发行的定价方面有着举足轻重的话语权。

第四,直接金融工具成为间接金融工具。公司债券是实体企业向居民发行以获得居民资金的一种主要的直接金融工具。但在中国,它转变成了一种间接金融工具。内在机制是,实体企业发行的公司债券几乎完全由商业银行等金融机构购买,而商业银行等金融机构购买债券的资金则来源于城乡居民以存款等方式提供的消费剩余资金。

第五,“存款立行”成为商业银行等金融机构的一项基本战略。“拉存款”“存款竞争”长期是商业银行等金融机构维持经营运作和加快经营发展的一项具有决定意义的基本业务。商业银行等金融机构的金融运作主要取决于资金数量的多少和资金供给的可持续性。自20世纪90年代中期以后,城乡居民消费剩余资金成为商业银行等金融机构的主要资金来源,由此,想方设法获得这些资金就成为各家商业银行等金融机构的一个主要竞争方略。

第六,金融市场(尤其是货币市场)在很大程度上才成为金融机构彼此之间的交易活动,与实体经济部门没有多少直接关系。银行间市场是中国主要的货币市场,进入该市场操作的主体集中于金融机构,由此决定了这一市场的交易基本上是金融机构彼此间的游戏。

第七,金融机构与金融监管部门成为一个相互依赖的体系,以各种理由限制实体经济部门的金融权要求。其中包括,金融稳定、风险控制、专业性和公共性,等等。在各项金融制度形成过程中,金融监管部门通常需要征求金融机构的意见,但极少有征求实体企业意见的,由此,这些金融制度更多地反映了相关金融机构的利益取向,很难反映实体企业的诉求。

第八,各种金融产品创新,与其说来源于实体经济部门的要求,不如说来自于金融机构自身业务拓展和追求利润最大化的内在要求。

从这些特点中不难看出,中国金融体系是一个运用行政机制嵌入到实体经济部门中实体企业和城乡居民之间的架构。它一方面建立在以最低廉的价格充分通过储蓄存款方式吸收城乡居民消费剩余资金的基础上;另一方面,建立在以最贵的价格通过贷款机制从实体企业获得贷款利息基础上。这种切断居民与实体企业之间直接金融联系的金融体系,与内生型金融体系有着实质性差别。

外植型金融在30多年的发展中有着积极意义:第一,它运用商业银行的资金再创造机制,通过发放贷款等金融活动,保障了中国经济发展中的资金供给和金融产品、金融市场的发展,使得中国经济在资金短缺中起步发展却没有陷入贫困陷阱,对30多年来的中国经济发展有着积极贡献,功不可没。第二,它运用行政机制以维护金融运行秩序的稳定,使得中国金融在经济高速发展中没有出现大的风波和动荡,有效抵御了亚洲金融危机和美国金融危机的冲击,避免了因金融震荡给资金供给者(主要是居民家庭)和资金需求者(主要是实体企业)带来的利益损失。第三,它为探讨建立中国特色的金融体系提供了时间和空间,避免了我们重走发达国家用200多年走过的金融体系建立发展之路,减少了在市场混沌和竞争乱局中建立金融体系所付出的巨大代价。第四,通过各类金融机构之间的竞争,积极探讨了发挥市场机制在配置金融资源方面的基础性作用,为中国金融的进一步改革发展创造了条件。第五,它创造了发展中国家摆脱金融抑制、推进金融深化的一条新路径,突破西方国家建立金融体系的老路径,给世界各发展中国家和地区的金融发展提供了一个可资借鉴的新思路。

三、外植型金融体系的缺陷

正如世间任何事物均有其长处和短处一样,在国民经济系统中,外植型金融也有其内在缺陷。在进一步深化改革,发挥市场机制在配置资源方面的决定性作用,以加快经济结构调整、增强经济的可持续发展能力、进一步提高综合国力的背景下,尤其是在实施开放型经济战略、加快中国

经济介入全球经济步伐、提高中国金融体系开放度的背景下,外植型金融体系的内在缺陷越加凸显出来。这些缺陷主要包括:

第一,将原本多维一体的有机经济活动分切为若干相互缺乏关联的部门活动,使得各种资源的整体关系碎片化。这种碎片化不仅降低了实体经济部门的运作效率和市场竞争力,而且给金融体系带来了本不应有的风险。

消费金融内生于商业购物活动。在由商业机构展开的过程中,集资金流、物流和客户信息流为一体,既给消费者带来了购物的商家优惠,又给商家带来了资金和客户信息,有利于提高商家的市场竞争力和调整商业结构。但在中国,消费金融统一采用银行卡消费方式。在这种方式中出现了银行管资金流、商业机构管物流、无人管客户信息流的格局。在这种格局中,商家扩展业务所需的资金需要向银行申请,银行贷款既需要充足的抵押物又利率高企还延时甚多,给商家带来诸多不利。另一方面,由于缺乏客户信息和难以向这些客户提供专门的服务,使得各个商家迄今难有自己稳定的客户群,也很难根据特定客户的特色需求,量身打造地提供特色质量。再一方面,限制了商家之间的服务竞争。除了在价格上打折销售外,众多商家严重缺乏提供服务质量的竞争手段,形成了众家经营方略雷同的商家格局,给多层次商业市场的发展带来严重影响。

供应链金融内生于产业关联的各实体企业之间。它的原本含义是,在供应链中位于核心地位(或主干地位)的实体企业可以根据产业发展的需要向位于上下游的实体企业提供资金支持和其他金融支持。这种资金或其他金融支持支持得到货物供应、商业信用、信息共享、技术支持和市场开拓等一系列因素的共同支撑,因此,是现代金融的一个重要发展方向。但在中国,供应链金融成为商业银行向供应链中的各家实体企业分别发放贷款的金融,或者成为供应链中核心企业(或主干企业)将自己的资金委托商业银行贷款的金融。在这种贷款中,商业银行实际上关心的只是本息的安全性,并不直接关心(也无能力关心)供应链是否由此得到强化、供应链效率是否因此提高。另一方面，供应链中的核心企业失去了利用资金供给来增强货物供应、商业信用、信息共享、技术支持和市场开拓等方面凝聚力，难以有效协调好供应链各环节的关系。由此，本属一条链式的金融关系转变成了由商业银行"点对点"式的金融服务。

第二，以存贷款为重心，引致了金融资源配置的种种矛盾和效率降低，给实体经济部门发展造成了诸多的金融障碍。

金融资源配置效率的高低并不直接以金融机构是否获得了较高的收入和利润为衡量标准，它的实际含义应当是实体企业获得资金的成本是否降低。但在外植型金融体系下，实体企业普遍遇到融资数量少、融资价格贵和融资渠道窄等"融资难"问题。一方面，在缺乏金融产品选择权的条件下，大中型企业获得的贷款资金在利率上高于同期公司债券利率，表现出了"融资贵"。与此同时，在大量贷款向大中型企业集中的条件下，小微企业既遇到了融资数量少、融资渠道窄等困难，也遇到了融资贵的难题。这些难题意味着，受资金成本高的制约，在实体经济部门中许多本可展开的投资活动和经营活动难以有效进行，由此，资源配置的效率受到制约。另一方面，商业银行等金融机构的收益大幅增加。近 10 年来，在加入世贸组织、"狼来了"的背景下，中国商业银行的税后利润呈快速增长的态势，与实体企业的利润走势形成了反差，以至于媒体有着"银行业垄断暴利"一说。利润的快速增加固然与商业银行改制后的体制机制创新、银行职员的努力直接相关，但与实体企业缺乏金融选择权条件下商业银行可坐享存贷款利差也直接关联。这是引致商业银行等金融机构以吸收存款为"立行之本"战略难以消解、持续地展开存款大战的一个主要成因。再一方面，广大的城乡居民作为存款人只能获得低利率的存款收入。由于消费剩余资金难有去向，在存款利率降低的条件下，城乡居民存款却形成了大幅增加趋势，实难分享实体企业付给金融体系的巨大收益。

在继续以存贷款为主要金融活动的条件下，要改变间接金融为主的金融格局几乎不可能。内在机理是，要发展直接金融就必须赋予实体企业必要的金融权利,这不免与现存的金融机构和金融监管部门的权利相冲突。因此,大力发展直接金融、降低间接金融比重的政策主张已提出了15 年,但它并没有落到实处,商业银行也无金融脱媒之忧。中国金融体系中的间接金融比重依然高企。实体企业通过直接金融获得的资金占社会融资规模的比重还处于相当低的水平。尽管如此,各种创办新商业银行的冲动还在持续增强。

第三,在实体经济部门和金融部门之间资金错配现象越加严重。经济运行中不同的实体企业在经营运作和固定资产投资等方面对资金的性质、期限和流动性等有着不同的要求,从本源上讲,金融资产的结构应与这些要求相匹配。但在中国实践中,金融部门的资金和金融产品的结构于此相差甚远,从而,有了错配现象的严重发生。

在中国,资金错配包括了五个方面的错配:一是主体错配,即本属城乡居民与实体企业之间配置的金融资源转变为城乡居民与商业银行之间、商业银行与实体企业之间金融资源配置;二是性质错配,即资本性资金和债务性资金错配;三是期限错配,即长短期资金的错配;四是产品错配,即债券等直接金融工具与存贷款等间接金融工具的错配;五是市场结构错配,即资本市场与货币市场的交易功能错配。

第四,货币市场成为金融机构间彼此交易的市场,与实体经济部门基本无关。银行间市场是中国货币市场的主体部分,可进入该市场的交易主体包括国有控股商业银行、其他商业银行、其他金融机构和外资商业银行等,并无实体企业,更无居民。因此,该市场是金融机构彼此间进行短期资金和短期金融产品交易的市场。

第五,各项金融改革举步维艰,或停留于做表面文章,或停留于口头。

货币政策调控机制的改革进展缓慢。近 10 年来,继续以运用行政机制直接调控存贷款基准利率和新增贷款规模为主要工具,在维护金融运行稳定的同时,维护着金融体系独立于实体经济部门的格局。

按照市场机制的要求形成存贷款利率,是利率市场化的核心内容。

但迄今这方面的改革基本停留在运用行政机制扩大存贷款利率波动幅度上，既没有引致商业银行等金融机构的资产结构调整、业务转型和盈利模式变化，也没有给城乡居民和实体企业更多的金融选择权。

商业银行业务转型的提出已有10年之久，但从它们的资产负债表看，负债结构中“各项存款”依然是最主要的资金来源，居主体地位的程度非但没有降低而且继续提高；资产结构中“各项贷款”依然是最主要的资产运用方式，虽所占比重有所降低，但如加上商业银行间相互持有的债券数额，比重变化并不明显。负债结构和资产结构的变化不大，反映了商业银行业务转型基本停留在表面上，难有实质性进展。

外植型金融体系存在的一系列缺陷说明，它已到了非改不可的境地。但如何改革却绝非易事，一旦选择失误，就可能引致严重的金融震荡甚至金融危机，因此，需要慎之又慎。

四、金融回归实体经济的内在含义

金融回归实体经济的含义，一方面并非推倒重来，即并非意味着中国金融体系的建设重蹈19世纪以来西方国家200多年走过的路。不论从历史角度看还是从现实角度看，重走这一过程都是不可能的。另一方面，也不意味着“回归”已无事可做，中国金融体系应按照已有老路继续前行。“回归”的真实含义在于，扩大实体经济部门中实体企业和城乡居民的各自的金融选择权，即把本属于实体企业和城乡居民的金融权利归还给实体经济部门，推进内生性金融的发展。

金融内生于实体经济部门实际上有着两条路径：一是金融机构的路径，即通过实体经济的发展，独立出了专门从事金融业务活动的金融机构；二是金融市场的路径，即实体经济中的实体企业和城乡居民可以直接进入金融市场，以自己的名义发行和交易各种金融产品。在目前中国的金融体制机制条件下，金融回归实体经济的含义，不在于继续鼓励实体企业投资创办多少家金融机构,而在于准许实体企业和城乡居民直接进入金融市场以他们各自的名义发行和交易相关金融产品。内在逻辑是,在各种金融产品的发行和交易基本由金融机构专营的条件下,即便实体企业投资创办了一些金融机构,这些金融机构只能延续原有金融机构的业务轨迹,不可能由此增加实体企业的金融选择权;同时,由于不可能所有的实体企业都各自创办金融机构(换句话说,能够投资创办金融机构的实体企业只能是凤毛麟角),那么,那些无力创办金融机构的绝大多数实体企业依然处于缺乏金融选择权的境地。另一方面,不论实体企业如何创办金融机构,并不直接解决城乡居民的金融选择权扩大的问题,即并不解决资金供给者如何将消费剩余资金通过金融市场投入实体企业的资源配置过程中的问题。由此来看,问题的重心在于如何使得实体企业和城乡居民能够直接进入金融市场。

在完全竞争市场中,价格既不是由卖方决定,也不是由买方决定,而是由买卖双方的双向竞争决定的。一个值得认真思考的问题是,在金融体系中,真正与商业银行等金融机构竞争的主体是谁?是证券公司、信托公司、保险公司和资产管理公司等金融机构吗?不是,这些金融机构它们既需要从实体经济部门获得资金(如股权投资资金、信托计划的资金、销售保单资金等),也需要从商业银行等金融机构中获得资金(如贷款、发债资金、影子银行资金等)。在存贷款市场乃至金融体系中,真正与商业银行等金融机构竞争的主体,实际上是实体经济部门中的实体企业和城乡居民。在消费剩余资金的金融运作权利有保障的条件下,居民部门的资金将通过每个居民的自由选择,或用于购买股票、债券、基金和其他金融产品,或用于存款,由此,在存款利率低廉的条件下,商业银行等金融机构将流失大量存款资金,这迫使它们按照金融市场的竞争性价格水平进行存款定价。另一方面,实体企业需要的资金可以通过自主地发行债券、股票和其他金融产品从金融市场中获得,也可通过银行贷款等方式获得,由此,商业银行等金融机构再以高于市场价格的贷款利率向实体企业放贷,就将面临贷款难以放出的风险,这迫使它们按照金融市场的竞争性价格水平进行贷款定价。由此可见,在实体经济部门拥有金融权利的条件下,金融产品的价格体系将在竞争中趋于成熟完善。

要使实体经济部门回归到金融市场,需要深化对原生金融产品的市场风险特点认识。在金融运行中,原生金融产品主要有债券、股票和存贷款,其他金融产品大多以此为基础衍生。

债券和股票是标准化金融产品,发行和交易处于公开市场之中,投资者根据公开披露信息监督和用脚投票制约着它们的价格走势,风险由投资者分别承当;存贷款是非标准化金融产品,通常难以进行连续性交易,对应资金的流量、流向和效应等信息并不公开,风险主要由相关商业银行等金融机构承担。由于持有债券、股票的投资者包括了实体企业、城乡居民和相关金融机构,对应的风险由众多的投资者分散性承担,由于商业银行等金融机构的数量是相当有限的,存贷款的金融风险基本它们集中承担,同时,分散风险又是金融运作的一个基本要义,所以,如果从金融风险承担角度看,合乎逻辑的制度安排是,大量发展债券、股票等金融产品,限制存贷款等金融产品的扩张。但外植型金融体系中的这些金融产品结构正好相反,其制度安排的内在机理是,在由众多实体企业和城乡居民持有债券、股票等金融产品的条件下,行政可控性就大大降低了;反之,通过存贷款机制将实体企业和城乡居民的资金集中于商业银行等金融机构之中,政府部门运用行政机制进行掌控就容易多了。以此来看,"金融回归实体经济"的实质是重新理顺政府和市场的关系问题,发挥市场机制在配置金融资源方面的决定性作用。因此,它是中国金融改革中需要解决的基本问题。

改革是制度体系和利益格局的重新调整,除了认识差异外,也还有各种各样的取向差别、路径依赖和习惯势力等方面的障碍。从金融改革角度看,扩展实体经济部门的金融选择权必然从根本上冲击现存的金融体系,给以商业银行为主体、以存贷款为基础的金融运作方式和金融监管方式以严重冲击,从实质上推进外植型金融体系向内生型金融体系的根本转变,因此,是一个艰巨复杂的过程。这一改革的目的在于克服外植型金融体系的种种缺陷,建立中国金融体系的健康可持续发展的新模式。从这个意义上说,"金融回归实体经济"的过程是中国金融体系的重新构造过程。

五、以公司债券为抓手的金融体系改革

从目标上看,金融改革可分为单向改革和金融体系整体改革等。进入21世纪以来,人民币存贷款利率市场化改革、建立存款保险制度、商业银行业务转型、资产证券化、加快资本市场发展、加大资本账户开放程度和人民币汇率改革等等,均带有单项改革的特点,它并不直接涉及整个金融体系的体制机制变化。一个突出的实例是,人民币汇率改革并不直接引致货币政策调控机制、人民币利率、商业银行业务转型、金融市场格局和金融产品创新等方面的体制机制改革。另一个突出的实例是,人民币利率市场化改革尽管从1996年就已展开,2012年6月以后中国人民银行多次调整了人民币存贷款基准利率,扩大了存贷款利率的浮动区间,但货币政策的直接调控机制没有发生实质性变化,商业银行的业务转型也没有发生实质性改变,联动改革的效应并不明显。与单向改革相比,金融体系改革更加复杂困难,面对商业银行依然是中国金融体系的主体部分、存贷款在金融产品总量中所占比重远高于其他金融产品总和的状况,一旦举措不慎,将引致整个金融体系的大震荡(甚至可能引致某种程度上的危机),改革的推进更需要慎之又慎。

从各种金融产品对比看,在推进金融体系转变过程中,公司债券有着一系列独特的功能:

第一,存贷款的替代品。从性质上看,公司债券与存贷款一样都属于债权债务性金融产品。从利率上看,公司债券利率对资金供给者和资金

需求者来说属于同一利率，有着克服存贷款利率差别的功能；在风险相同的条件下，公司债券利率水平低于贷款利率却高于存款利率；同时，由于各家公司债券质量不尽相同，公司债券的利率复杂程度明显高于存贷款，这有利于满足不同的资金供给者和资金需求者的需要，也有利于为衍生性金融产品的开发创新提供条件。在充分发展公司债券的条件下，商业银行吸收的存款数额和发放的贷款都将随公司债券发行规模扩展而减少。这将引致三方面重要变化：其一，以存款计量的货币供应量的降低。到 2013 年 9 月，中国的广义货币（M2）的余额已达 107.74 万亿元（为 GDP 的 2 倍），其中，人民币各项存款余额达到 103.09 万亿元。如若以公司债券替代居民存款，则 44.31 万亿元居民存款中的一部分转化为买债资金，不仅有利于提高居民的财产性收入，而且将引致 M2 大幅减少。其二，促使货币政策调控机制转型。在公司债券大量发展中，人民银行继续调控存贷款基准利率已无意义、控制新增贷款也失去了应有效应，由此，将促使货币政策的行政性调控机制向市场机制所要求的间接调控方式转变。其三，迫使商业银行业务转型。在存贷款数额下降的条件下，商业银行的继续依赖存贷款业务来拓展经营的空间已大大压缩，由此，它们就不得不着力推进非存贷款业务的发展、提高金融服务质量，实现资产结构调整、商业模式转变。

第二，改善资金错配。大力发展公司债券，实体企业通过发债获得中长期资金（在发达国家中，它的位次远高于股票），则能够有效改善信贷资金的期限错配状况。

第三，推进债务率降低。实体企业的债务率主要表现为由银行贷款引致的负债。在以公司债券替代银行贷款的条件下，由于长期债券具有准资本的功能，所以，短期债务率将明显降低（由此引致的风险也将明显降低）。这有利于推进实体企业的运行稳定。

第四，推进资产证券化。资产证券化以债券市场的成熟为前提。如若公司债券的大量发行交易能够推动债券市场的成熟，则资产证券化的基础条件将日臻完善,否则,资产证券化难以充分推展。

第五,推进商业银行业务转型。公司债券的大量发行,减少了银行吸收存款的数量和发放贷款的数量,同时,既为银行业务转型提供了金融市场条件,又给这种转型以较为充分的时间。

第六,缓解小微企业的融资难。在大中型企业普遍通过发债获得运作资金条件下,银行只能将贷款资金集中向小微企业投放,由此,将缓解小微企业的融资量小、融资利率高等难题。

第七,熨平股市波动。在我国金融体系中,居民消费剩余资金的金融运作基本限于存款和股市投资。当这些资金涌入股市时,股市大涨,反之则股市大跌。在公司债券充分发展的条件下,居民资金分布于不同品质的债券品种,同时,债券市场利率对股市价格波动也有着制约功能,由此,股市运行中的大起大落就能够得到缓解。

在金融改革中,公司债券的功能举足轻重。第一,利率市场化改革。公司债券利率是银行存贷款利率的替代品。我国要实现存贷款利率市场化改革的目标,缺乏公司债券利率的机制作用,是难以完成的。第二,存款保险制度。在存款依然是居民金融运作主要资产和银行经营主要对象的条件下,存款保险制度的实施存在着严重风险。在公司债券大量发展的背景下,银行存贷款在金融体系中的作用明显降低,由此,实施存款保险制度就不容易引致大的震荡。第三,资本账户中的交易项下开放。在资本账户开放中,大多数金融交易集中在公司债券及其衍生品方面,海外人民币的回流也主要通过这一渠道而展开。缺乏成熟的公司债券市场,就很难有效推进资本账户的充分开放。第四,推进亚洲债券形成。要发挥我国在亚洲金融市场中的引导作用,发展亚洲债券是一个可选择方案。但如果我国境内债券市场尚不成熟,就很难在这一领域中拥有充分的话语权(更不用说,规则的制定权)。

公司债券作为直接金融工具,理应直接向实体企业和城乡居民销售,这既有利于使实体企业摆脱资金来源受限于银行贷款、暂时闲置的资金只能存入银行的格局，也有利于提高城乡居民的财产性收入。

公司债券直接面向实体企业和城乡居民发行，需要做好七个方面工作：

第一，切实将《公司法》和《证券法》的相关规定落到实处，有效维护实体企业在发行债券中法定权利。从1994年以后，发展公司债券市场就是中国证券市场建设的一项重要制度性工作。1994年7月1日起实施的《公司法》第6章专门对发行公司债券做了规范，其中规定，股份有限公司3000万元净资产、有限责任公司6000万亿元净资产就可发行公司债券，公司债券余额可达净资产的40%。2005年，在修改《公司法》和《证券法》中，这些规定移入了《证券法》中。但近20年过去了，按照这一数额规定的公司债券鲜有发行。为此，需要依法行事，将这些法律规定进一步落实。

第二，建立全国统一的公司债券发行和交易制度，改变"五龙治水"①的债券审批格局。

第三，取消公司债券发行环节的审批制，实行发行登记制，同时，强化公司债券交易环节的监管。

第四，积极推进按照公司债券性质和发行人条件决定公司债券利率的市场机制形成，在此基础上，逐步推进以公司债券利率为基础的收益率曲线形成，完善证券市场中各种证券的市场定价机制。

第五，积极发挥资信评级在证券市场中的作用，为多层次多品种的公司债券发行和交易创造条件。

第六，建立公司债券直接向实体企业和城乡居民个人销售的多层次市场机制，通过各类销售渠道（包括柜台、网络等）扩大公司债券发行中的购买者范围，改变仅由商业银行等金融机构购买和持有公司债券的单

① "五龙治水"指，在公司债券发行审批中，国家发改委负责审批企业债券，人民银行负责短期融资券、中期票据和债务性融资工具，中国银监会负责审批金融债券和各种银行债券，中国证监会负责审批上市公司债券、可转换债券和证券公司债券，中国保监会负责审批保险公司债券，由此形成的公司债券发行市场依行政机制而分割的状况。

一格局,使公司债券回归直接金融工具。

第七,推进债权收购机制的发育,改变单纯的股权收购格局,化解因未能履行到期偿付本息所引致的风险。与此同时,切实落实公司破产制度,以规范公司债券市场的发展,维护投资者权益。

在公司债券回归直接金融的条件下,择机出台“贷款人条例”,以促进实体企业间的资金借贷市场发展;推进《票据法》修改,增加实体企业的融资性商业票据,提高货币市场对调节实体企业短期资金供求的能力;逐步推进金融租赁机制的发展,准许实体企业根据经营运作的发展要求,设立融资租赁公司或介入融资租赁市场。在这些条件下,中国的金融体系将切实回归实体经济。

【参考文献】

[1]中共中央十八届三中全会文件。

[2][英]克拉潘著. 现代英国经济史(上、中、下册)[M]. 北京:商务印书馆,1986.

[3][美]约瑟夫·斯蒂格利茨著. 经济学(上、下册)[M]. 北京:中国人民大学出版社,2000.

[4][美]兹维·博迪等著. 金融学[M]. 北京:中国人民大学出版社,2000.

[5]李扬著. 中国金融改革 30 年[M]. 北京:社会科学文献出版社,2008.

[6]黄绍湘著. 美国简明史[M]. 北京:生活·读书·新知三联书店,1953.

[7]王国刚著. 中国资本市场热点分析[M]. 北京:企业管理出版社,2003.

辨析分税制之争：配套改革取向下的全面审视

贾　康　梁　季*

一、1994 年分税制改革的里程碑意义和历史性贡献："三位一体"地规范政府企业、中央地方、公权公民关系，从行政性分权转为经济性分权

在学术界已形成的较普遍共识是：税收制度是规范政府与企业分配关系的制度安排，财政体制则是处理政府间分配关系的制度安排。如在学理层面作更周详的审视，可知实际上这一认识是远未到位的。财政作为一国政权体系之"以政控财，以财行政"的分配体系，作直观考察，首先是解决政府为履行其社会管理权力和职能而配置公共资源的问题，与之密切相关、无可分离的，便是其所牵动的整个社会资源的配置问题，因此财政制度安排——包括解决政府"钱从哪里来"问题的税收与非税收入、"钱用到哪里去"问题的支出、转移支付以及资金收支的标准化载体即预算等的一系列体制、制度、机制的典章式规定——所处理的实质问题，是处理经济社会生活中的三大基本关系：政府与市场主体的企业之间；中央政府与地方各级政府之间；公权体系与公民之间的财力、资源、利益分配。财政之所以成为国家治理的基础，预算之所以反映政权活动的范围、方向和重点，财税分配之所以与国计民生息息相关而牵一发动全身，财政史之

* 贾康：财政部财政科学研究所所长、研究员、博士生导师。梁季：财政部财政科学研究所税收室副研究员。

所以既反映社会进化中的阶段、结构演变，又反映社会正义、文明程度的发展，财政改革之所以要为全面改革“既打头又殿后”提供全面支撑，都是因为政府与千千万万家企业，中央政府与地方各级政府，公权体系与公民或纳税人之间的权、责、利关系，都必然地体现、交汇于财政体制。

因此，现实生活中，财政体制决非仅仅处理政府间或政府体系内的分配关系——在服务社会主义市场经济与社会发展全局的意义上，财政体制其实是首先需要处理好政府与企业关系这一“核心问题”，进而需要基于分配机制“三位一体”地处理好政府与企业、中央与地方、公权与公民三大基本经济关系。市场主体和纳税人层面最为敏感、特别关心的税费制度，直观地看，解决的是企业“缴什么”和“怎么缴”的问题，而财政体制要一并解决“缴给谁（哪级政府）”和“按什么原则与规范（何种制度机制）缴给谁的问题”。因此，财政体制首当其冲要解决资源配置中基于产权契约和法治环境、政府作用之下的效率激励、创业创新响应机制问题和利益分配过程的公正、可预期、可持续问题，进而服务、影响、制衡资源配置全局。邓小平1992年“南方谈话”后在我国所确立的社会主义市场经济目标模式，实际确立的是多种经济形式和产权规范的法治化取向不可逆转、公平竞争市场和间接调控体系的成型势在必行，因而完全合乎逻辑地要引出在1993年加紧准备、于1994年1月1日正式推出的“分税制”配套改革。这正是与中国经济社会历史性转轨中通盘资源配置机制的再造相呼应的制度变革。

对于1994年分税制改革的评价，学界多从当年改革目标之一——“提高中央财政收入占财政收入比重”的实现程度来评判和肯定其取得巨大成功——不错，这一问题是逼迫“94改革”并提供决策层空前一致的“政治资源”来推行这一改革的直接因素之一，但全面地看，1994年分税制改革的里程碑意义和历史性贡献远远不仅于此。在转轨、改革的基本逻辑链条上展开评价，其贡献和意义，首先是使中国的财政体制，终于从中华人民共和国成立不久的1950年代即不得不告别严格、完整意义的统收统支而反复探索却始终不能收功的“行政性分权”，走向了与市场经济相内洽的“经济性分权”，突破性地改造了以往不论“集权”还是“分权”都是按照企业行政隶属关系组织财政收入的体制症结①，首先在“缴给谁（哪级政府）”和“按照什么依据缴给谁”的制度规范上，前所未有地形成了所有企业不论大小、不讲经济性质、不分行政级别，在税法面前一律平等、一视同仁，“该缴国税缴国税，该缴地方税缴地方税”的真正公平竞争环境，提供出在激发微观企业活力基础上有利于培育长期行为的稳定预期，同时也使中央地方间告别了行政性分权历史阶段分成制下无休止的扯皮和包干制下“包而不干”延续扯皮因素的“体制周期”，不再进入令人头痛的“一放就乱，一乱就收，一收就死”（即“放、乱、收、死”）的循环，打开新局形成了政府对市场主体实行宏观“间接调控”的机制条件和中央与地方间按税种或按某一税种的同一分享比例分配各自财力的比较规范、稳定的可持续体制安排。

正是在这种以统一、规范、公正公平为取向处理政府与企业、中央与地方、公权与公民（财税语境中公民是有纳税义务的自然人）分配关系的“三位一体”框架下，淡化了每一具体地区内各级政府对各种不同企业的“远近亲疏”关系，和由亲疏而“区别对待”中的过多干预与过多关照，抑制了地方政府与中央政府的讨价还价机制和地方政府之间“会哭的孩子有奶吃”的苦乐不均“攀比”机制，既为企业创造良好的市场经营环境，也为地方政府营造一心一意谋发展中认同于规范化的制度氛围。提高“两个比重”的改革目标的实现，是“三位一体”关系的处理进入“经济性分权”新境界后，制度红利得到释放的结果，同时也是总体运行可持续性得到提升的明晰表现。

当然，魄力和动作极大的“94 改革”，在多方面制约条件之下，仍只能

① 1994 年分税制改革之前，虽已实行了十余年的“分灶吃饭”，但企业仍和传统体制下一样按照其隶属关系向各级政府缴纳利税，即一个企业具体隶属于哪级政府，其利税便缴到哪级政府，政府对企业的“剩余索取”和政府间收入划分，具有明显的“分层行政管制权”特点。

是提供出了以分税分级体制处理三大关系的一个初始框架,仍带有较浓重的过渡色彩。深化改革的任务,在其后已完成了一些(如所得税仍然按照行政隶属关系划分这条旧体制尾巴,迟至2002年才在“补课”中切除,改变为全国比例一律的中央地方共享税),但如何在省以下真正贯彻落实分税制的任务,还远未完成。自1994年以来直至今天,我国各省级行政区以下的地方财政体制,总体而言自始终未能如愿地过渡为真正的分税制,实际上就是五花八门、复杂易变、讨价还价色彩仍较浓厚的分成制和包干制(越是欠发达的基层、越倾向于干脆包干)。财政部科研所张立承研究员收集归拢各省级行政区下体制规定而列出的一览表,可以相当清楚地表明这个基本事实(见附件表1)。为人们所诟病的基层财政困难问题、地方隐性负债问题和“土地财政”式行为短期化问题等种种弊端,其实正是在我们早已知道而欲作改变的分成制、包干制于省以下的无奈运行中产生的。把地方“基层困难”“隐性负债”“土地财政”问题的板子打在分税制身上,是完全打错了地方,并由此会实际否定“94改革”的大方向。这是一个大是大非问题,不可忽视、轻看,必须说明白讲清楚。

总之,我国财政体制“94改革”由“行政性分权”转为“经济性分权”而支撑市场经济改革的全面意义和“里程碑”性质,值得如实、充分肯定,为坚持其基本制度成果,必须正视其“未完成”状态而努力深化改革。

二、分税制内洽于市场经济体制,坚持深化分税制改革必须坚定不移,使之在统一市场中横向到边、纵向到底地全覆盖

搞市场经济,就必须实行分税分级财政体制——这是世界各国在市场经济发展中不约而同形成的体制共性与基本实践模式。我国于前面60年的财政体制反复探索中的经验和教训,也足以引出这个认识。在领导人“重走南巡路”而举国“迎接三中全会”的当下,我们有必要按照基本分析思路来审视:为什么建设与完善社会主义市场经济,必须坚持分税制改革方向?

市场经济与计划经济二者的本质差异,在于资源配置方式的不同。计划经济以政府直接配置资源为特征,反映在财政体制上便是政府运用其事权和财权不仅仅提供公共产品和为提供公共产品而筹集财政收入,还以配合政府管制式直接介入非公共产品领域与微观经济活动(包括直接安排、控制企业的投资、生产和销售,以及企业职工工资和劳动力流动等的管理权)。客观地说,高端决策层对与之伴随而来的财权、事权高度集中状况和由此产生的活力("积极性")不足问题,并非没有引起足够重视和不思改变,而是于1956年就在"十大关系"的探求中提出分权思维,但是先后以1958年和1970年为典型代表的大规模向地方分权举措,都很快铩羽而归,徒然走了"放乱收死"的循环过程而不得不落到财政"总额分成、一年一定"的无奈状态。到了1980年之后,改革开放新时期以"分灶吃饭"为形象化称呼的分权,是以多种"地方包干"配合全局渐进改革和向企业的"放权让利",调控格局由"条条为主"变为"块块为主",在松动旧体制、打开一定改革空间后,却并未能触及和改造政府按行政隶属关系组织财政收入和控制企业这一旧体制症结,很快又形成了"减税让利"已山穷水尽而企业却总活不起来、地方又演化为"诸侯经济"的局面,中央政府调控职能进退失据、履职窘迫的不良状态已在政治上、经济上皆不可接受,这才终于逼出了走向经济性分权的1994年分税制改革。

必须强调,1994年分税制改革是以邓小平"南方谈话"后确立社会主义市场经济目标模式为大前提的。以市场配置资源为基础机制的市场经济,要求政府职能主要定位于维护社会公平正义和弥补市场失灵和不足,因而政府的事权、财权主要定位在公共领域,"生产建设财政"须转型为"公共财政",以提供公共产品和服务作为主要目标和工作重心。所以制度安排上,必然要求改变按行政隶属关系组织财政收入的规则而走向法治背景的分税分级体制,让企业得以无壁垒地跨隶属关系、跨行政区域兼并重组升级优化而释放潜力、活力,充分公平竞争;同时在政府间关系上,也遵循规范与效率原则,由各级政府规范化地分工履行公共财政职能,将事权与财权在各级政府间进行合理划分,配之以财力均衡机制,即以资金“自上而下流动”为主的转移支付。这个框架,即是“经济性分权”概念下的财政分权框架,也即形态上类似于“财政联邦主义”①国际经验的分税分级财政体制安排。

分税制是分税分级财政体制的简称。其体制内容,首先包括在各级政府间合理划分事权(支出责任)与财权(广义税基配置);按税种划分收入建立分级筹集资金与管理支出的财政预算;进而这还会合乎逻辑地引出分级的产权管理和举债权管理问题,以及转移支付体系问题。分税制既适应了市场经济下政府维护市场秩序、提供公共产品职能定位的内在要求,也迎合了各级政府间规范化地、可预期地分工与合作以提高公共资源配置效率这种公共需要。

因此,一言以蔽之,分税制财政体制内洽于市场经济。在我国不断深化社会主义市场经济体制改革和推进全面配套改革,“五位一体”地实现现代化“中国梦”(“伟大民族复兴”战略目标)的征程上,坚持分税制财政体制改革方向,是切切不可动摇的。从 1994 年以来的基本事实出发,必须强调,近些年来地方财政运行中出现的县乡财政困难、隐性负债、土地财政、“跑部钱进”等问题,决非分税制所造成的,恰恰是因为分税制改革在深化中遇阻而尚没有贯彻到位、特别是在省以下还并未成型所引致。

面对现实生活中与基层困难、地方隐性负债和“土地财政”短期行为相关的问题与弊端,除了有未知省以下实情而把这些负面因素归咎于 1994 年分税制改革(实质上便会否定与市场经济相配套的财政改革与转型大方向)这种错误认识之外,还有一种虽未在表述上全盘否定分税制方向,却从强调“因地制宜”切入而提出的“中央与省之间搞分税制、省以下不搞分税制”“非农区域搞分税制、农业区域不搞分税制”的主张,贾康曾将其概括为“纵向分两段、横向分两块(两类)”的设计思路而撰文提出

① “fiscal federalism”通常被直译为“财政联邦主义”,但与政体概念的“联邦制”并无“充分必要”式的联系,在财政体制上,主要是比喻性和技术性的用语。

不同意见。这一设计思路看似以“实事求是”为取向，要害是未能领会市场经济资源配置的内在要求而脱离了中国经济社会转轨的基线和现实生活中的可操作性，属于一种使财政体制格局重回“条块分割”“多种形式包干”的思维方向，完全未能把握深化改革的“真问题”：一个统一市场所要求的各种要素无壁垒流动的制度安排，如何能够如此“因地制宜”而横、纵皆为切割状态？如果说省以下不搞分税制，那么实际上这恰恰就是说的“94改革”以来我们遗憾地看到的因深化改革受阻而业已形成、为人诟病的现实状态，真问题是如何走出这一“山重水复疑无路”的不良困境；如果说“农业地区不搞分税制”，那么且不说实际操作方案中如何可能合理地将我国具体划分各类大大小小、与非农地区仅一线之分的“农业地区”，只要试想一下体制分隔、切割状态下各个区域中的企业将如何形成我国目前第一大税种增值税的抵扣链条，以及各地政府将如何处理各自辖区的企业所得税索取权？这种将生成完全不能接受的紊乱状态后面所存在的真问题，是统一市场的资源配置优化机制，必然要求分税制“横向到边，纵向到底”地实施其制度安排的全覆盖——分税制改革的制度创新的内在要求如此，与之相联系、相呼应的管理系统创新、信息系统创新，也必然都应当“横向到边，纵向到底”地全覆盖。

三、完整、准确地理解分税制所应澄清的几个重要认识

分税制财政体制是一个逻辑层次清晰、与市场经济和现代社会形态系统化联结的制度框架，需要从政府与市场关系这一“核心问题”入手，在“让市场充分起作用”的取向下，完整地准确地理解，才有利于消除诸多歧义，寻求基本共识。

（一）分税制的逻辑起点，是市场经济目标模式取向下政府的职能定位和所获得的收支权

前文已提及，在市场经济中政府应从计划经济下直接配置资源的角

色退位于主要在市场失灵领域发挥作用,提供公共产品与服务和维护社会公平正义,各国共性的政府事权(职责)范围,大体取决于公共产品的边界。为履行政府公共职责,社会必须授权赋予政府配置(获取和支配)资源的权力,这其中便包括在配置经济资源中获取资金的权力(收入权)和支配资金的权力(支出权),现代社会通常表现为立法机关授权。其中收入权包括两类:一类是征税(费)权,一类是举债权,前者即为通常意义的财权,后者实为与形式上"无偿"取得收入的财权相辅助的"有偿"方式的权变因子——相应地,政府收入类型分为税、费和债,其中以税收为主(如果为提供跨时、跨代际公共产品而融资,则可以举债)。至于如何征税,则需要同时考虑收入足额目标和尽可能不对市场形成扭曲目标,并对于社会成员利益适当"抽肥补瘦",这客观要求税制设计要具备统一、规范、公平、效率取向和形成必要的差异性("对事不对人"地"区别对待")。在税收制度的安排上要求尽量保持税收的"中性",是为尽量避免对资源配置产生扭曲影响,然而发挥对市场的引导作用和政府宏观调控作用,又要无可避免地加入税制的适当差异化设计(如针对特定产业的税收优惠政策、又如个人所得税的累进税率设计,等等)。因此,在商品经济不发达的农业时代,通常只能以耕地作为税基的农业税成为首选;随着商品经济的兴起,以商品流转额为税基的流转税得到各国青睐;当经济进一步发展到近现代后,所得和财产类税基便受到了各国的重视。分税制体制的整体设计,必然要求以政府在现代社会"应该做什么、不应该做什么"("既不越位,又不缺位")和政府对市场主体和纳税人的调节方式(经济手段为主的间接调控和"对事不对人"的规范调控)为原点,即以尊重市场和服务与引导市场经济的政府职能定位及其适当履职方式为逻辑起点,把财政事权(支出责任)的分级合理化与复合税制的分级配置税基合理化这两方面,在分级收支权的制度安排体系中整体协调起来。

（二）政府事权范围对政府收入规模（广义宏观税负）起着大前提的作用

政府的收入权（现代法治形式为通过立法机关授权），为政府实际筹集收入提供了可能，而实际需要筹集的收入规模（通常为政府可用财力在GDP中的占比即广义"宏观税负"为指标）则首先取决于政府事权范围，或者取决于特定国情、阶段、战略设计等诸因素影响制约下的公共职能的边界。这反映着一种政府"以支定收"（中国古代表述为"量出制入"）的理财思想所带来的规律性认识，同时也可依此视角来对于近年来关于我国宏观税负高与不高的争论作出点评与回应。剔除财政支出效率和各国公共品供给成本的客观差异等因素，所谓宏观税负（广义宏观税负是指政府收入占GDP的比重，理论上更准确地说，还应该引申到政府支出占GDP的比重[①]高与不高，首先地、主要地取决于政府职能定位、事权范围的大小。从工业革命之后各国实践情况看，政府支出占比的长期表现均呈现上升趋势，这便是由著名的"瓦格纳定律"所作的归纳——其根本原因，在于随着社会发展，经济社会公共事务趋于复杂和服务升级，政府公共职能对应的事权范围渐趋扩大所致。

中国政府事权范围和职能范围边界，在传统体制下总体而言明显超出成熟市场经济国家（这里未论"城乡分治"格局下的某些乡村公共服务状况），改革开放以来有所趋同，但仍差异可观，除有政府职能转变不到位而导致的政府越位、缺位和资金效率较低等因素外，还包括：转轨过程中的特定改革成本；为落实赶超战略实现民族伟大复兴而承担的特定经济发展职责；我国力求加速走完成熟市场国家上百年的工业化、城市化进程，导致在其他国家顺次提供的公共品（有利于市场发展的基本制度、促进经济发展的基础设施以及有助于社会稳定和谐的民生保障品）等因

① 这里又引出一个问题，就是通过宏观税负指标无法完整反映政府在国民收入分配中的地位，用政府支出占GDP的比重这一指标会更准确。比如2009年日本政府（中央和地方）收入（不包括债务）占比仅为20.5%，而支出占比为39.2%，支出占比几乎为收入占比的2倍。

素,在我国改革开放 30 多年内较密集地交织重叠①。

上述分析并不否定市场改革不到位、政府越位、支出效率低下而导致公共资源配置不当、浪费所带来“无谓”政府支出或较高行政成本的问题,主要是想说明,政府事权范围是决定宏观税负高低的前提性认识框架,不同国家,发展阶段不同,国情相异,所以各国间静态的宏观税负可比性不强。中国的特定国情和当前所处的特殊阶段,导致政府事权范围较广,在既成宏观税负和政府支出占比水平之中,除确有一些不当因素之外,也具有其一定的客观必然性和合理性。

上述分析表明:市场失灵要求政府履行公共职责(事权),相应需赋予其获取、掌握(配置)经济资源的权力(收入权和支出权),而政府籍收入权应获取的收入规模(政府可用财力/GDP 占比)大前提上取决于事权范围,当然实际获取收入的规模又同时取决于经济发展情况、征管能力、税费制度设计与政策以及政府的公信度等等因素。因此,事权和应顺应于它的财权是“质”的制度框架性规定因素,它更多地反映着财政体制安排,而财力规模与宏观税负是事权、财权大前提、大框架下多种因素综合作用生成的“量”的结果。

(三)事权划分是深化分税制改革中制度设计和全程优化的始发基础环节

分税制财政体制内容包括:事权划分、收入划分和支出及转移支付安排三大部分内容。其中,反映政府职能合理定位的事权划分是始发的、基础的环节,是财权和财力配置与转移支付制度的大前提。因此,我们理应避免谈分税制改革问题时首先讨论甚至只讨论收入如何划分的皮相之见,而应全面完整、合乎逻辑顺序地讨论如何深化我国的分税制改革。

与讨论政府总体收入规模之前需要界定合理事权范围相类似,讨论各级政府财力规模和支出责任的合理化问题之前,必须合理划分各级政

① 贾康,梁季. 收入分配与政策优化、制度变革[M]. 北京:经济科学出版社,2012.

府之间的事权。这符合第一层次以支定收的原理①。只有各级政府间事权划分合理化，支出责任才可能合理化，才可以进而讨论如何保证各级财力既不多也不少，即“财权与事权相顺应（相内洽）、财力与事权相匹配”的可行方案。

把某类事权划给某级政府，不仅仅意味着该级政府要承担支出责任，更要对公共产品的质量、数量和成本负责。因此，“事权”与“支出责任”两个概念其实并不完全等同，支出责任是事权框架下更趋近于“问责制”与“绩效考评”的概念表述。公共财政的本质要求是在“分钱”和“花钱”的表象背后，带来对公共服务责任的合理有效制度规制以寻求公共利益最大化。

一般而言，不同政府层级间的事权划分要考虑公共产品的属性及其“外溢性”的覆盖面、相关信息的复杂程度、内洽于全局利益最大化的激励—相容机制和公共产品供给效率等因素。属于全国性的公共产品，理应由中央政府牵头提供，地区性的公共产品，则适宜由地方政府牵头提供。具体的支出责任，应合理地对应于此，分别划归中央与地方。同时，由于地方政府较中央政府更具有信息优势，更加了解本地居民需要，因而在中央政府和地方政府均能提供某种公共服务的情况下，基于效率的考虑，也应更倾向于由地方政府提供。

（四）广义税基收入划分主要取决于税种的属性与特点，且要求地区间税基配置框架大致规范一律，但各地实际税收丰度必然高低不一，客观存在我国尤为突出的财政收入的地区间“横向不均衡”

在事权合理划分后之后的逻辑环节，依次为财权配置（广义税基划分安排）、预算支出管理和相应于本级主体的产权和举债权配置问题。这里先看税基划分。

按税种划分收入（即税基配置），属于分税制财政体制框架下的题中

① 贾康．财政职能及平衡原理的再认识［J］．财政研究，1998（7）．

应有之义和关键特征。政府所有的规制和行为，均应以不影响或尽量少影响生产要素自由流动和市场主体自主决策为标准，相应的收入（税基）划分，则需要考虑税种对生产要素流动影响以及中央、地方分层级的宏观、中观调控功能实现等因素。税种在中央、地方间的划分即税基的配置，一般认为要遵循如下基本原则：与国家主权和全局性宏观调控功能关系密切、或税基覆盖统一市场而流动性大的税种，应划归中央；而与区域特征关系密切、税基无流动性或流动性弱，以及税基较为地域化、不会引起地区间过度税收竞争和需要“因地制宜”的税种，应划归地方。按此原则，如关税、个人所得税、增值税、社会保障税等应划归中央，如房地产税、资源税、特定地方税等应划归地方。

从各国具体实践情况看，在基本遵循上述原则的情况下，不同国家根据本国情况，对个别税种有一些变通。如美国的个人所得税为联邦政府和州、地方政府按照税基共享、分率计征方式进行收入共享（联邦级为主，实行超额累进税率；州与地方为辅，低税率乃至低平比例税率）；英国将住宅类房产税（称为市政税）作为地方税，而将非住宅类房产税（称为营业税）作为中央税以及中央向地方转移支付的来源，按照居民数向各地区返还。我国“94 改革”后在收入划分上为考虑调动地方积极性，将税基大或较大的几个税种（增值税、企业所得税、个人所得税）作为共享税，但这些同经济发展直接相关、税基流动性特征明显的主力税种划定为中央与地方共享税，在一定程度上违背了收入划分的应有原则，结果是刺激地方政府承担较多的经济发展事权以及在相互之间实行过度的税收竞争（表现为争上投资、争抢税源等）。因此，“分财权（税基）”和“分财力（收入）”，均有其需遵循的科学规律和所应依据的客观内洽机制，不应简单按照人的主观意志与偏好行事，这方面人为的调控空间很有限度。

值得一提的是特种消费税（即我国的消费税），如果在消费环节征收，且消费具有明显的地域化消费特征（如某地汽车消费量大，汽车消费税收入则高；烟酒消费量大，烟酒消费税收入就多）、税收收入与某类财政支出具有较直接的对应关系（如汽车消费量大，因汽车消费导致的城市交通维护、治理拥堵的财政支出就相应较高；烟消费量大，因吸烟引发的各类疾病的卫生保健医疗成本也会较高），那么这类消费税收入是宜于划归地方的。但是，目前我国特种消费税多在生产环节征收，且主要税目（如燃油、烟酒）或主要由大型或成规模国有企业生产、或由政府垄断经营，如果划归地方税，则可能带来地方政府为获得高财政收入而要求企业竞相多多生产，背离“寓禁于征”初衷。未来在征管条件具备，将征收环节后移至批发环节或消费环节（目前由于烟酒为政府专营体制，具备将征收环节后移至批发环节的条件）时，可以考虑将该类税基划归地方政府。有些论者担心会因此激励地方政府鼓励消费、达到多收税的目的，实际上，无论是燃油还是烟酒，均已主要成为大众化消费品（“八项规定”实行后原先往往以“奢侈品”定位的高档烟酒大都回归了原形），地方政府没有能力、也没有手段对千千万万消费者的消费行为进行干预，其对消费者的影响力远小于可由其控股的屈指可数的国有生产企业。

至于房地产税（不动产税，即美国的 Property tax、英国的 Concil tax 这种在住房保有环节逐年征收的财产税），则是适合于作为地方政府支柱财源的典型税种：税基不流动，几乎完全不涉及对辖区之外的“外溢性”问题，地方政府最具信息优势，随着工商业活动繁荣、经济社会发展和居民收入水平的上升而水涨船高也增加税基丰度，因而地方政府只要专心致志、心无旁骛地优化本地投资环境，提升本地公共服务水平，辖区内的房地产就自然而然进入升值轨道，而每隔一段时间重评一次税基的机制，正是使地方政府的尽职行为成为内洽地解决自身“财源建设”问题的可预期套现机制，将可以在一般具备一定工商业活动水平和居民规模与人气的区域，提供大宗、稳定的地方政府收入来源，且易于具有充分听取社区、基层民意而有针对性地服务于当地公共利益（如教育、市政服务）的天然便利和“民主”色彩。因此，这一税种在主要现代经济体中，大都成为地方的主体税种。对于当下的中国而言，房地产税更具有一种抑地方政府“圈地卖钱”动机、激励地方政府“养地升值”积极性、进而提高我国城镇化过程中稀缺土地资源利用率的特别重要的意义。

无论税种(税基)在政府间如何配置,收入是独享还是共享,其划分原则和共享办法与比例,在一个国家内应是上下贯通、规范一律的。即使那些不宜由中央或地方专享,出于过渡性的或甚至是长期理由不得不划为共享税的税种(如我国目前的增值税、企业所得税和个人所得税),也需要执行全国统一的分享办法和分享比例。假如我们不能坚持最基本的“全国一律”特征,我国 1994 年形成框架的分税制的根基就会被动摇——试想,如按有些同志听来似乎“有道理”的主张,把欠发达地区的增值税 25% 分享比重(或所得税 40% 分享比例)提高,用以“因地制宜”地缓解地方困难,那么假定这一个省(区)如果调为 50%,另一个省(区)马上会抬出一大堆理由要求升为 60%,最欠发达的边远省(区)则可能会要求 70% 以上,而中部地区、发达地区同样会很快愤愤不平地摆出一大串理由与“困难”来要求也改变比例。这样,体制的实际规则,就会转变为“一地一率”、讨价还价的分成制,分税制体制的基本框架便将随之而轰然倒塌,原来弊病丛生、苦乐不均的“会哭的孩子有奶吃”、无休止的扯皮、“跑部钱进”和桌面之下的灰色“公关”等等问题,就都会卷土重来,按税种划分中央、地方收入的基本逻辑将荡然无存。这样现实中的财政体制便不成其为与统一市场、公平竞争环境及体制稳定规范性相契合的“分税制”体制了。因此,即使是共享税,其切分办法也必须全国一律,“因地制宜”要靠后面的转移支付来处理,这实际成为维护我国“94 改革”基本制度成果的底线。

需要强调的是,各地区税基配置统一、分享办法相同、分享比例一律,并不意味着各地区实际的税收丰度(某一税种的人均可实现收入数量)均平化,却会出现由于地区经济发展水平的差异及其他相关因素而大相径庭的情况。比如同是分享 25% 的增值税,工商企业数量多、发展水平高、增值税规模大的沿海省(区),与工商业还很不活跃、经济发展水平低下、增值额规模往往还很小的西部边远省(区),定会有人均对比上的巨大反差;同是拿取40%的所得税,但企业效益水平和居民收入水平的区域差距十分显著,进而人均比较的税收数量,在不同区域往往完全不可同日而语。这就注定会产生区域间财政收入丰度显著的“横向不均衡”,这种情况在区域差异悬殊的我国尤为显著,客观地形成了比一般经济体更为强烈的均衡性转移支付制度需求。

(五)因收入与支出二者在政府间划分遵循不同原则,各地税收丰度和供给品成本又必然不同,中央本级、地方本级必不可能各自收支平衡,客观上需要以基于“中央地方纵向不均衡”的自上而下的转移支付制度,调节“地区间的横向不均衡”

前已述及不同政府层级税基配置即收入划分的原则,而这与更前面所论及的事权划分即支出责任划分的原则并不形成直接对应关系。规范的制度安排内在地要求各地税种一律、分享比例一律,但实际的税收丰度却会由于地区经济发展水平的差异及其他相关因素而大相径庭,注定会产生区域间财政收入丰度显著的“横向不均衡”。与此同时,地方政府提供“基本公共服务均等化”所需的公共产品的供给成本,却又会因巨大的地区差异而产生另一个支出负担上的“横向不均衡”,使欠发达省(区)面临更大困难:因为恰恰是税收丰度很低的地方,大都是地广人稀、高原山区、自然条件较严酷而提供公共产品的人均成本非常高的地方;又恰恰是税收丰度较高的地方,一般都是人口密集、城镇化水平高、自然条件和生存环境较好因而提供公共产品的人均成本比较低的地方。财政的收入丰度低而支出成本高,这就是欠发达地区普遍面对的困难处境,因此分税制框架下对这个问题的解决之道,便主要需依仗“自上而下”的中央财政、省级财政对欠发达地区的转移支付制度安排(也不排除中央政府协调组织之下开展的发达地区对欠发达地区的“横向”转移支付等),形成可持续的调节区域差异的通盘方案。

随着经济社会复杂性的提高,人们需求的多元化和个性化明显增强,政府事权下移为某种大趋势,各国实践也印证了这一点。在市场经济下,商品极大丰富、生产要素流动活跃、国内国际间贸易活动频繁,以商品和生产要素为税基的税种成为各国首选,而从这些税种的特点和属性分析,恰恰都宜将其作为中央税,即使与地方分享,地方分享比例也不宜过高,否则会阻碍生产要素和商品的流动,违反市场经济原则。因此带来中央税权和可支配财力均呈现出“上移”的实践运行结果,与社区、地方“自治”倾向上升而发生的事权“下移”又恰恰形成鲜明的对比。加之中央政府无一不是必须承担调节各地区差异等全局性的任务,只有其可支配财力规模大于本级支出所需规模,才可能腾出一部分财力以转移支付等形式去履职尽责。所以,从中央与地方层面看,必然出现中央本级收 > 支、地方本级收 < 支的“纵向不均衡”的客观、常态格局,“中央拿大头支小头、地方拿小头支大头”的财力“纵向不均衡”不但不足为奇,而且正是各国分税分级体制运行的共性特征,相应地,转移支付也主要表现为“自上而下”的财力转移即“资金向下流动”格局。“94 改革”已使中国政府财力分配的这一格局初具模样(如图 1 所示)。

我国现阶段中央收入占比为 50% 弱的水平,无论与其他代表性国家相比,还是与我国中央政府所承担的宏观调控职责相比,都可说中央收入占比并不高。其实问题更明显地出在支出侧,即支出总盘子中中央占比过低(仅约为 15%)、地方支出占比过高。2009 年经合组织(OECD)成员国中央支出非加权平均值为 46%,其中与中国可比的大国如美国是 54%,英国是 72%,日本是 40%①。而中央与地方支出失衡背后的原因恰恰是政府间事权划分不合理导致的支出责任错配,政府间事权划分办法不规范、不统一,具有明显的非规范特色;同时新增事权多采取“一事一议”办法,无统一科学标准化的原则和方案遵循。我国有些中央应承担

① 楼继伟:《中国需要继续深化改革的六项制度》,2012 - 02 - 02。

的事权如国防，现实中往往以“军民联防”“军地共建”等名义较深度而无规范地扯入了地方，另一些也理应由中央承担的重要事权如经济案件的司法审判权，则几乎全部交给了地方，使得在地方利益眼界内非公平判决层出不穷。合理解决这些问题之道，不是减少中央收入占比，而是应调整事权和支出责任，如最终结果会使中央在支出总盘子中的占比不变或有所提升，也将是合理状态。

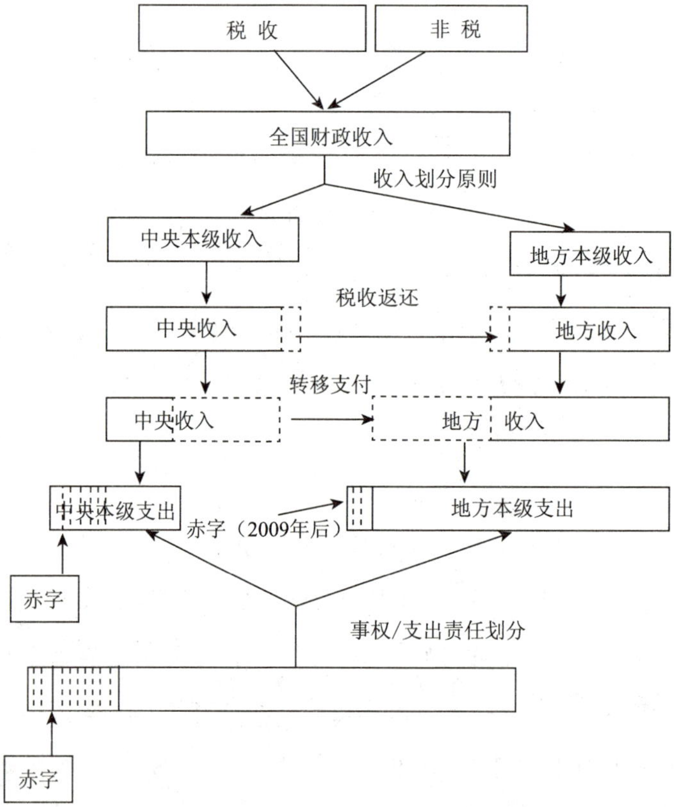

图1　我国政府间财政关系简要图示

无论是考虑到“实现共同富裕”的社会主义本质，还是法治社会下基于公民“人权平等”提出的“基本公共服务均等化”要求，都客观地需要运用转移支付制度手段对财政资金余缺自上而下地在政府间进行适当调节。这种转移支付有效运行的基本前提就是“纵向不均衡”地由中央取得与其宏观调控功能相称的财力,进而去调节地区间的“横向不均衡”。在我国经过二、三十年“让一部分人和一部分地区先富起来”的发展之后,叠加迥异的自然地理环境,地区间经济发展水平差异巨大,“实现共同富裕”任重道远,新时期中央政府不可回避的一项重要责任,就是以合理方式“抽肥补瘦”,抑制地区间差距扩大——这种中央政府针对“横向不均衡”履行区域差异调节责任的物质前提,就是形成合理设计与可持续实施的中央、地方间“纵向不均衡”的财力分配框架。

所以,市场经济下分税制框架中必然内含的转移支付制度建设,在我国尤其重要,必须进一步按“长效机制”要求来打造并加以动态优化。相应于此我国转移支付制度建设目标包括平衡地方基本公共服务能力和实现特定宏观调控目标两大方面,分别大体对应于“一般性转移支付”和“专项转移支付”。

(六)财权与事权相顺应和财力与支出责任相匹配都十分重要、不可偏废,但二者属递进关系而非平行关系,较适当的“中央地方财力占比”是在正确处理经济性分权制度安排各环节后自然生成的

在1994年分税制改革启动时,提出了“根据事权与财权相结合的原则……并建立中央税收和地方税收体系……”①、“并充实地方税税种,增加地方税收入”②,但随着改革进程中出现的诸多问题,对事权与财权相结合的提法提出了质疑,近些年的文件中,只是屡次强调了“财力与事权相匹配”,学界也有解读为不讲财权、只讲财力才是出路的声音。

从结果导向看,追求各层级政府和各地方政府实现财力与事权和支出责任相匹配,是分税制体制安排逻辑链条的归宿,也属于分税制建立和完善的动力源,但这并不意味着,我们可以放弃“事权与财权相顺应”这

① 参见《国务院关于实行分税制财政管理体制的决定》(国发[1993]第85号)。
② 同上。

一内含于原“相结合”表述中的追求与市场经济内洽而规范制度建设的前道环节。近些年的实践恰恰充分表明，我们亟需明确地在“事权与财权相顺应”的基础之上，追求“财力与支出相匹配”的结果。也就是说，循着“一级政权，一级事权，一级财权，一级税基，一级预算，一级产权，一级举债权”的制度建设逻辑，再配上有效的转移支付制度，才能最终可持续地实现使中国哪怕是最欠发达地区的地方政府，也能够以其可用财力与“基本公共服务均等化”的职能相匹配。如何使财权（广义税基）与事权相顺应、相内洽、相结合，是最终使财力与事权相匹配跳不过去的前置环节。

强调事权与财权相顺应，就意味着我们必须如“十八大”报告所强调的更加重视地方税体系的建设，重视地方潜在税基的发掘，并重视地方阳光化举债制度的建设和国有资产管理体系的完善，而非仅仅盯在目前可见到的现有收入如何分享、如何调整分成比例的问题上。早在20世纪80年代第二步“利改税”时，我国便设计了城市维护建设税、房产税、土地使用税和车船使用税。当时设计这四个税种，重要目的之一“是为改革财政管理体制做准备，希望通过建立地方税体系，使地方有比较稳定的财源，稳定中央与地方的分配关系。”①。但是分税制运行20多年来，尤其是进入新世纪以来，房地产、矿产（包括石油、天然气、煤炭等主要能源品和金属矿石、碳石等基础品）价格飙升，最适宜作为地方税的这两类税基迅速成长，但因地方税体系建设明显滞后，相关的理顺体制、深化改革任务也步履维艰，这不能不说与忽视和淡化“事权与财权相顺应（相结合）”的认识和指导原则有关。

重视“事权与财权相顺应”，也必然相应要求提高对税权下放的关注度。税权下放不仅包括税种选择权，税率调整权，也包括最终于一定条件下的因地制宜设税权。地区间特色、互补发展的态势早已显现端倪，近年

① 王丙乾．中国财政60年回顾与思考[M]．北京：中国财政经济出版社，2009.

国家也有意引导各地区按照“功能区”模式发展,这意味着各地的“特色税基”将会由潜在状态而浮出水面,“靠山吃山、靠水吃水”,在体制规范化条件下,地方政府应可以考虑适当地、依法地、按照科学合理的方式从“特色资源”中获取收入。由于“特色资源”不易流动,相应也不会产生税源竞争。同时特色资源的开发维护需要特殊成本支出,这种收入恰可以弥补这部分支出,也符合税收的“受益”特点。可以设想,在消费税中讨论增设特色消费税税目,各地区可以因地制宜地按照本地区特色资源设定具体税目和税率。比如一些中西部欠发达地区,其自然资源或“红色文化”积淀比较有特色,便可以考虑对来此的旅游者开征特色消费税(可比照借鉴美国旅游胜地凡在当地住宿旅客均要缴纳宾馆床位税的这类办法);再比如,针对东部大城市的拥堵问题,可以考虑开征“拥堵税(费)”(比照借鉴伦敦等地经验),等等。

如果重视“事权与财权相顺应”,我们就势必需要首先重新审视目前税种划分是否合理,并创造条件改革税制,积极考虑“营改增”倒逼之后的资源税、房产税、消费税、环境税等的改革,在配套改革中积极地为丰富地方税基打基础,而不是一上来先大谈中央、地方财力占比高与低的问题。即使在现行一些较小税种划分的技术层面,其实也有依此思路的改进空间,如目前的车辆购置税:一般而言车辆购买地、上牌地和消费地大体一致,因此较适宜作为地方税,而目前车辆购置税为中央税;还有烟草消费税,目前已具备条件将征收环节从生产环节和批发环节后移至销售环节,将其作为省(市)级收入。也可积极研讨将汽车消费税征收环节从生产环节后移至零售环节,将其作为地方税收入等等问题。

所以,事权与财权相顺应和财力与支出责任相匹配两者都十分重要,不可偏废,但逻辑顺序上二者是一种递进关系,切不可错认为是平行关系,甚至认为后者对前者是替代关系或涵盖关系,这将引出将分税制深化改革、制度完善的任务,简单化为“分钱”和“占比”调整问题,以及滑向“一地一率”式因地制宜主张的严重误区,而贻误改革事业。

依上所述，也可以得出一个至关重要的认识：近年人们往往热衷于反复讨论、争议不休的“中央、地方财力(收入)占比”高与低的问题，其实并没有触及中国现阶段深化分税制改革的关键。较适当的中央地方财力分配格局，在“占比”上的量化指标，应是在正确处理经济性分权各项前置环节制度安排问题之后，加上全套转移支付的优化设计而自然生成的，不是根据主观偏好可以设计出来、或简单依从“国际经验”比照出来、或在“争论”中“少数服从多数”的。我们既不应、也不必把“中央地方收支应占百分之多少”的问题作为讨论的重点，更不能把这一点作为讨论的大前提。

四、“94 改革”后中央—地方“纵向不均衡”机制正面效应的实证考察

针对各方屡屡提出的“中央、地方财政收入占比各约占 50%，但中央支出占比仅为 20%，地方支出占比要达 80%，那地方还怎么过日子?”的诘问，有必要按照前述以中央—地方间“纵向不均衡”调节矫正地方之间的“横向不均衡”的思路，根据实证数据，分析说明“94 改革”后我国财政体制“纵向不均衡”转移支付机制已产生的正面效应。

(一)东部地区为转移支付的净流出区，中西部地区为转移支付的净流入区

在现行分税制财政体制框架下，中央与省之间按照规范一律、同一比率的共享收入划分办法分配财政收入。在这种情况下，地方财政自有收入(即通常意义上的地方公共收入或地方一般预算收入)与本地区经济发展水平直接相关，经济越发达，地方财政自有收入能力越强。同时，经济发达地区对中央本级收入的贡献也越大。2012 年，中央级税收收入共计 64513.6 亿元，东中西部地区贡献的收入规模分别为 42217.51 亿元、11882.26 亿元和 10413.79 亿元，占比分别为 65.4%、18.4% 和 16.1%，

东部发达地区对中央收入贡献是中西部地区的1.9倍（参见表1）。

其后，中央通过转移支付的形式，又将一部分资金用于地方，特别是中西部地区，促进地区间经济协调发展和基本公共服务均等化。近年来，中西部地区从中央得到的转移支付制度均高于东部地区，以2012年为例，中央对地方的转移支付（包括税收返还、一般性转移支付和专项转移支付）规模为45109.6亿元，其中东中西部地区分别得到补助8369.85亿元、18233.84亿元和18505.89亿元，占全部转移支付的比重分别为18.6%、40.4%和41%，东部占比最低，比中部低近20个百分点，比西部低近21个百分点。相应地，东部成为财政收入的净流出区（数量为对中央收入的贡献—从中央得到的补助），2012年净流出规模达33847.7亿元，中西部成为收入的净流入区，净流入规模达14443.7亿元。（关于这种对比情况的直观表示，可参看表1和图2）

表1　2012年东中西部地区对中央收入的贡献及获得中央补助情况（单位：亿元、%）

地区	对中央收入贡献度		从中央得到的补助		受益与贡献差额
	绝对规模	相对比重	绝对规模	相对比重	
东部	42217.51	65.4	8369.85	18.6	-33847.7
中部	11882.26	18.4	18233.84	40.4	6351.6
西部	10413.79	16.1	18505.89	41.0	8092.1
全国合计	64513.6	100.0	45109.6	100.0	

注：本表中的东中西部地区分别为，东部地区包括北京、天津、辽宁、上海、江苏、浙江、福建、山东、广东9个省、直辖市；中部地区包括河北、山西、吉林、黑龙江、安徽、江西、河南、湖北、湖南、海南10个省；西部地区包括重庆、四川、贵州、云南、西藏、陕西、甘肃、宁夏、青海、新疆、内蒙古、广西12个省、直辖市、自治区。

数据来源：见附表2。

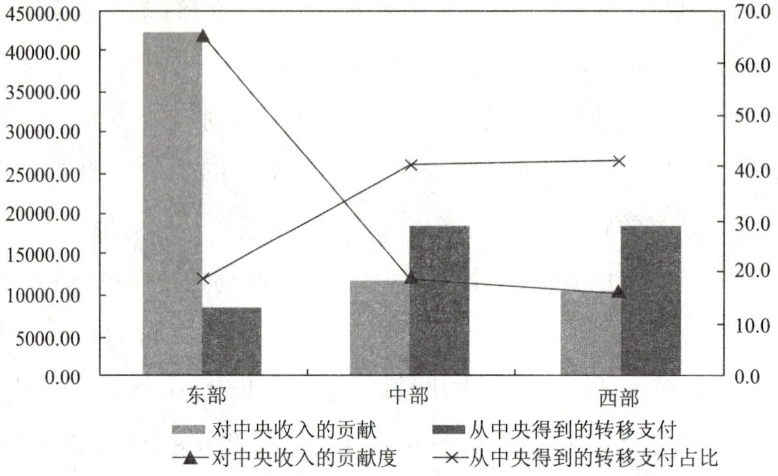

图 2　2012 年东中西部地区对中央收入的贡献和从中央获取补助的对比情况(单位:亿元;%)

注:贡献度计算公式为:对中央税收贡献额/中央全部收入;补助率计算公式为:取得的中央补助/中央补助总额。

(二)部分西部地区财政自给率不但低于 50%,且财政支出规模高于本地区财政总收入规模

财政自给率是地区一般预算收入与财政支出的比重,该比值如果低于 50%,则意味着中央政府对该地区的转移支付规模大于本地区的一般预算收入,2012 年各地区财政自给率情况如图 3 和附表 2 所示。

从中可以看出,东部的 9 个省份地区中,自给率均超过 68%,其中超过 80% 的省份有 6 个;而中部 10 个省份中,仅有 2 个省份(河北和山西)财政自给率超过 50%;西部 12 个省份中,只有 2 个省份(重庆和云南)财政自给率超过 50%,7 个省份财政自给率低于 40%,如西藏仅为 9.6%,青海为 16.1%。

尤其值得一提的是,对于绝大多数的中西部省份来说,其财政支出超过本省财政总收入(本省一般预算收入 + 上划中央的税收收入)①,22 个中西部省份中,有 20 个省份的财政支出规模超过其财政总收入,具体见

① 财政总收入 = 本省一般预算收入 + 上划中央的税收收入。

图 3 和附表 2。这意味着中西部地区绝大多数省份可用财力在超过本地区经济所能贡献的全部财力的情况下,是通过中央层面的转移支付制度,将部分东部地区经济发展所产生的财力转移给了中西部地区。如新疆,2012 年财政总收入为 1864.91 亿元,财政支出为 2720.07 亿元,后者高于前者 855.16 亿元。因此,中央的转移支付制度正在发挥着“先富带动后富,实现共同富裕”的作用。

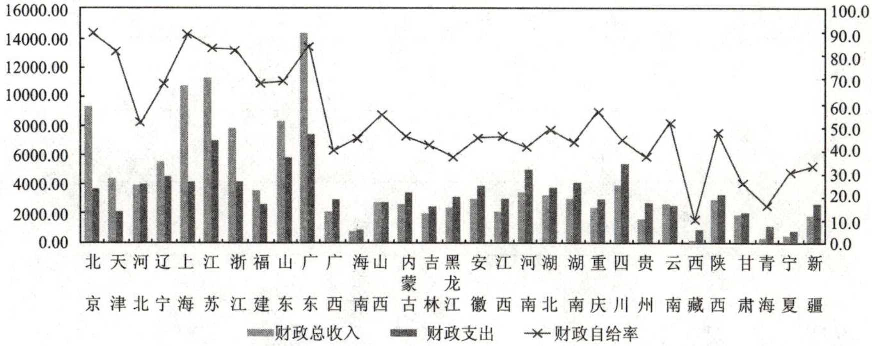

图 3　2012 年各省财政总收入、财政支出以及财政自给率情况(单位:亿元;%)

(三)转移支付制度有效地发挥了平衡地区间财力的作用

2012 年人均财政收入排在前五名的省市为北京、上海、天津、江苏和辽宁,五省市人均财政收入为 11736.5 元/人,是全国平均水平的 2.33 倍。而后五省区甘肃、河南、广西、湖南和河北①人均财政收入水平仅为 2444.94 元/人,仅占全国平均水平的 54.2%。经过税收返还、一般性转移支付和专项转移支付后,前五名省市人均财政收入水平相对于全国平均水平的倍数下降至 1.78 倍,而后五省省区上升到全国平均水平的 80%,均等化效果非常明显(具体请看图 4)。

同时,2012 年 31 个省市转移支付前人均财政收入基尼系数为 0.328,转移支付后人均财政收入基尼系数降至0.261,收入差距缩小了

① 第五名应该是西藏,考虑到西藏的特殊情况,这里未将其纳入。

25.7%。(财政部预算司编著的《财政体制简明图解》中有1994—2009年转移支付前后地区间人均财政收入基尼系数数据[见图5],2009年转移支付前为0.418,但从趋势上看,自2004年以来该系数是逐渐降低的,我们计算的2012年数据为0.328。转移支付后人均财政收入基尼系数2009年为0.278,我们计算2012年进一步降低为0.261。)

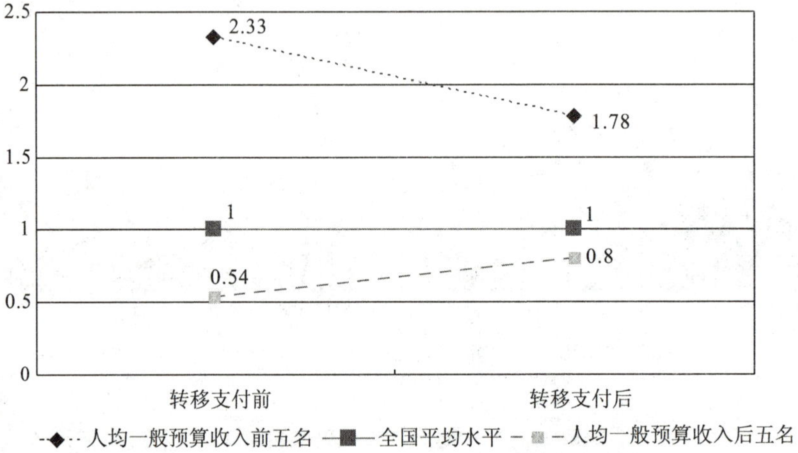

图4 2012年前五位、后五位人均财政收入情况极差分析

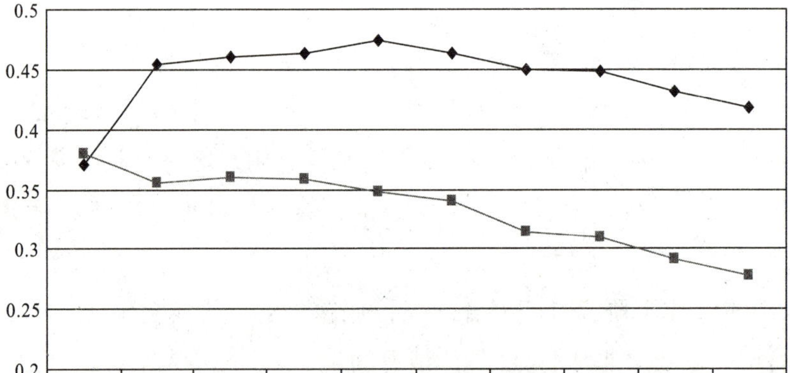

	1994年	2001年	2002年	2003年	2004年	2005年	2006年	2007年	2008年	2009年
转移支付前	0.37	0.454	0.461	0.464	0.474	0.463	0.449	0.448	0.431	0.418
转移支付后	0.379	0.356	0.36	0.358	0.347	0.34	0.314	0.309	0.291	0.278

—◆—转移支付前　—■—转移支付后

图5 1994—2009年转移支付前后地区人均财政收入基尼系数

数据来源:《财政体制简明图解》,P103,中国财政经济出版社从东中西部看，2012 年转移支付前人均财政收入分别为 6982.8 元、2964.3 元和 3503.7 元，收入差距达 4018.5 元。通过转移支付后，三地区人均财政收入分别为 8738.4 元、6561.7 元和 8583.8 元，收入差距为 2176.7 元，仅为原来的 54.2%（具体见图 6 和附件 3）。

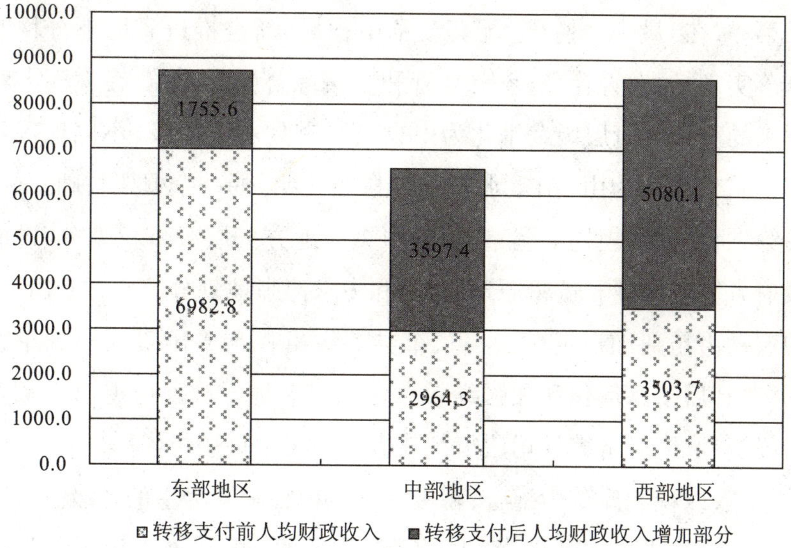

图 6　2012 年东中西部转移支付前后人均财政收入变动情况（单位：元）

总之，“94 改革”后的财政体制已明显地产生抑制和缩小我国区域间差距而服务于全局的正面效应。展望今后，这种正面效应贡献的进一步提升和可持续，需依托深化改革中使中央—地方的财力“纵向不均衡”机制进一步完善和健全。

五、今后深化财政分税制改革的基本思路与重点

基于以上认识，近期和未来在深化改革中健全完善我国分税制财政体制的大思路，应是在明确政府改革中职能转变、合理定位的前提下，配合政府层级的扁平化和“大部制”取向下的整合与精简化，按照中央、省、市县三级框架和“一级政权、一级事权、一级财权、一级税基、一级预算、

一级产权、一级举债权”的原则，配之以中央、省两级自上而下和地区间横向的转移支付制度，建立内洽于市场经济体制的事权与财权相顺应、财力与支出责任相匹配的财政体制。

根据“94 改革”以来分税制深化改革不如人意的突出矛盾和真实问题，今后改革的重点至少应包括：

第一，在“最小一揽子”配套改革中积极、渐进推进省以下分税制的贯彻落实，通过省直管县、乡财县管和乡镇综合配套改革，在大面上将我国原来的五个政府层级扁平化为中央、省、市县三个层级（不同地区可有先有后），以此作为由“山重水复”变“柳暗花明”的一个框架基础。

第二，在顶层规划下调整、理顺中央与地方三层级事权划分，进而按照政府事务的属性和逻辑原理，合理和力求清晰地划分政府间支出责任，尽快启动由粗到细形成中央、省、市县三级事权与支出责任明细单的工作，并在其后动态优化和加强绩效考评约束。地方政府应退出一般竞争项目投资领域；经济案件司法审判权应集中于中央层级，等等。

第三，以税制改革为配合，积极完善以税种配置为主的各级收入划分制度。大力推进资源税改革（以将“从价征收”机制覆盖到煤炭为重头戏）和积极扩大房地产税改革试点范围；扩大消费税征收范围、调整部分税目的消费税征收环节，将部分消费税税目收入划归地方；将车辆购置税划归为地方收入；于积极推进“营改增”中，将增值税中央增收部分作为中央增加对地方一般性转移支付的来源。

第四，按照人口、地理、服务成本、功能区定位等因素优化转移支付的均等化公式，加强对欠发达地方政府的财力支持；适当降低专项转移支付占全部转移支付的比重，归并、整合专项中的相似内容或可归并项目；尽量提前其具体信息到达地方层面的时间，并原则上取消其“地方配套资金”要求，以利地方预算的通盘编制与严肃执行。此外，还应积极探索优化“对口支援”和“生态补偿”等地区间横向转移支付制度。

第五，结合配套改革深化各级预算管理改革，在全口径预算前提下从中央级开始积极试编 3 ~ 5 年中期滚动预算；把单一账户国库集中收付制发展为“横向到边、纵向到底”；配之以“金财工程”“金税工程”式的全套现代化信息系统建设来支持、优化预算体系所代表的全社会公共资源配置的科学决策；应加快地方阳光融资的公债、市政债制度建设步伐，逐步置换和替代透明度、规范性不足而风险防范成本高、难度大的地方融资平台等隐性负债；地方的国有资产管理体系建设也需结合国有资本经营预算制度建设而积极推进。

第六，在“渐进改革”路径依赖和“建设法治国家”“强化公众知情与参与”多重约束条件和逻辑取向下，逐步而积极、理性地推进财税法制建设，掌握好服务全局大前提下“在创新、发展中规范”与“在规范中创新、发展”的权衡点，强化优化顶层规划和继续鼓励先行先试，在经济社会转轨历史时期内，不断及时地把可以看准的稳定规则形成立法。

附表 1

2013 年省对下财政体制*

地区	省份	现行体制颁布年份	是否按税种分税	主要税种的省级分成税种	省级主要分成税种的分成比例				
					增值税省级分成比例	营业税省级分成比例	企业所得税省级分成比例	个人所得税省级分成比例	其他税或费
东部	江苏	2008	是	增值税、企业所得税、耕地占用税、地方城镇土地使用税、土地增值税、房产税和契税	增量集12.5%	—	增量集中20%	—	耕地占用税50%、地方城镇土地使用税30%、土地增值税30%、房产税30%和契税30%
	浙江	2008	否	总额分成					增量部分省级总额分成20%
	山东	2005	是	营业税、企业所得税、个人所得税	—	20%	8%	15%	新增土地有偿出让收入5%

续表

地区	省份	现行体制颁布年份	是否按税种分税	主要税种的省级分成税种	省级主要分成税种的分成比例				
					增值税省级分成比例	营业税省级分成比例	企业所得税省级分成比例	个人所得税省级分成比例	其他税或费
东部	广东	2011	是	营业税、企业所得税、个人所得税、土地增值税	—	50%	20%	20%	土地增值税 50%
	福建	2002	否	总额分成					
	辽宁	2010	否	总额分成	以2008年省市共享税收的决算数为基础，按2006—2008年3年年均增长率，推算基期年（即2009年）省市共享税收基数。各市上划省级共享税收基数占各市的省市共享税收基数比例即为各市总额分成上解省财力比例，一市一率。				
中部	山西	2002	是	增值税、营业税、企业所得税、个人所得税、资源税、城镇土地使用税	8.75%	35%	14%	14%	资源税 35%、城镇土地使用税 35%
	吉林	2004	是	增值税、营业税、企业所得税、个人所得税	12.50%	50%	16%	16%	—
	黑龙江	2006	是	营业税	—	50%	—	—	—
	安徽	2004	是	企业所得税、个人所得税	—	—	15%	15%	—
	江西	2003	是	资源税、城镇土地使用税、印花税、土地增值税、个人所得税、房产税	—	—	—	16%	资源税、城镇土地使用税、印花税、土地增值税、房产税 2002 年存量的 40%

续表

地区	省份	现行体制颁布年份	是否按税种分税	主要税种的省级分成税种	省级主要分成税种的分成比例				
					增值税省级分成比例	营业税省级分成比例	企业所得税省级分成比例	个人所得税省级分成比例	其他税或费
中部	河南	2004	是	营业税、企业所得税、个人所得税增量省级分成	—	增量分成20%	增量分成20%	增量分成20%	—
	湖北	2011	否	总额分成 各省在2002年财政管理体制下分享的税收，以2010年各市县核定省级税收为基数，与各市县地方税收收入增长速度同增同减，不再分享增值税、营业税和所得税。					城建税、耕地占用税、城镇土地使用税、印花税、资源税、城市教育费附加等继续实施定额上缴
	湖南	2010	是	企业所得税、个人所得税、资源税、城镇土地使用税、土地增值税	4.25%	25%	12%	12%	资源税25%
	海南	2007	是	增值税、营业税、企业所得税、个人所得税、土地增值税和契税6项税收	海口市：13.75%	海口市：55%	海口市：22%	海口市：22%	海口市：土地增值税和契税55%
					三亚市：8.75%	三亚市：35%	三亚市：14%	三亚市：14%	三亚市：土地增值税和契税35%
					其他地区：6.25%	其他地区：25%	其他地区：10%	其他地区：10%	其他地区：土地增值税和契税25%
	河北	2005	是	增值税、营业税、企业所得税、个人所得税、排污费	10%	10%	20%	10%	排污费10%

续表

地区	省份	现行体制颁布年份	是否按税种分税	主要税种的省级分成税种	省级主要分成税种的分成比例				
					增值税省级分成比例	营业税省级分成比例	企业所得税省级分成比例	个人所得税省级分成比例	其他税或费
西部	四川	2000	是	增值税、营业税、个人所得税、资源税、房产税、印花税、城镇土地使用税、契税	8.75%	35%	—	14%	资源税、房产税、印花税、城镇土地使用税、契税35%
	贵州	2013	是	增值税、资源税、城镇土地使用税	5%	20%	8%	8%	资源税、城镇土地使用税20%
	云南	2005	是	企业所得税、个人所得税、耕地占用税、卷烟企业市县的教育费附加收入	—	—	24%	24%	耕地占用税30%、卷烟企业实现的教育费附加60%
	陕西	2004	是	增值税、营业税、城镇土地使用税、房产税、资源税	7.50%	30%	20%	20%	城镇土地使用税、房产税、资源税30%
	甘肃	2003	是	增值税、营业税、企业所得税、个人所得税	经济条件好的地市省集中17.5%、其他地市省集中5%	30%	20%	20%	—

续表

地区	省份	现行体制颁布年份	是否按税种分税	主要税种的省级分成税种	省级主要分成税种的分成比例				
					增值税省级分成比例	营业税省级分成比例	企业所得税省级分成比例	个人所得税省级分成比例	其他税或费
西部	青海	2004	是	增值税	12.50%	—	—	—	资源税、耕地占用税、土地使用税、固定资产投资方向调节税、外商企业所得税定额上缴(1997年基数)
	宁夏	1995	是	企业所得税、个人所得税、房产税、土地使用税、资源税	—	—	20%	20%	房产税30%、资源税50%
	新疆	2004	是	资源税	—	—	—	—	资源税75%
	广西	2005	是	增值税、营业税、企业所得税、个人所得税	8%	40%	10%	15%	—
	内蒙古	2012	是	增值税、营业税、企业所得税、个人所得税、资源税	7.5%	10%	10%	10%	资源税65%

* 截止到2013年6月。

** 浙江、福建两省采用总额分成的体制,总额分成的比例是20%。辽宁新加入总额分成类型,按照一市一率的办法分成。

资料来源:样本省(区)财政体制文件。

注:与2006年的情况对比,26个省区共有9个进行了体制调整,其中:东部6个省份有4个调整了体制,占比66.7%;中部地区10个省份有3个调整了体制,占比30%;西部地区10个省区有2个调整了体制,占比20%。东部地区明显高于中西部地区。另外,浙江省省对下分享比例和方法没有发生变化,但2008年省政府出台了一个调整体制的文件,对省对下转移支付进行的重新设计。

在2006年,有三个东部省份(江苏、浙江和福建)采用总额分成的办法,统一分享比例20%;到2013年有四个东部省份采用总额分成办法(浙江、福建、辽宁和湖北),江苏退出总额分成办法,采用分税种分成,而辽宁退出分税种分成,采用总额分成,总额分成率一市一率,湖北也从分税种分成改为总额分成。

从财力分配的角度看，实施调整的省区主体特点是向省级集中财力，如广东省、内蒙古自治区、贵州、海南、湖南。

附表 2

2012 年各地区相关财政指标（单位：亿元；%）

地区		财政总收入	财政收入	上划中央	财政支出	中央转移支付	财政支出与财政总收入差额	财政自给率
东部地区	北 京	9269.74	3314.90	5954.84	3685.31	370.41	-5584.43	89.9
	天 津	4428.00	1760.00	2668.00	2143.21	383.21	-2284.79	82.1
	辽 宁	5583.05	3105.38	2477.67	4558.59	1453.21	-1024.46	68.1
	上 海	10774.65	3743.70	7030.95	4184.00	440.30	-6590.65	89.5
	江 苏	11278.58	5860.69	5417.89	7027.67	1166.98	-4250.91	83.4
	浙 江	7891.13	3441.23	4449.90	4161.88	720.65	-3729.25	82.7
	福 建	3553.29	1776.21	1777.08	2607.50	831.29	-945.79	68.1
	山 东	8380.18	4059.40	4320.78	5904.52	1845.12	-2475.66	68.8
	广 东	14349.56	6229.18	8120.38	7387.86	1158.68	-6961.70	84.3
	东部合计	75508.20	33290.69	42217.51	41660.54	8369.85	-33847.66	—
中部地区	河 北	3993.98	2084.20	1909.78	4079.44	1995.24	85.46	51.1
	海 南	767.55	409.40	358.15	911.67	502.27	144.12	44.9
	山 西	2803.27	1516.39	1286.88	2759.46	1243.07	-43.81	55.0
	吉 林	1978.43	1041.25	937.18	2471.20	1429.95	492.77	42.1
	黑龙江	2416.88	1163.20	1253.68	3171.50	2008.30	754.62	36.7
	安 徽	3002.72	1792.70	1210.02	3961.01	2168.31	958.29	45.3
	江 西	2142.62	1371.90	770.72	3019.22	1647.32	876.60	45.4
	河 南	3449.41	2040.60	1408.81	5006.40	2965.80	1556.99	40.8
	湖 北	3296.83	1823.05	1473.78	3759.79	1936.74	462.96	48.5
	湖 南	3055.43	1782.16	1273.27	4119.00	2336.84	1063.57	43.3
	中部合计	26907.11	15024.85	11882.26	33258.69	18233.84	6351.58	—

续　表

地区		财政总收入	财政收入	上划中央	财政支出	中央转移支付	财政支出与财政总收入差额	财政自给率
西部地区	广　西	2103.04	1166.06	936.98	2985.23	1819.17	882.19	39.1
	内蒙古	2658.20	1552.80	1105.40	3425.99	1873.19	767.79	45.3
	重　庆	2416.13	1703.50	712.63	3046.36	1342.86	630.23	55.9
	四　川	3935.14	2421.30	1513.84	5450.99	3029.69	1515.85	44.4
	贵　州	1650.07	1014.00	636.07	2755.68	1741.68	1105.61	36.8
	云　南	2694.67	1338.00	1356.67	2572.66	1234.66	-122.01	52.0
	西　藏	168.11	86.58	81.53	905.34	818.76	737.23	9.6
	陕　西	2942.92	1600.69	1342.23	3323.80	1723.11	380.88	48.2
	甘　肃	1944.66	520.90	1423.76	2059.56	1538.66	114.90	25.3
	青　海	338.82	186.40	152.42	1159.05	972.65	820.23	16.1
	宁　夏	460.32	264.00	196.32	864.36	600.36	404.04	30.5
	新　疆	1864.91	908.97	955.94	2720.07	1811.10	855.16	33.4
	西部合计	23176.99	12763.20	10413.79	31269.09	18505.89	8092.10	—

说明:财政收入和财政支出数据取自《中国统计年鉴》(2013);上划中央收入数据为国家税务总局内部数据;财政总收入 = 财政收入 + 上划中央收入;中央转移支付 = 财政支出 - 财政收入;财政自给率 = 财政收入/财政支出 ×100%。

附表 3

2012 年各地区转移支付前后人均财政收入(单位:亿元;元)

地区		转移支付前财政收入	转移支付后财政收入	人口(万)	转移支付前人均财政收入	转移支付后人均财政收入
东部地区	北　京	3314.9	3685.3	2069.0	16021.7	17812.0
	天　津	1760.0	2143.2	1413.0	12455.8	15167.8
	辽　宁	3105.4	4558.6	4389.0	7075.4	10386.4
	上　海	3743.7	4184.0	2380.0	15729.8	17579.8
	江　苏	5860.7	7027.7	7920.0	7399.9	8873.3
	浙　江	3441.2	4161.9	5477.0	6283.1	7598.8
	福　建	1776.2	2607.5	3748.0	4739.1	6957.0
	山　东	4059.4	5904.5	9685.0	4191.4	6096.6
	广　东	6229.2	7387.9	10594.0	5879.9	6973.6
	东部地区	33290.7	41660.5	47675.0	6982.8	8738.4

续表

地区		转移支付前财政收入	转移支付后财政收入	人口(万)	转移支付前人均财政收入	转移支付后人均财政收入
中部地区	河　北	2084.2	4079.4	7288.0	2859.8	5597.5
	山　西	1516.4	2759.5	3611.0	4199.4	7641.8
	吉　林	1041.3	2471.2	2750.0	3786.4	8986.2
	黑龙江	1163.2	3171.5	3834.0	3033.9	8272.0
	安　徽	1792.7	3961.0	5988.0	2993.8	6614.9
	江　西	1371.9	3019.2	4504.0	3046.0	6703.4
	河　南	2040.6	5006.4	9406.0	2169.5	5322.6
	湖　北	1823.1	3759.8	5779.0	3154.6	6506.0
	湖　南	1782.2	4119.0	6639.0	2684.4	6204.2
	海　南	409.4	911.7	887.0	4615.6	10278.1
	中部地区	15024.9	33258.7	50686.0	2964.3	6561.7
西部地区	内蒙古	1552.8	3426.0	2490.0	6236.1	13759.0
	广　西	1166.1	2985.2	4682.0	2490.5	6376.0
	重　庆	1703.5	3046.4	2945.0	5784.4	10344.2
	四　川	2421.3	5451.0	8076.0	2998.1	6749.6
	贵　州	1014.0	2755.7	3484.0	2910.4	7909.5
	云　南	1338.0	2572.7	4659.0	2871.9	5521.9
	西　藏	86.6	905.3	308.0	2811.0	29394.2
	陕　西	1600.7	3323.8	3753.0	4265.1	8856.4
	甘　肃	520.9	2059.6	2578.0	2020.6	7989.0
	青　海	186.4	1159.1	573.0	3253.1	20227.7
	宁　夏	264.0	864.4	647.0	4080.4	13359.5
	新　疆	909.0	2720.1	2233.0	4070.6	12181.2
	西部地区	12763.2	31269.1	36428.0	3503.7	8583.8

资料来源：各地区转移支付前后财政收入和人口数据取自《中国统计年鉴》(2013)，转移支付前后人均财政收入数据计算得到。

【参考文献】

[1]楼继伟. 解决中央与地方矛盾的关键是实行经济性分权[J]. 经济社会体制,

1991(1).

[2]楼继伟．中国三十年财税改革的回顾与展望,中国经济50人看三十年——回顾与评析[M]:北京:中国经济出版社,2008.

[3]楼继伟．中国需要继续深化改革的六项制度[J]．比较,2011(6).

[4]楼继伟．中国政府间财政关系再思考[M]．北京:中国财政经济出版社,2013.

[5]贾康,白景明．县乡财政解困与财政体制改革[J]．经济研究,2002(2).

[6]贾康．财政的扁平化改革和政府间事权划分[J]．中共中央党校学报,2007(12).

[7]贾康．中国财政体制改革之后的分权问题[J]．改革,2013(2).

[8]贾康．分税制改革与中央、地方政府间关系[J]．改革,1990(4).

[9]贾康．财政职能及平衡原理的再认识[J]．财政研究,1998(7).

[10]贾康,梁季．中央地方分配关系的体制逻辑与表象辩析[J]．财政研究,2011(1).

[11]贾康．正确把握大思路,配套推进分税制——兼与“纵向分两段,横向分两块”的主张商榷[J]．中央财经大学学报,2005(12).

[12]贾康．分税制改革需要继续深化[J]．中国改革,2006(2).

[13]刘尚希,邢丽．解决县乡财政困难要因地而异[J]．中国改革,2005(12).

[14]冯禹丁,等．分钱还是分权 重议分税制[N]．南方周末,2013-08-15.

[15]财政部预算司．财政体制简明图解[M]．北京:中国财政经济出版社,2010.

欧美建立自贸区对深圳经济的影响

董晓远　刘小康*

举世瞩目的《跨大西洋贸易与投资伙伴关系协议》(TTIP)谈判，第一轮已于今年7月12日结束，第二轮于10月进行，并将于2014年年底前完成谈判。如果双方能够如期签署协议，将很快建立起全球最大的自由贸易区。届时，美欧将取消所有关税，大幅度削减非关税壁垒，降低准入门槛，协调统一监管标准。这不仅对欧美经济有重要影响，也会对中国产生一定的冲击。TTIP究竟会对深圳经济产生怎样的影响？本文将采用经典的方法②、国际通用的模型、权威的数据，对这一问题展开分析，以期得到较为可靠的结论。

一、欧美之间及其与中国的贸易

(一)欧美相互贸易概况

美国和欧盟是全球最大的两个经济体，两者经济产出占全球总产出的近一半，双边贸易额占全球贸易总额近1/3。

1. 欧盟—美国之间的贸易

根据欧盟统计局数据，2012年，欧盟与美国的外贸总额为6326.65亿

---

* 董晓远：深圳市社会科学院经济研究所，所长，研究员，经济学博士。刘小康：深圳市世贸组织事务中心咨询服务部，副部长，高级工程师。

② 本文在研究方法上主要参考了GTAP模型教科书中关于贸易自由化影响评估的范例——日本通商产业省关于"日本—新加坡双边关税自由化研究"。参见Terrie Walmsley等编著"Dynamic Modeling and Applications for Global Economic Analysis"[C]第九章："Dynamic effects of the'new - age'free trade agreement between Japan and Singapore"，剑桥大学出版社，2012年5月出版，第235 - 268页。

美元,占欧盟外贸总额的 14.15% 。其中,对美国出口额为 3706.36 亿美元,占欧盟出口总额 17.09% ;从美国进口额为 2620.29 亿美元,占欧盟进口总额 11.37% 。

尽管美国仍是欧盟最大的出口目的地,但美国在欧盟对外贸易中的份量相对较低。

2. 欧盟与美国相互之间的关税水平

在大多数行业,欧盟的关税水平稍高于美国,但整体水平较低。然而在汽车行业和食品加工行业,欧盟的关税水平大大高于美国。比如汽车行业,欧盟的平均关税为 8% ,几乎是美国的 7 倍;在食品加工行业,欧盟的平均关税为 18.47% ,几乎是美国的 3 倍。

总的说来,目前欧美之间绝大多数货物关税已经很低,关税削减所带来的收益是有限的;但在某些行业,如食品加工行业、服装、皮革、纺织及汽车行业,关税削减的影响会较为明显。

3. 欧盟与美国之间的非关税壁垒

非关税壁垒和监管规制的差异很难用数据分析,评估其影响就更难。近年来这方面的研究大多以欧洲著名的 Ecorys 咨询公司 2009 年发布的一项关于欧美之间贸易和投资方面非关税壁垒的研究成果①为基础。这一研究到目前为止仍然是最为全面有效的。通过大量的定性与定量评估,Ecorys 得出了在货物和服务贸易领域,现有的非关税壁垒导致商品价格增加的百分比(可以解释为从价关税,也就是“等价关税”)。

值得注意的是,非关税壁垒不能像削减关税那样简单消除,有一些是为了食品安全或环境保护而设置。如果双方的监管规制或标准能够部分统一或相互认可,可大大降低贸易投资成本。尽管如此,仍有一些监管规制不可避免地会由于地理、语言、偏好、文化和历史等方面的原因而存在一

① 该研究运用了多种研究方法相结合的手段,比如参阅文献评论,进行商情调查,计量经济学分析(引力模型和 CGE 模型分析),咨询监管规则制定者、商务人士和行业专家,以便对非关税壁垒进行定性和定量评估。

些差异。因此，只有部分非关税壁垒能通过共同协商及努力来消除，但并不是百分之百都能消除。

欧美之间服务贸易领域内的非关税壁垒要明显低于货物贸易领域。这意味着非关税壁垒的削减对货物贸易的影响将大于服务贸易。

非关税壁垒（包括监管规则差异）有两种效应：一是增加企业营商成本，二是限制市场进入。前者可称为耗费（成本）①，后者则称为经济租金。两者对市场集中度和企业影响力均有不同影响。国际经验表明，非关税壁垒大约60%的价格冲击可归结为实际成本增加，价格上涨其余约40%的原因可归结为市场影响力的形成（经济租金）。与非关税壁垒相关的成本增加，是社会福利的损失。与非关税壁垒相关的经济租金，则是社会福利的再分配，而不能简单地认为是经济效率的降低。

（二）欧美与中国的贸易

根据欧盟官方统计，2012年欧盟与中国的贸易总额为5561.56亿美元，占欧盟进出口总额的12.44%，同比下降6.85%。其中进口3719.82亿美元，占欧盟总进口额的16.15%，同比下降8.86%；出口1841.74亿美元，占欧盟出口总额的8.49%，同比下降2.51%；欧盟对中国的贸易逆差为1878.08亿美元，同比下降14.33%。

根据美国官方统计，2012年美国与中国的贸易总额为5362.34亿美元，占美国进出口总额的14.03%，同比增长6.54%。其中进口4256.44亿美元，占美国进口总额的18.71%，同比增长6.58%；出口1105.9亿美元，占美国出口总额的7.15%，同比增长6.4%；美国对中国的贸易逆差为3150.53亿美元，同比增长6.65%。

（三）深圳与欧美的贸易

深圳对外贸易的主要伙伴中，双边贸易额排在前五位的，依次是中国

---

① 例如，美国汽车进入欧洲时需再做安全测试，就是徒增成本的。

香港、东盟、美国、欧盟、中国台湾,其中与美国和欧盟的贸易额占深圳2012年对外贸易总额的15%(如果考虑到中国香港的转口贸易,该占比将会更高)。

深圳与欧美的进出口贸易经过几年的逐步发展,已经恢复到金融危机前的水平。近几年来,深圳与欧美贸易呈现以下几个特点:一是欧盟、美国市场在深圳外贸进出口中所占份额正逐年降低;二是2011年和2012年深圳对欧美出口负增长,并远低于全市贸易增速;三是深圳与欧美进出口贸易商品结构正发生缓慢变化。

二、研究方法与模拟结果

我们采用最新版的GTAP动态模型①来分析欧美建立自贸区对深圳经济的影响。

将商品种类合并为25类;地区则合并为中国大陆(不包含港澳台地区)、美国、欧盟(27国)以及世界其他国家和地区等4个国家和地区。

主要研究目标,是根据拟议中的欧美自由贸易区关税与非关税削减的各种方案,来模拟其经济效果。我们采用自上而下(Top-down)建模方法来分析"欧美自贸区"对深圳的影响。首先,确定基准方案。采用法国国际经济学研究中心(CEPII)所提供的147个国家和地区1980—2050年的基准(baseline)数据②,并按中国、美国、欧盟及世界其他国家和地区这一分类加以汇总使用。其次,确定情景模拟方案。只考察取消所有货物进口关税的影响,考察仅削减部分非关税壁垒的影响,综合考虑取消关税和削减部分

---

① Recursive Dynamic GTAP Version v3.6 [DB],美国普度大学农业经济系全球贸易分析中心2012年5月发布;需连同GTAP 8数据库一起付费购买。

② Jean Fouré et al "The Great Shift: Macroeconomic projections for the world economy at the 2050 horizon" [DB], CEPII Working Paper 2012 - 03, February 2012; version : 2.1 (2012 - 09 - 03);源自 http://www.cepii.fr/anglaisgraph/workpap/pdf/2012/wp2012 - 03.pdf 以及 http://www.cepii.fr/anglaisgraph/bdd/baseline/download.asp,(数据下载需注册)。

非关税壁垒的影响。

根据上述模型、数据及相应的基准线，假定欧美 TTIP 谈判于 2014 年完成①，并在 2015 年开始生效，按上述多种情境对欧美建立自贸区的政策影响进行模拟，结果如下：

（一）情境一：2015 年起欧美取消双边所有货物进口关税

1. 对实际 GDP 的影响

欧美相互取消货物关税，无论是在近一两年的短期，还是在 5～10 年的中长期，对欧美经济都有积极影响，而对中国经济的影响则是负面的。

一般说来，一项政策实施 10 年，其长期政策效应就得到了充分发挥。与不取消关税的基准水平相比，欧美在取消了双边货物关税 10 年后，会促使欧盟的实际 GDP 增长 0.06%，美国的实际 GDP 增长 0.055%；同时，会使中国实际 GDP 相对下降 0.016%（见图 1）。

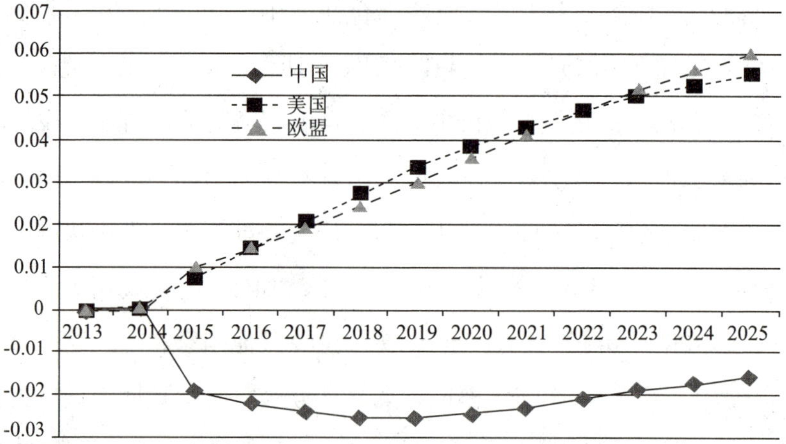

图 1　欧美取消双边关税对实际 GDP 的影响（%）

资料来源：GTAP 模型模拟结果。

① 倪建军等《欧美自贸区谈判进入倒计时，计划于 2014 年完成》[J]；刊载于《瞭望》新闻周刊，中国新闻网 2013 年 2 月 25 日转发，源自 http://finance.chinanews.com/cj/2013/02-25/4592558.shtml。

2012 年深圳 GDP 占全国的 2.49%。假定这一比重不变,那么,欧盟—美国零关税政策的实施,将使深圳实际 GDP 比基准情形下降最多的一年是 2020 年,下降额为 0.48 亿美元(2005 年美元不变价),对深圳 GDP 增长的影响不足 0.03%。当然,这只是一个十分简单粗略的估计,这一假定的合理性存在一些问题。GDP 变动是各行业产出变动加总的结果。我们更为基本的假定是深圳各行业产出在全国同行业产出中的比重固定,由于深圳与全国的产业结构差别较大(深圳第一产业所占比重几乎为零,电子信息产业占工业增加值的 50%[①]等),即使深圳各行业产出与全国同行业按同一速度增长,深圳 GDP 的增速也会与全国有所不同。这一点,后面还会进一步说明。

2. 对贸易的影响

欧美自贸区建立后,取消关税所带来的产品价格的降低将促进美国与欧盟双边贸易的发展。在零关税政策实施 10 年后,与基准情形相比,欧盟出口将增加 0.16%,进口将增加 0.24%;美国出口将增加 0.67%,进口将增加 1.06%。同时,对中国的进出口有一定的负面影响,中国出口总额将比基准情形低 0.07%,进口总额将比基准情形低 0.06%。

假定深圳的进口与出口在中国进口与出口总额中的比重都不变,那么,与基准情况相比,欧美双边实施零关税政策后,对深圳外贸的负面影响就达不到 0.1%。

当然,深圳的进口与出口总额也是由各行业的进口与出口额加总得来的,应采用更为基本的假定,即深圳各行业出口额占全国同行业出口总额的比例不变,从而将深圳各行业进出口的变动等同于全国各行业贸易受冲击的变动情况,进而计算深圳进出口总额的变动。

---

① 根据深圳市统计局、国家统计局深圳调查队 编《深圳统计年鉴 2012》[DB] 中的表"4 - 7 规模以上工业企业主要指标"计算而得;相应表格,参见 http://www.sztj.gov.cn/nj2012/szcn/4 - 7ch.htm 与 http://www.sztj.gov.cn/nj2012/szcn/4 - 7_3ch.htm。

3. 对各行业产出的影响

欧美双边实施零关税后，由于贸易创造及贸易转移等效应的存在，中国各行业的进出口受到一定影响，从而行业产出（增加值）也发生相应变动。

与欧美的关税水平表相对照，可以看出，原来关税水平较高的行业，在欧美自贸区建立以后，中国相关行业的产出受到了冲击；原来关税水平较低的行业，在欧美自贸区建立以后，中国相关行业的产出反而受到了激励。与基准情况相比，占深圳工业半壁江山的电子设备行业（通信设备、计算机及其他电子设备制造业），产出增长高居榜首；而受冲击最大的皮革制品行业，占深圳工业增加值不到1.2%①，“增的多、减的少”，这对深圳经济发展显然是有利的。

根据上述各行业的增长变动情况，以及各行业2011年增加值占深圳GDP的比重，假定到2015年深圳产业结构保持不变，可以推算出：欧美零关税政策的实施，使得深圳的实际GDP在欧美自贸区实施的第一年比基准情况增长了0.05%。

（二）情境二：2015年起欧美双边取消部分非关税壁垒

欧美的关税水平本来就不高，取消关税是不难做到的；但是，正如我们前面所指出的，不可能把非关税壁垒和监管规则差异全部消除。在用模型来评估降低非关税壁垒对经济贸易的影响时，我们必须考虑能在多大程度上消除非关税壁垒。在Ecorys研究（2009）的基础上，根据经验判断，比较合理的估计是，非关税壁垒对价格影响的约50%能被消除。但是各个行业之间会有差别。考虑到削减非关税壁垒的困难程度，我们假定，非关税壁垒对价格影响的30%能够被消除；同时，假定这部分可以取消的非关税壁

① Joseph Francois et al, “Reducing Transatlantic Barriers to trade and investment – An Economic Assessment” [DB], Final Project Report, Centre for Economic Policy Research, London, March 2013, P. 28, 源自：http://trade.ec.europa.eu/doclib/docs/2013/march/tradoc_150737.pdf

垒中的2/3属于增加企业营商成本，其余 1/3 则是限制市场进入的。

1. 对实际 GDP 的影响

欧美相互取消部分非关税壁垒，无论是在近一两年的短期，还是在5 ~ 10 年的中长期，对欧美经济都有积极影响；而对中国经济的影响，短期来看是负面的，长期则是正面的（见图 2）。

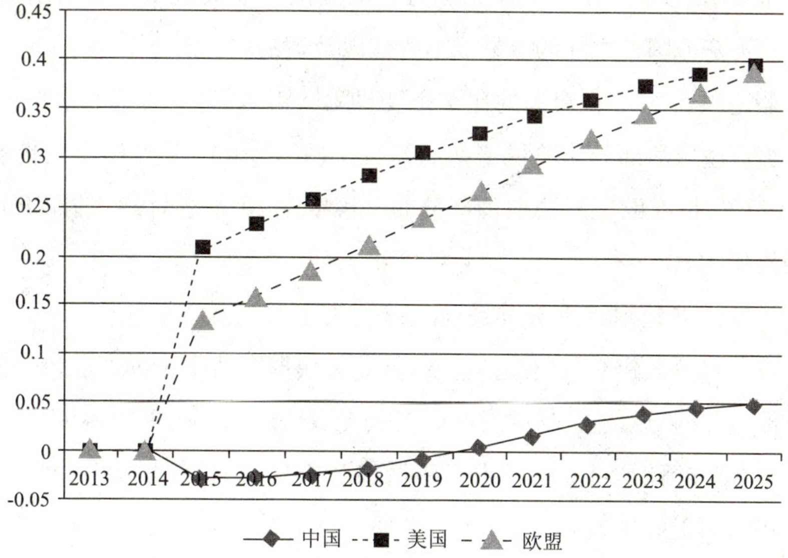

图 2　取消部分非关税壁垒对实际 GDP 的影响

资料来源：GTAP 模型模拟结果。

在欧美双边取消部分非关税壁垒 10 年之后，与基准水平相比，欧盟的 GDP 会增长 0. 390%，美国的 GDP 会增长 0. 396%；同时，会使中国的 GDP 增长 0. 048%。从短期来看，与基准水平相比，在欧美双边取消部分非关税壁垒的第一年（2015 年），欧美的 GDP 分别会增长 0. 135% 和0. 208%；中国的 GDP 则会下降 0. 027%。

欧美取消部分非关税壁垒，之所以有利于中国的长期经济增长，是因为取消非关税壁垒会产生溢出效应。欧美双边自由贸易协定谈判有助于监管规制的逐步统一，能够导致向欧美出口的第三国的贸易成本有所降低。根据经验，如果欧美之间非关税壁垒成本减少5%，那么向欧美出口的第三方国家的贸易成本将减少1%。其原因是第三方国家的贸易公司能更轻易地同时满足欧美双方的监管规则。另外，欧美在全球贸易中具有重大影响力，它们采取的规则和标准很可能成为国际贸易规则和标准，其他国家将会主动或被动地向这一标准靠拢，这也意味着欧美双边协定促使非关税壁垒的削减，能够使得不同第三方国家之间的非关税壁垒有所削弱，从而导致第三方国家之间的贸易成本降低以及贸易增长。

假定深圳GDP占全国的比重不变，那么，粗略估计，与基准水平相比，在欧美双边取消部分非关税壁垒的第一年（2015年），深圳GDP可能会下降0.027%，但在欧美双边取消部分非关税壁垒10年之后，深圳GDP可能会增长0.048%。

2. 欧美双边取消部分非关税壁垒对贸易的影响

欧美自贸区建立后，双边取消部分非关税壁垒所带来的产品价格的降低将促进美国与欧盟贸易的发展。在欧美双边取消部分非关税壁垒10年之后，与基准情形相比，欧盟出口将增加0.38%，进口将增加0.89%；美国出口将增加2.13%，进口将增加3.43%。同时，对中国的进出口有一定负面影响，中国出口总额将比基准情形低0.15%，进口总额将比基准情形低0.07%。

粗略估计，假定深圳的进口与出口在中国进口与出口总额中的比重都不变，那么，欧美自贸区的建立对深圳外贸的负面影响就达不到0.2%。

假定深圳各行业进出口占全国同行业进出口的比重不变，那么，欧美双边取消部分非关税壁垒后，深圳各行业的进出口所受到的影响将与全国的情况一样。由此，得出表1、表2。

表 1 欧美双边取消部分非关税壁垒后深圳的出口变动百分比

	取消部分增加成本的非关税壁垒		取消部分限制市场进入的非关税壁垒		合计	
	2015 年	2025 年	2015 年	2025 年	2015 年	2025 年
农产品	-0.365	-0.635	0.035	-0.113	-0.33	-0.748
煤炭、石油、天然气	-0.456	-0.722	-0.02	-0.133	-0.476	-0.855
食品加工制造	-1.037	-1.057	-0.416	-0.445	-1.452	-1.502
饮料和烟草产品	-0.561	-0.462	-0.263	-0.246	-0.824	-0.708
纺织品	0.088	0.114	0.029	-0.006	0.118	0.109
服装	0.275	0.38	0.097	0.082	0.372	0.462
皮革制品	-0.175	0.183	-0.185	-0.014	-0.36	0.169
木制品	0.683	0.653	0.373	0.259	1.057	0.911
纸制品、出版物	0.605	0.646	0.328	0.218	0.933	0.864
石油制品、煤制品	-0.47	-0.52	-0.183	-0.209	-0.654	-0.729
化工、橡胶、塑料	-0.821	-0.96	-0.349	-0.513	-1.17	-1.473
矿产品	-0.387	-0.254	-0.162	-0.168	-0.549	-0.422
黑色金属	0.157	0.282	0.043	0.038	0.2	0.32
其他金属	-0.003	-0.768	-0.041	-0.603	-0.043	-1.372
金属制品	0.36	0.566	0.136	0.066	0.495	0.632
汽车及配件	-0.415	-0.066	-0.198	-0.155	-0.613	-0.222
运输设备	-1.466	-0.894	-0.701	-0.654	-2.167	-1.548
电子设备	0.168	0.324	0.127	0.085	0.295	0.409
机械设备	0.292	0.623	0.112	0.074	0.403	0.698
其他制品	-0.744	-0.084	-0.274	-0.091	-1.017	-0.174
电力、热气、自来水	0.218	0.209	0.19	0.088	0.408	0.297
建筑	0.293	0.566	0.16	0.193	0.453	0.76
贸易、运输	0.046	0.062	0.099	0.018	0.145	0.08
商务金融服务	-0.147	0.023	-0.006	-0.074	-0.153	-0.051
其他服务	0.301	0.411	0.193	0.115	0.493	0.526

资料来源:GTAP 模型模拟结果。

表 2　欧美双边取消部分非关税壁垒后深圳的进口变动百分比

	取消部分增加成本的非关税壁垒		取消部分限制市场进入的非关税壁垒		合计	
	2015 年	2025 年	2015 年	2025 年	2015 年	2025 年
农产品	-0.225	0.026	-0.216	-0.128	-0.441	-0.102
煤炭、石油、天然气	-0.005	0.146	-0.047	-0.031	-0.053	0.115
食品加工制造	-0.164	-0.082	-0.132	-0.1	-0.296	-0.182
饮料和烟草产品	-0.139	-0.069	-0.1	-0.066	-0.239	-0.135
纺织品	0.045	0.026	-0.027	-0.038	0.018	-0.012
服装	0.038	-0.062	-0.047	-0.045	-0.01	-0.108
皮革制品	-0.348	-0.222	-0.24	-0.149	-0.589	-0.371
木制品	-0.317	-0.23	-0.21	-0.13	-0.528	-0.36
纸制品、出版物	-0.347	-0.288	-0.189	-0.136	-0.536	-0.424
石油制品、煤制品	0.031	0.126	-0.011	0.006	0.02	0.132
化工、橡胶、塑料	-0.177	-0.052	-0.111	-0.048	-0.288	-0.1
矿产品	-0.226	-0.144	-0.175	-0.09	-0.401	-0.234
黑色金属	-0.149	-0.135	-0.085	-0.084	-0.233	-0.219
其他金属	-0.151	-0.069	-0.087	-0.033	-0.238	-0.101
金属制品	-0.465	-0.547	-0.233	-0.227	-0.699	-0.774
汽车及配件	-0.25	-0.195	-0.163	-0.09	-0.413	-0.286
运输设备	-0.731	-0.525	-0.364	-0.17	-1.095	-0.695
电子设备	0.112	0.152	0.048	0.032	0.16	0.184
机械设备	-0.331	-0.357	-0.188	-0.152	-0.519	-0.509
其他制品	-0.145	-0.148	-0.163	-0.1	-0.308	-0.248
电力、热气、自来水	-0.125	-0.166	-0.108	-0.101	-0.232	-0.267
建筑	-0.48	-0.386	-0.297	-0.179	-0.777	-0.565
贸易、运输	0.025	0.043	-0.04	-0.002	-0.015	0.041
商务金融服务	-0.268	-0.239	-0.177	-0.107	-0.445	-0.346
其他服务	-0.384	-0.334	-0.204	-0.123	-0.588	-0.457

资料来源：GTAP 模型模拟结果。

3. 对各行业产出的影响

欧美取消部分非关税壁垒之后，中国一些行业的进出口受到一定影响，从而行业产出（增加值）也发生相应变动。

依然假定深圳各行业产出占全国同行业总产出的比重不变,那么深圳各行业产出的变动将与全国同行业一致。从表9中可以看出,与基准情况相比,欧美取消部分非关税壁垒后,占深圳工业半壁江山的“电子设备”行业(通信设备、计算机及其他电子设备制造业)产出比基准情况的增长幅度;而低于基准情况增长的且受冲击最大的“其他制品”行业,仅占深圳工业增加值的不到2%①。这对深圳经济发展显然是有促进作用的。

根据上述各行业的增长变动情况,以及各行业2011年增加值占深圳GDP的比重,在深圳产业结构到2015年保持不变的条件下,可以推算出:欧美取消部分非关税壁垒,将使得深圳的GDP在政策实施的第一年比基准情况增长0.06%。

(三)综合分析

将前面削减关税与非关税壁垒的政策效应加总,就可以得出欧美建立自贸区后,同时取消所有货物关税并消减部分非关税壁垒对深圳影响的总体估计,主要结论如下:

第一,欧美建立自贸区,深圳多数行业的货物出口会受冲击,其中受冲击最严重的几个行业依次为运输设备、食品加工制造、皮革制品等;但也有部分行业的出口获益,尤其是占深圳工业半壁江山的“电子设备”行业,也属于获益之列,这对深圳至关重要(见图3)。

第二,欧美建立自贸区,深圳绝大多数行业的货物进口会受冲击,其中受冲击降幅较大的几个行业依次为运输设备、皮革制品、金属制品等;只有电子设备和石油制品的进口是增加的(见图4)。

---

① 根据深圳市统计局、国家统计局深圳调查队 编《深圳统计年鉴2012》[DB]中的表“4-7 规模以上工业企业主要指标”计算而得;相应表格,参见 http://www.sztj.gov.cn/nj2012/szcn/4-7ch.htm 与 http://www.sztj.gov.cn/nj2012/szcn/4-7_3ch.htm。

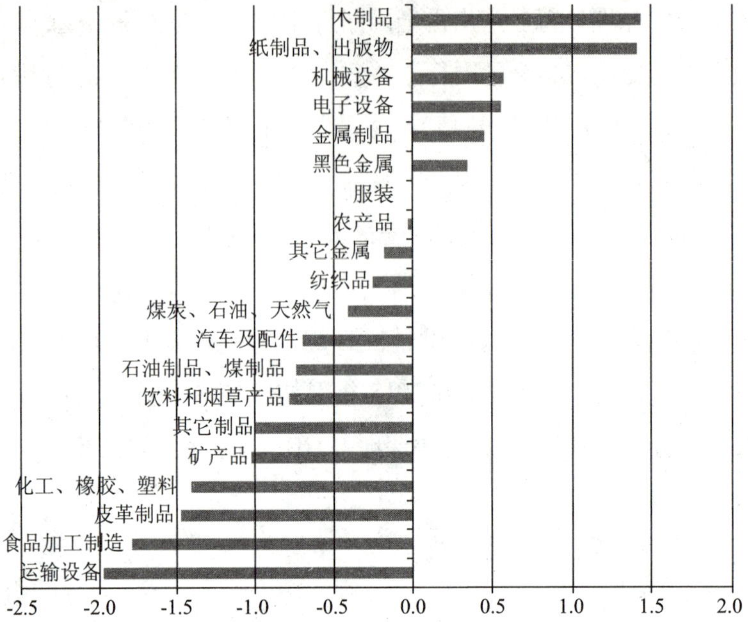

图 3　欧美建立自贸区对深圳各行业 2015 年出口的影响总计（%）

资料来源：GTAP 模型模拟结果。

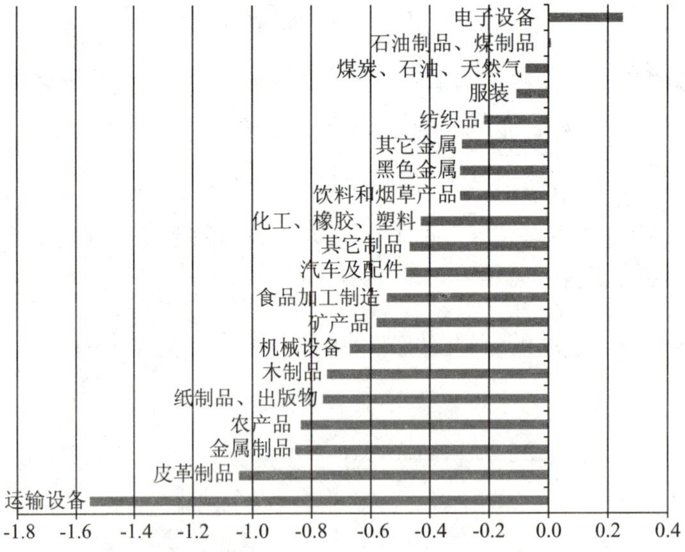

图 4　欧美建立自贸区对深圳各行业 2015 年进口的影响总计（%）

资料来源：GTAP 模型模拟结果。

第三,欧美建立自贸区,深圳多数行业的产出会受冲击,其中受冲击最严重的几个行业依次为:皮革制品、其他制品、运输设备、食品加工制造等。但这几个行业在深圳工业中所占比重较低(在0.8~2.0之间),这4个行业合计起来仅占深圳工业增加值的5.8%①。同时,有接近一半的行业产出会比基准水平有所增加,尤其是电子设备及机械设备两大行业(合起来占深圳工业增加值的58%),也属于获益之列,这对深圳经济增长意义重大(见图5)。

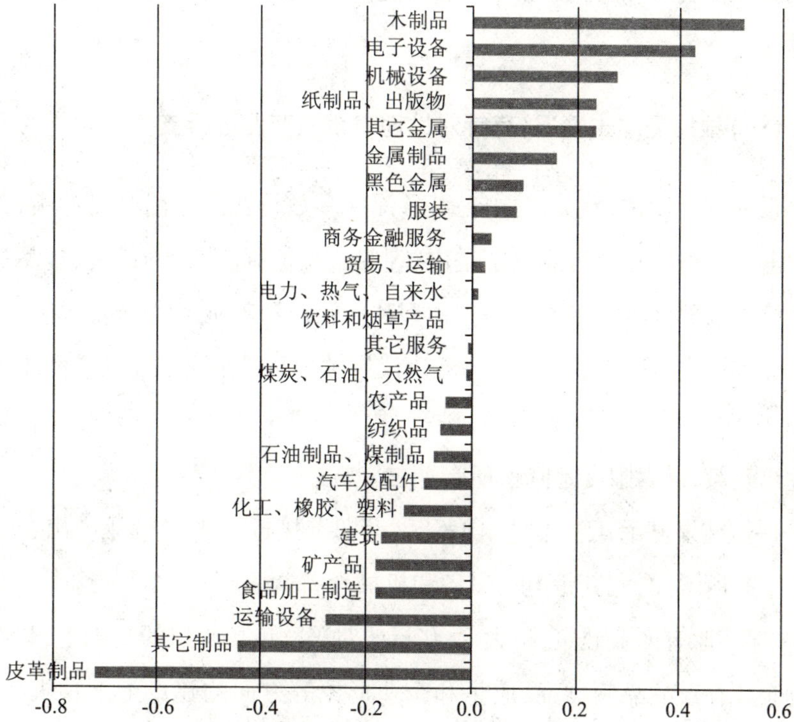

图5　欧美建立自贸区对深圳各行业2015年增加值的影响总计(%)

资料来源:GTAP模型模拟结果。

① 根据深圳市统计局、国家统计局深圳调查队 编《深圳统计年鉴2012》[DB]中的表“4-7 规模以上工业企业主要指标”计算而得;相应表格,参见 http://www.sztj.gov.cn/nj2012/szcn/4-7ch.htm 与 http://www.sztj.gov.cn/nj2012/szcn/4-7_3ch.htm 。

第四，欧美建立自贸区，由于对深圳主要行业的产出影响是正面的，因而，深圳的 GDP 也会相应增长。2015 年，深圳 GDP 将比基准水平增长 0.11%；到 2025 年，深圳 GDP 将比基准水平增长 0.22%。

三、政策建议

总体上，欧美建立自由贸易区，对深圳经济贸易的发展既有一定的冲击，也会给现有的部分支柱产业带来更大的发展机遇。因此，我们提出以下建议：

（一）根据受冲击情况，有针对性地对相关产业进行支持

根据以上评估，欧美建立自贸区，深圳多数行业的产出会受冲击，其中受冲击最严重的几个行业分别是皮革制品、其他制品、运输设备、食品加工制造等。这部分产业多为劳动密集型和传统出口产业，为扭转可能出现的对欧美市场出口逐渐减弱的态势，建议有关方面应积极支持、培育相关行业和大型企业走进欧美自贸区，推行“本区化”生产经营，以享受该自贸区的优惠政策，最大限度地降低所受冲击。

评估结果显示，欧美建立自贸区，深圳有接近一半的行业产出会比基准水平有所增加，尤其是电子设备和机械设备两大行业。对于这类获益行业，在保持原有产业政策，扩大 这些行业对美欧市场出口的基础上，政府应鼓励企业在产品品牌、产品质量和企业形象等方面的建设上下功夫，以做大做强。

（二）充分利用我国自贸区的建设成果，促进对外贸易发展

目前，我国已经分别与东盟、巴基斯坦、新西兰、智利、秘鲁等签署了自贸区协定，正在与海湾合作委员会、澳大利亚、挪威、瑞士、冰岛、韩国商建自贸区。深圳有关政府部门应充分了解和把握我国对外签订的自由贸

易协定的脉搏和带来的优惠及商机,及时向深圳企业宣传谈判的最新进展与成果,以便企业能及时掌握和利用相关信息,提高国际竞争力。

(三)发挥政府部门及社会各界的优势,积极开展对外交流与合作

建立自贸区,通常是国家层面的行为,但地方政府并非无事可做。当前形势下地方政府的相关工作将愈发重要:一是跟踪了解谈判进程,做好分析研究,提出地方的关切,协助中央政府谈判并降低本地经济产业发展所可能受到的冲击,并利用自贸区谈判的成果促进本地社会经济的发展;二是发挥地方政府和业界在处理贸易争端方面的沟通、交流和化解作用。为此,政府部门应建立和完善相应工作的组织架构,并充分发挥非政府组织如行业协会等的作用,努力维护海外市场,增进对外交流与合作,促进深圳经济贸易的发展。

中国企业在澳大利亚投资影响因素分析与对策

郭春梅*

以资源贸易为依托，中国与澳大利亚双边贸易不断深化，投资关系随之拓展。尽管，与其他国家相比，中国在澳大利亚投资历史较短，但发展迅猛，2005 年以来，澳大利亚连续成为中国对外投资最多的国家。然而，随着投资关系深入，两国历史、文化、制度等差异性开始暴露，彼此互不适应的成分凸显，表现为澳大利亚将中国国企大规模投资视为威胁“国家安全”的可能因素，中国也将澳大利亚对国企的“额外审查”看作是单纯歧视性条款，投资问题演变为阻碍两国关系健康发展的敏感问题。在日益复杂的内外环境下，投资已不再是单纯的经济问题，在一定程度上，开始上升为关乎政治、安全的复合问题，日益成为衡量双边关系深度与互信度的重要指标。中国企业在澳大利亚投资状况，折射了发达国家的投资环境。本文试图从中国企业在澳大利亚投资面临的障碍入手，对澳大利亚各利益相关方的认知与行为进行综合分析，在此基础上，为推进中国在澳大利亚乃至其他发达国家投资建言献策。

一、中国企业对澳大利亚投资沿革与问题

中国企业对发达国家的直接投资虽已历时近半个多世纪，但前期规

* 郭春梅：中国现代国际关系研究院澳大利亚研究室主任、助理研究员。

模有限，竞争力也不强。1987 年 11 月，中钢集团的前身之一，中国冶金进出口公司与澳大利亚大利亚 CRA 公司（力拓集团前身）旗下专事铁矿石开发的哈默斯利铁矿公司（Hamersley），共同投资了西澳洲皮尔巴拉（Pilbara）地区的恰那铁矿。中方在项目当中占据 40% 股权，澳大利亚方则持有剩余的 60% 股权。这个项目在当时是中国在发达国家大规模投资的标志性案例，也是中国在澳大利亚最早的海外矿产资源投资。此后，中国在澳大利业投资渐次展开，2005 年开始跨越式增长，2008 年达到顶峰，投资额由 2007 年的 15 亿美元跃升至 2008 年的 160 亿美元，一年内增加了近 10 倍。截至 2012 年底，澳大利亚已连续 8 年成为吸收中国对外投资最多的国家，对澳大利亚投资额占中国过去 8 年海外直接投资总额的 13.2% 。据美国传统基金会统计，2012 年底，中国在澳大利亚累计投资总额已达 510 亿美元，高于中国对美投资的 507 亿美元、加拿大的 307 亿美元。① 与英、美、日等对澳大利亚传统投资国相比，中国投资虽起步晚，但发展迅速。2010—2011 财年、2011—2012 财年，中国均为澳大利亚批准的投资最多的国家之一，仅次于美国和英国，高于日本。②

中澳投资关系的迅猛发展对两国都有重大意义。对中国而言，澳大利亚作为全球主要资源供应国，铁矿石、煤炭、液化天然气等储量丰富，与中国形成鲜明互补。对澳大利亚而言，其经济发展本身就与外国直接投资（FDI）相生相伴，从 20 世纪早期的基础设施建设到上世纪 70 年代的矿业开发，无不有 FDI 参与。③ 澳大利亚最初接受中国直接投资的初衷

① Dough Ferguson & Hans Hendrischke, "Demystifying Chinese investment: China's outbound direct investment in Australia", http://www.kpmg.com/CN/en/IssuesAndInsights/ArticlesPublications/Pages/demystifying-chinese-investment-O-201207.aspx, Aug 1, 2012; Dough Ferguson & Hans Hendrischke, "Demystifying Chinese investment in Australia", http://www.kpmg.com/CN/en/IssuesAndInsights/ArticlesPublications/Pages/Demystifying-Chinese-Investment-in-Australian-O-201303.aspx, Mar 15, 2013.

② http://www.firb.gov.au/content/Publication/AnnualReports/2010-2011/index.asp; http://www.firb.gov.au/content/Publication/AnnualReports/2011-2012/index.asp.

③ Peter Drysdale & Chiristopher Findlay, "Chinese foreign direct investment in the Australian resource sector", China's new place in a world in crisis, ANU E Press, Canberra, pp. 349-388.

是希望中国能成为澳大利亚稳定的资源需求方,助力澳大利亚资源繁荣。但近年来,中国在澳大利亚投资开始遭遇各种质疑和误解。2008 年 2 月,澳大利亚外资审查委员会(FIRB)针对海外国企直接投资增设“额外审查条款”,以此为转折点,澳大利亚首次以政策性明文形式对海外国企投资表示存在威胁“国家安全”的可能性。2009 年,中铝增持力拓股权、五矿投资 OZ 矿业、华菱收购 FMG 股份等中国在澳大利亚投资项目接连受挫,或审批延期,或被要求修改合同,投资问题导致当年中澳大利亚关系跌至“谷底”。2010 年后,中澳在投资领域的相互不适应性常态化,演变为双边经贸摩擦。2012 年澳大利亚以威胁“国家安全”为名拒绝拥有雄厚资金、技术和市场实力的中国华为参与澳大利亚国家宽带网络计划,引发两国有关海外投资与国家安全的争论。2013 年在中澳双边关系提升为战略伙伴关系,两国均期待达成双边 FTA 背景下,投资摩擦却成为阻碍双边 FTA 谈判的不确定性因素。4 月,澳大利亚工党政府拒绝了中方提出的将中资免审标准升至 10 亿澳元(FIRB 此前规定所有外国国企和超过 2.48 亿澳元的海外投资均应接受审查)的要求;①10 月,联盟党(自由党—国家党联盟)政府内部就是否在与中国达成 FTA 后,将农业用地投资审查线由 1500 万澳元升至 10 亿澳元的问题产生分歧,国家党认为中国在农业投资方面不能享受与美国同等待遇。②

在此背景下,中国对澳大利亚投资受阻导致两种后果:一是中国对澳大利亚投资的进展被看作衡量两国互信程度的重要指标,投资问题很容易升级为外交问题,影响两国外交关系稳定。二是投资受挫迫使中国企业开始转移投资目标,投向其他资源富足、“环境友好”的国家或地区,如加拿大、非洲等,而澳大利亚则将面临投资魅力下降的境况。这显然不符合中澳双方利益。问题在于对双方都有利的事情为何遭遇挫折? 主要存在哪

---

① Rowan Callick & Damon Kitney, “China trade deal scaled back as Beijing seeks $1bn investment approval threshold”, The Australian, Apr 9, 2013.

② Alan Kohler, “FTA with China serves up a dilemma”, The Australian, Oct. 15, 2013.

些障碍？如何解决？本文试图探讨中澳投资关系中的障碍、分析其原因并提出应对之策。

二、中国企业对澳大利亚投资受阻原因探析

冷战结束后，经济全球化纵深发展，国家的基本安全需求也得到了保障，在此背景下，各国的外交资源重点运用于促进经济发展和增进社会福利，国家间合作尤其是经济合作日趋紧密。

利在则聚，利失则散。过去三十年，中澳经济合作关系取得突飞猛进的发展，中澳共同利益广泛显现。近年来，中澳投资关系出现诸多不顺迹象，并不意味着中澳合作潜力已经消散，中澳之间仍具有强大的经济合作潜力。第一，中国的资源需求与澳大利亚的资源出口形成强烈互补。中国是一个新兴工业大国，对资源的需求量大，单靠自身资源储备难以维系，中国的海外投资步伐与全球寻求资源密不可分。而澳大利亚矿产资源丰富，被誉为“坐在矿车上的国家”。以资源贸易为依托，2009 年以来中国持续成为澳大利亚最大的贸易伙伴国、最大出口目的地。尽管很多批评意见要求澳大利亚改变过于依赖资源出口的经济结构，但资源出口在可预见的未来仍然是澳大利亚经济发展的重要支柱。第二，中国“走出去”战略与澳大利亚的经济转型具有契合性和互补性。中国推行“走出去”战略，不仅仅是为了获取资源，还着眼于打造一批国际型企业，迎接全球化挑战。澳大利亚具有良好稳定的投资环境，包括政治社会稳定、法制健全、与中国既无重大历史积怨也无直接利益冲突、国际环境友好，很大程度上排除了中国企业在澳大利亚投资的安全之忧，成为中国对外投资的首选地。而且，作为发达国家，澳市场制度完善，生产技术先进，管理经验丰富，与国际市场联通性强，社会文化多元而包容，也让澳大利亚

成为中国企业学习先进生产、管理经验，提升国际竞争力的理想之选。[①]而澳大利亚要改变过于依赖资源出口的经济结构，也需要吸引外资。2008 年全球金融危机爆发后，作为传统的对澳主要投资国，美国、英国等经济下滑，对澳大利亚投资下降，且投资预期不稳，直接导致澳大利亚面临基建、农矿等产业发展资金缺口，迫切需要拥有雄厚资金实力的中国填补投资空缺，助力澳大利亚经济转型。

因此，在可预见的未来，中澳之间的经济合作潜力仍然很大。2013 年 10 月，澳大利亚总督访华时，两国高层都对两国的合作前景表示乐观。习近平主席指出，中澳作为亚太地区重要国家，共同利益在增多，合作空间在扩大。而澳大利亚总督布赖斯也表示，澳中两国有着广泛的共同利益，合作前景广阔。[②] 目前，中澳之间还在谈判签署自由贸易协定。可见，中澳经济合作特别是中国对澳投资方面出现挫折，原因并不在于两国合作潜力丧失，而是有着其他方面的原因。为此，以下将主要梳理澳中各自对投资主体、投资领域、投资规模等方面的看法，探讨中国对澳投资本身所存在的问题。

第一，投资主体方面，中国国有企业担当了对澳大利亚投资的主力军。由于中国的国有企业相对私营企业而言具有更加雄厚的经济实力和更加明显的政策优势，对海外投资周期长和风险高的投资项目具有更强烈的投资意愿，在对外投资方面走在国内企业的前列。然而，由于文化和政治经济体制的不同，澳大利亚国内对外商投资壁垒和围绕国家利益多存争论，对中方以国企为主力的投资模式感到不适应。一是认为中国国企对澳大利亚投资是政府导向的非商业行为。他们往往有这样刻板的印象，即国有企业都是糟糕的，私有企业都是好的，并认为国企比私企更可

---

① Andrew Michelmore, "What drives Chinese investment in Australia? ", China Changing Lecture in Beijing, http://www.lowyinstitute.org/publications/10th - anniversary - china - changing - lecture - beijing - what - drives - chinese - investment - australia, Sep. 18, 2013.

② 习近平会见澳大利亚总督布赖斯时强调：相互信任 互利双赢 开创中澳友好合作新局面，《人民日报》2013 年 10 月 18 日 01 版。

能具有“非商业”或“对外战略”动机。因此,他们不喜欢外国国企投资,无论是来自美国、新加坡、阿联酋的迪拜还是日本,而其中最不能接受的是来自中国的国企。由于他们对中国国企运营的制度环境和投资规模缺乏深入的了解,所以总是担心与其有着不同社会政治制度的中国利用国企拓展海外投资另有战略企图,即要么控制世界资源,要么增加外交战略砝码等。据2012年罗伊国际研究所的民调,54%的民众认为中国对澳投资意在购买澳大利亚的矿产和农田,而这些资源是需要掌握在澳大利亚人手中的;51%的民众认为中国试图控制澳大利亚公司。① 2008年罗伊国际研究所民调显示,78%的民众反对或强烈反对中国国企对澳大利亚投资。② 二是指责中国国企缺乏透明度、政策混乱。对此,澳大利亚外资审查委员会(FIRB)出台新的FIRB纲领,将国企单独列出进行特别审查。2012年,当年的反对党领袖阿博特在北京发表声明,强烈表达了对中国国企对澳大利亚投资的担忧,表示“允许外国政府或其机构来控制澳大利亚企业很少是符合澳大利亚国家利益的”。③

第二,投资领域方面,中国对澳投资集中于资源矿产行业。过去二十几年,由于中国处于经济起飞的初级阶段,并不像美欧日等发达国家那样拥有大量的废钢可供循环利用,而是钢铁储备少,在发展过程中资源能源净需求不断攀升;另一方面,中国对海外直接投资也仅仅是近几年才刚起步,这就造成现阶段中国对外投资项目主要集中于资源矿产领域。对澳大利亚的投资也是这样。根据2006年9月—2012年12月的统计,中国在澳大利亚投资73%投向矿业领域,18%投向油气领域,4%是可再生能

① The Lowy Institute Poll 2012: Public opinion and foreign policy, Jun 5, 2012

② Australia and the world: public opinion and foreign policy, The Lowy Institute Poll 2008, Lowy Institute for International Policy, Sydney.

③ James Laurenceson, Improving Australia's Investment Environment, http://www.thechinastory.org/agenda2013/improving-australias-investment-environment/, 2013.

源，还有5%是其他领域。① 这让有着强烈资源民族主义意识的澳大利亚倍感担忧。据国际环境发展研究所报告指出，资源民族主义指的是一个国家寻求直接和逐渐控制本国自然资源领域的经济活动。② 具有资源民族主义的主权国家通过对外国矿产开采企业设置各种合同条款以维护对自然资源的控制并在资源开采过程中获取更多收益。③"资源民族主义"的一个共同特征是，认为本国的资源开发如果是为了满足国外市场的需要，就有了出卖国家战略资源的嫌疑。④ 这样，澳大利亚的资源民族主义随着中国对澳投资特别是对矿产资源的投资扩大而不断高涨，并扩展到中国对澳投资的其他领域。例如，尽管中国2012年仅3%的投资投向农业，但当地媒体对中国收购大量农田和农业企业的歪曲报道也给人造成错觉，认为中国大规模投资澳大利亚的主要农田，使得澳大利亚失去对维持自身基本生存的必要资源的控制。国家党和独立议员以及大农场主尤其担忧中国投资澳农田，甚至宣称，"如果让其他国家控制澳主权资产，将无异于100年前遭遇一支军队入侵"。

第三，投资规模方面，中国投资增长势头过猛。近年来，中国对澳投资势头很猛，有些单笔投资规模巨大，引起澳方感官上的恐慌。根据KPMG与悉尼大学数据库统计，在2006年9月—2012年6月期间，中国在澳大利亚投资116个项目，平均投资规模均大于其他国家。其中19项投资规模在5亿美元以上，占到投资数量的16%，投资总额的80%以上。近半投资规模在1亿美元以上。就2012年中国在澳大利亚直接投资项目而言，过半项目在2亿美元以上，其中有8个项目（占投资项目的30%）投资在5亿美元以上，占据2012年投资总额的83.4%。根据罗伊

---

① Dough Ferguson & Hans Hendrischke, "Demystifying Chinese investment in Australia", http://www.kpmg.com/CN/en/IssuesAndInsights/ArticlesPublications/Pages/Demystifying - Chinese - Investment - in - Australian - O - 201303.aspx, Mar 15, 2013.

② Halina Ward, Resource nationalism and sustainable development: a primer and key issues, March 2009, http://pubs.iied.org/pdfs/G02507.pdf

③ Resource Nationalism, Mining Market Review 2012, P53.

④ 龙安云，"资源民族主义"时代，http://gb.cri.cn/12764/2007/05/16/2225@1591237.htm

国际研究所调查显示,过半数的澳民众认为政府批准了过多的中国投资项目,2013 年这一数字高达 57%。①

表 1　2012 年中国在澳 FDI 投资规模　　　　**(单位:万美元)**

单笔投资额	投资项目占比
5 ~ 25	26%
25 ~ 100	15%
100 ~ 200	7%
200 ~ 500	22%
500 以上	30%

数据来源:Dough Ferguson & Hans Hendrischke,"Demystifying Chinese investment in Australia",Mar 15, 2013.

但从中方角度来看,在投资主体、投资领域和投资规模上,都不至于引起澳方的担忧。

首先,就投资主体而言,中方认为即便是国企担当对澳大利亚投资主力,也不会如澳方所想象的那样损害澳方利益。第一,中国国企同其他企业一样遵守澳方的法律法规。任何在澳企业,无论是国内的还是国外的,也无论是私有的还是国有的,都要遵守当地的法律法规,以确保促进基于商业原则和透明报告的公平竞争。第二,中国国企对自身的地位有很强烈的意识,认为是中国在海外的大使,对自身大使身份的意识远高于私企,极力避免任何违反澳方法规的错误行为,避免被媒体报道,损害国家形象。② 因此,国企反而会更加注意遵守当地的规则。第三,中国国企的海外运营参照其他国际企业制度、遵照一般跨国企业规范。尽管国企往往会被视为是国家或政府的行为体,但发起对外投资项目的是公司的管理者而不是政府的监管者。③ 公司高管的表现也通过已有的 FDI 项目是

① The Lowy Institute Poll 2013: Public opinion and foreign policy, Jun 24, 2013.

② James Laurenceson, Improving Australia's Investment Environment, http://www.thechinastory.org/agenda2013/improving-australias-investment-environment/, 2013.

③ Zha Daojiong, Chinese FDI in Australia: drivers and perceptions, Lowy Institute, 24 July, 2013.

否盈利来衡量。而他们也明白,要想在国际商业竞争中获胜,就必须学习国际知名企业经验和作法,并掌握一系列先进的运作方式。例如,他们致力于资本投资以确保高质量、稳定的资源供应,收购企业以确保技术和新品牌,出口中国品牌,并获得新的市场。他们也越来越认识到与当地强大的澳企合作、雇佣当地员工和维系公共关系的重要性。[①] 第四,中国国有企业也在改革。自 20 世纪 90 年代中期以来,中国政府就开始推动国企改革,采用更加多样的所有权结构。

表 2　澳大利亚 2011—2012 年财年批准的海外直接投资(按行业分布)(单位:万澳元)

行业	投资前三位国家及投资额			投资总额	中国投资额	中国投资占比(%)
矿业开发	美国 15123	中国 10505	日本 9499	61642	10505	17
农业	加拿大 1420	英国 550	美国 500	3596	27	1.7
不动产	美国 8162	新加坡 5705	中国 4187	58401	4187	7.2
制造业	英国 13296	美国 2721	加拿大 2649	29522	538	1.8
服务业	美国 9650	加拿大 2062	法国 1873	21025	634	3
金融及保险	瑞士 3300	日本 596	英国 250	4543	60	1.3
旅游业	美国 400	英国 243	泰国 160	938	<10	<1
资源加工	中国 240	其他 25	美国 12	289	240	83
总计				169993	16190	9.5

资料来源:根据 FIRB2011 - 2012 财年年报整理。

其次,就中国投资危害澳方国家安全而言,澳方的指控存在不实之

① Dough Ferguson & Hans Hendrischke, "Demystifying Chinese investment: China's outbound direct investment in Australia", http://www.kpmg.com/CN/en/IssuesAndInsights/ArticlesPublications/Pages/demystifying - chinese - investment - O - 201207.aspx, Aug 1, 2012.

处。据澳大利亚政府对外国在澳大利亚农田和农业资产投资的范围和影响所做的调研,99%的农业、89%的农田和91%的灌溉用水都是为澳大利亚人所有,而且,就粮食安全而言,澳大利亚生产的产品远高于自身消费,大多数用于出口,如农业和渔业产品(除了羊毛和棉花外)产值463亿澳元中,有306亿澳元用于出口。因此,从生产和消费关系看,外国对澳农业投资并不存在粮食安全问题。①

再次,虽然中国投资主要投向矿业行业,但其所占比重仍然很小。从中国在澳大利亚投资的行业数据显示,2006年9月—2012年12月期间,中国在澳大利亚投资的72.6%流向矿业领域,17.5%流向天然气领域,3%流向农业。② 从中国投资备受争议的矿产开发、农业、不动产领域来看,中国FDI所占比例依然较小,分别为17%、1.7%、7.2%,远低于美国在资源领域的投资占比(24.5%)、加拿大在农业领域的投资占比(39.5%)、美国在不动产领域的投资占比(14%)。在其他统计领域中,除投资量较小的资源加工外,中国在澳大利亚投资占比均微乎其微(见下表)。③

最后,就中国投资规模过大过猛的指控,中方更是不予苟同。在中方看来,中国对澳投资远远落后于其他国家。到2012年底,中国在澳大利亚累计投资总额510亿美元,在所有对澳大利亚投资国中仅排行第九,占澳大利亚吸收海外投资存量的比重还不足3%。与美英相比,中国对澳投资规模远不足以称大。据统计,美英两国对澳大利亚投资总量之和就占到澳大利亚海外投资存量的50%。④ 2011—2012财年,FIRB批准的中

① Mark Thomson, "Trade, investment and Australia's national security", Australian Strategic Policy Institute, Apr 19, 2012.

② Dough Ferguson & Hans Hendrischke, Demystifying Chinese investment in Australia, http://www.kpmg.com/CN/en/IssuesAndInsights/ArticlesPublications/Pages/Demystifying - Chinese - Investment - in - Australian - O - 201303.aspx, Mar 15, 2013.

③ http://www.firb.gov.au/content/Publication/AnnualReports/2011 - 2012/index.asp.

④ Andrew Michelmore, "What drives Chinese investment in Australia?", Sep. 18, 2013; Dough Ferguson & Hans Hendrischke, Demystifying Chinese investment in Australia, Mar 15, 2013.

国 FDI 为 162 亿澳元，占该财年批准总额的9.5%，远低于美国的 366 亿澳元、英国的 203 亿澳元。

可见，中澳两国对“中国对澳大利亚投资”一事具有不同的见解，而这正是在双方仍具有巨大合作潜力的条件下阻碍两国扩大和深入合作的重大原因。

三、澳方对中国投资行为的认知差异

对投资行为的不同认知，以及由此带来的对利益的不同认识，可谓阻碍中国对澳大利亚投资的很重要因素。那么，这种不同认识是如何形成的？以下将就此展开讨论。

第一，中国的加速崛起是导致这种认知差异的重要背景因素。在中国改革开放之初，中国被视为一个潜在的巨大市场，包括澳大利亚在内的西方国家并没有意料到中国将取得这么巨大的成就。所以，在过去的大多数时间内，虽然时有“中国威胁论”出现，但这时的论调更多的是担心“中国崩溃”所引来的巨大混乱，而不是“中国崛起”所带来的国际力量格局的不确定性。然而，三十几年过去了，坚持走特色发展道路的中国不仅没有崩溃，而且还持续保持经济高速增长，并在短短几年内连续超越英、德、日而跃居世界第二大经济体，这在包括澳大利亚在内的西方国家里产生了复杂的情愫。

2009 年以来，澳大利亚开始出现多起对华不友好的事件，包括批评中国对澳大利亚投资到批评中国对南太平洋岛国的援助，从谴责总理、防长等人过于“亲华”到《2009 年澳大利亚国防白皮书》提出“中国威胁”。显然，不管出于对中澳合作所产生的绝对收益和相对收益的仔细盘算，还是出于维护西方在世界的主导地位而言，澳大利亚的对华心态在过去几年确实发生了变化。心态的变化导致澳大利亚常常通过“有色眼镜”来看待中国在澳大利亚投资的社会背景。而中国对澳大利亚投资行为也常常被视为拥有其他战略意图。

第二,美国调整亚太战略是澳大利亚改变对华态度的重要外部因素。澳大利亚是美国的亚太盟友,在安全保障方面有求于美国;而美国又是澳大利亚最大的外资来源,迫使澳大利亚在亚太政策方面常常追随美国步伐。2009年,美国宣布"重返亚太",加剧澳大利亚在中美之间"选边站"的压力。澳大利亚与美国文化相近、意识形态和政治制度相似,又是军事上的盟友,在情报共享方面存在紧密的合作关系。面对中国崛起与美国"重返",澳大利亚显然站在了美国一边。2011年,美总统奥巴马访问澳大利亚时宣布将在澳大利亚的达尔文港以轮驻方式部署2500名海军陆战队。① 2013年10月,美日澳举行三边战略对话并发表联合声明,以"反对任何有可能改变东海现状的强制性、单方面的行动"为名,实则站在日本一方干预中日海洋争端,引起了中方的强烈抗议。② 11月,澳大利亚还紧急召见中国驻澳大利亚大使,指责中方在东海划设防空识别区,③进一步将自己置于反对中国的一方。这在中国对澳大利亚投资方面的最显著体现就是,澳大利亚跟随美国指责中国的网络攻击④,继续禁止华为公司竞标澳大利亚"国家宽带网络"项目⑤。

第三,澳大利亚国内的政治生态影响其认知。首先,澳大利亚本身对外资确实存在固有的抵触感。20世纪80年代,日本对澳大利亚投资就

---

① A U. S. Marine Base for Australia Irritates China, http://www. nytimes. com/2011/11/17/world/asia/obama - and - gillard - expand - us - australia - military - ties. html? adxnnl = 1&pagewanted = all&adxnnlx = 1390205150 - RmPzsgJF82JWixa2xDXNyQ

② China warns U. S., Japan, Australia not to gang up in sea disputes, http://www. reuters. com/article/2013/10/07/us - asia - southchinasea - china - idUSBRE99602220131007

③ China, Australia spat over Air Defence Identification Zone highlights troubled relations' in region, http://www. abc. net. au/news/2013 - 11 - 28/australia - taking - sides - in - china - defence - zone - stoush/5122756

④ Cyber war, China key to security', says Julia Gillard, http://www. theaustralian. com. au/national - affairs/policy/cyber - war - china - key - to - security - says - julia - gillard/story - e6frg8yo - 1226557811625#

⑤ New Australian government upholds ban on China's Huawei, http://www. reuters. com/article/2013/10/29/us - huawei - australia - idUSBRE99S01820131029

遭遇澳大利亚民众强烈抵触。当时，75%的澳大利亚人不希望日本增加在澳投资。① 1996年联邦大选的民调显示，过半数民众认为澳大利亚吸收了“过多的”海外资本。2008年以来，澳大利亚智库罗伊国际政策研究所对中国在澳大利亚投资开展连续跟踪调查。2012年的民调显示，81%的澳大利亚民众反对“澳大利亚政府允许外企购买澳大利亚的农田种植农作物或畜牧”，其中63%持强烈反对态度。②其次，澳大利亚政党为赢得选举常常迎合民众的看法。

澳大利亚国内存在两大政党力量：一是工党，另一个是自由党与国家党组成的联盟党，每三年举行一次大选。如此紧凑的选举节奏使得两个政党阵营要及时回应民众的诉求。就吸引外来投资方面，尽管澳大利亚有完备的法律法规用于审查和监督外来投资，但由于公众对外来投资的负面舆论颇多，执政党往往不得不做出相应的政策应对，有时甚至通过很多不必要的附加条款或修订规则，以缓解公众舆论压力。例如，外资审查委员会（FIRB）就是为了缓解澳大利亚民众的担忧，于1976年成立，以维护国家利益之名审查来自海外的投资，通过审查程序维持澳大利亚社会对外资的信任，杜绝政治抵制等。近年来，为了回应舆论对中国对澳大利亚投资的担忧，FIRB又增添了新的额外条款，加强对外国投资申请的审查力度。FIRB对国企和主权基金投资的额外条款一定程度上增加了保护主义色彩，混淆了“国家利益”审查的性质，并在审查中引入了歧视因素。③ 这些新规定增加了中国对澳大利亚投资的难度。尽管新的规定并没有明确拒绝中国投资，但中国企业在提出申请前就可能被告知不会成功，或申请后要根据FIRB的要求修改投资条款，或延期至被投资方单方面放弃收购合约，其实就是变相“拒绝”。例如，当中国有色（CNMC）申请

---

① Pokarier, CJ (2010), “The controversy over Japanese investment in Australia, 1987 - 1991: Context and lessons”, Japanese Studies, Vol. 24(2), pp. 215 - 231.

② The Lowy Institute Poll 2012: Public opinion and foreign policy, Jun 5, 2012

③ Peter Drysdale & Christopher Findlay(2009), “Chinese foreign direct investment in the Australian resource sector”, China's new place in a world in crisis, ANU E Press, Canberra, pp. 349 - 388.

购买 Lynas 稀土 51.66% 的股份时,FIRB 不仅提出中方购买股份必须削减至 50% 以下,且在董事会成员占比不得过半等要求,最后迫使 CNMC 撤回要约。除联邦层面外,州一级政府也自设规则要求中国投资者遵守。

四、影响与建议

总之,有关投资问题的争议无疑对中澳两国产生不利影响,甚至波及两国的外交关系。但对澳大利亚而言,其所受的不利影响显然更大。

首先,澳大利亚政府塑造良好投资环境的国际形象的努力将受到打击。澳大利亚常标榜本国法制健全、投资环境透明和优越、市场化程度高。但是,澳大利亚 FIRB 对国家利益的界定不明、对所有权结构存在歧视、对外资的审查存在不同等待遇,以及迫于民众压力时常修订政策的做法,都将影响澳大利亚自身的国际形象和投资环境。例如,本来相对开放的政策,在耸人听闻的媒体报道后便予以修订,甚至根据民众要求修改申请政策或改变规则,对部分投资者予以歧视。这种因公众反应而进行的政策调整所带来的投资风险对潜在投资者来说是相当高的。

其次,中国对澳大利亚投资的积极性也将受到打击,开始转向其他国家。从目前看,中国对澳大利亚投资者除了要面临严格审查和舆论压力外,还要面临澳大利亚不断攀升的投资成本,对澳大利亚的投资积极性越来越低。第一,劳动力成本高。澳大利亚地大物博,资源能源富集,但国内人口稀少,劳动力较为短缺。海外技工虽是缓解劳动力不足的重要举措,但澳大利亚对此审查及管理极其严格,很难保证海外技工充足供应。加之,澳大利亚工会势力强大,注重保护工人权益等,使得澳大利亚的劳动力成本普遍高于其他资源国家。此外,澳大利亚规定,工程、建筑、采购和管理等行业必须雇用当地人,这将导致两个方面的后果:一是由中国派出的人员需要与当地人协调和配合,一定程度上会影响生产力和工作效率;二是管理人员使用本地人与中企投资海外以学习国际化管理技能的初衷不符等。① 第二，澳大利亚的基础设施有待改善。澳大利亚虽为资源能源出口大国，但铁路、港口等基础设施并不完善。但与中国由当地政府建设基础设施吸引投资的做法不同，澳大利亚一般要求投资者自己负责道路、港口、电力、水资源等绿地资源项目的基础设施。这样，在澳大利亚制造业欠发达、澳元升值等条件下，投资澳大利亚能矿产业需要花费较高运输成本。如中石油投资的一些液化天然气（LNG）项目多远离海岸，需要建设很长的管道等设施，使得生产成本进一步攀升。第三，澳大利亚自然灾害频发。澳大利亚近年来极端天气肆虐，干旱与洪涝并发，尤其在资源能源储备丰富的昆士兰州、西澳洲等更是如此，增加了中国投资项目的气候成本。第四，澳大利亚的环保要求高。就以生产液化天然气为例，液化天然气虽然是清洁能源，但在非常规天然气开采及精炼过程中仍不可避免地产生二氧化碳，破坏水质、土地等环境问题，从而常常受到环境保护主义者和原住民土地所有者的强烈反对。在此背景下，包括华为、五矿、兖矿在内中国国企和私企在开展低风险投资的同时也将目光转向其他地区的资源项目，走多元化投资之路，也就情有可原了。

中澳建交40多年来，两国经贸合作取得了长足进展。基于两国资源禀赋、发展阶段等的互补性，澳大利亚仍将长期为中国重要的经济合作伙伴。未来，随着中澳两国经济推进结构性调整，中澳两国的投资关系有望迎来更大的发展机遇。尽管中澳投资关系面临诸多障碍，但总的来说，主要是两国之间的相互了解不够所造成的。因此，“在改进自身的同时关照对方感受，在关照对方感受的同时改进自身”，应成为扫除两国投资关系障碍，促进两国投资关系取得更大进展的解决思路。

第一，两国政府应共同努力，消除两国民众对投资问题的误解，营造良好的投资环境。例如，中国政府可向澳方介绍中国国企的发展状况与管理办法，让澳方充分了解中国国企也与其他国际企业一样参与国际竞

---

① Zha Daojiong, Chinese FDI in Australia: drivers and perceptions, Lowy Institute, 24 July, 2013.

争。澳方也应努力消除国民的过分担忧,详细介绍中方在澳投资的基本情况与未来收益等,而不是一味迎合民众的舆论走向。正如澳大利亚矿业理事会主席安德鲁·米歇尔莫所指出的:"当我们意识到民众对外资担忧有一个合理水平的同时,也要认识到外资在支撑澳大利亚经济增长方面的贡献"。[①] 对此,澳大利亚方面应尽可能完善统计、公开信息,明确告知民众中国投资企业的所有权结构、数额等。例如,澳大利亚可对外资拥有农田进行注册,这将有助于缓解民众对外资控制其农田影响粮食安全风险的担忧。

第二,继续深化并拓展中澳合作领域,增强中澳经济的相互依存性。充分利用两国经济互补优势,挖掘双边经贸新增长点。中方可调整投资布局,改变之前过于集中投资资源型、能源型产业的态势,可增加基础建设型投资、经济开发型投资和制造业投资,注重协助所在国的可持续发展和带动当地就业,缓解澳方对中国投资过于集中在资源能源领域的担忧,并扩大两国经贸合作领域。同时,澳大利亚也应鼓励澳方企业扩大对华投资。2013 年 10 月 17 日,习近平主席在会见澳大利亚总督布赖斯时表示,"中国西部地区的发展是中国经济增长的新引擎,将为包括澳大利亚在内的世界各国带来广阔机遇。中方欢迎更多澳大利亚企业到中国西部投资兴业,实现共同发展"。[②]此外,中澳还可强化矿产资源合作对话机制,探索建立在矿产资源领域重大国际问题上的会商机制。

第三,努力减少投资壁垒,共同营造良好的投资政策环境。目前双方的审批流程都较为繁琐分散,涉及多个部门。为此,两国都应改进或明确各自的审批流程程序,减少不必要的麻烦或误解。例如,针对澳方抱怨中国银行市场准入门槛过高,中国有关部门应主动释疑,并针对澳大利亚资

---

① Andrew Michelmore, "What drives Chinese investment in Australia? ", China Changing Lecture in Beijing, http://www. lowyinstitute. org/publications/10th – anniversary – china – changing – lecture – beijing – what – drives – chinese – investment – australia, Sep. 18, 2013..

② 习近平会见澳大利亚总督布赖斯时强调:相互信任、互利双赢、开创中澳友好合作新局面,《人民日报》2013 年 10 月 18 日 01 版。

源型银行的特殊结构，简化审批流程，拓展“资源金融”“环境金融”互补投资。同样，澳大利亚方面也应进一步明晰投资政策，明确 FIRB 所涉及的国家利益概念，增强审批流程等的透明度，消除审批过程中的歧视性因素。

第四，企业对外投资行为应照顾对方的体制、文化、政治等差异，并学习如何帮助彼此超越分歧。就中国企业而言，应高度重视中澳之间确实存在的体制、文化差异，尊重当地的法律、文化乃至工人的工作和生活习惯，更要避免出现因环保评估不过关而出现的损失。同时，中国企业也要注重学习和使用切实有效的公关策略。从目前看，中国在澳大利亚投资企业大都已采取不同方式适应澳大利亚的投资环境，例如延请当地杰出人士进入董事会、让澳方管理人员实施并购业务、开展更多的公关和资助活动，扩大企业的社会责任。另外，中国企业的投资也可以更加多元。中国在矿业以外的投资多元化，与澳大利亚对非矿业的再平衡相一致。在澳从矿业主导向零售及房地产等行业实现再平衡之机，中国企业在高端制造业、可再生能源和农产品等方面的投资需求将为澳经济结构转型开启新机遇。

最后，正如安德鲁·米歇尔莫所说的：“每个参与者都应保持对商业模式的开放心态，学习如何与相关的伙伴合作，并通过不同的视角看世界。中澳存在很多差异，但我们也有很多机会实现共同富裕和繁荣。关系基于信任，信任导致透明，透明有利于解决问题，解决问题利于产生好的结果”。[①] 中澳应共同努力，消除彼此间的认知差异和误解。

① Andrew Michelmore, “What drives Chinese investment in Australia? ”, China Changing Lecture in Beijing, http://www. lowyinstitute. org/publications/10th - anniversary - china - changing - lecture - beijing - what - drives - chinese - investment - australia, Sep. 18, 2013.

附　录

2013 综研基金·中国智库论坛
"中国新一轮对外开放：机遇与挑战"精彩观点

【编者】由深圳市综研软科学发展基金会、综合开发研究院（中国·深圳）发起主办的"2013 综研基金·中国智库论坛"于 2013 年 11 月 5 日在北京举行，本次论坛以"中国新一轮对外开放：机遇与挑战"为主题，共同研讨全球化新格局下中国的对外开放战略，以及全方位推进改革的背景下，新一轮对外开放的领域与路径。

综合开发研究院（中国·深圳）院长、著名经济学家樊纲、国务院发展研究中心党组成员、办公厅主任隆国强、中国社会科学院亚太与全球战略研究院副院长韩锋、中国国际问题研究所副所长阮宗泽、凤凰卫视时事评论员朱文晖、中国社会科学院金融研究所所长王国刚、商务部国际贸易经济合作研究院院长霍建国、中国银行首席经济学家曹远征、财政部财政科学研究所长贾康、中国社会科学院美国研究所所长黄平、清华大学中美关系研究中心主任孙哲、中国现代国际关系研究院全球化研究中心主任刘军红等国内一流的专家学者，分别就全球开放趋势与中国的机遇、自由贸易区与服务业开放、智库建设及其作用等主题发表演讲，来自各研究机构、大专院校、NGO 和媒体代表约 100 余人参加论坛。现将论坛精彩观点摘录，以飨读者。

中国对外开放的新问题与新挑战

综合开发研究院（中国·深圳）院长　樊纲教授

中国正面临新一轮的开放，新一届政府不仅承诺要进一步开放，改善贸易投资环境，现实中也采取了一些措施，例如资本账户的进一步开放、资本管制的放松等。如何面对新一轮的国际压力、面对 TPP、面对国际经贸形势的新变化、金融监管形势的变化等等，这些都是非常现实的问题。从经济发展的角度而言，虽然现在人均 GDP 大概 6600 美元左右，但是比起收入最高的挪威的 10 万美元、美国的 5 万美元的发达国家来讲，我们国家的水平还是很低，仍然是发展中的新兴市场国家。但不是说收入低就是落后了，关键是教育水平低，不用和北欧那些国家比，美国高等教育的比重占劳动力的 64%，我们只有 20% 多一点。发展中国家能够追赶上去，跟发达国家缩小差距，重要原因还不是因为国际贸易，也不是因为能够全球融资，更重要的原因，就是取决于能不能从其他国家吸收知识，发达国家巨大的知识存量能不能外溢到你的国家去，能不能从知识的传递当中获得真正的知识生产要素。这是发展经济学最近几十年的重要研究成果。一切生产要素的背后，起作用的不仅仅是劳动、资本本身，更重要的是承载的技术和知识。这个知识不仅是科技，还包含了社会管理知识、政治、经济、法律、社会关系、国际关系等等。现在很多企业“走出去”，面对的是国际知识的瓶颈和约束。所以我们还要进一步开放，只有进一步开放，让更多知识外溢到我们国家，我们才能够发展得更快。

反过来讲，我们的发展又到了一个新阶段——资本输出阶段。最早我们是资本匮乏国家，需要吸收资本。现在储蓄率比较高，面临资本结构和对外投资的问题，以前靠外汇储备，政府投资，投在美国政府债券上，随着我们的企业逐步成熟，企业“走出去”到世界上投资，这面临着另一种开放。以前是我们自己开放，现在的开放是要“走出去”，这都是新问题、新挑战。

第一节　全球开放趋势与中国的机遇

主持人　中共中央党校国际战略研究所副所长　周天勇教授

国务院发展研究中心党组成员、办公厅主任　隆国强教授

全球金融危机以后，世界经济处在一个大调整、大变革的时期，既有很多挑战也有很多机遇，经过认真的权衡，党的十八大提出我们仍然处在大有可为的战略机遇期，但是条件和内涵发生了变化。发生了什么样的深刻变化？我个人理解，过去有利于加工扩张的机遇，变成了一个有利于利用外部资源和市场加速中国转型升级的机遇，是一个有利于打造中国经济升级版的机遇。简单来说，从“引进来”的角度看，金融危机爆发以后，发达国家普遍陷入了困境，中国经济一枝独秀，尽管经济增长速度也在减慢，但是经济增长的实际和未来发展前景毫无疑问还是全世界最富吸引力的。而且随着中国比较优势的变化，在投资者的眼里，中国劳动密集型加工贸易制造产业不再是他们的首选，到中国来干什么？要来开拓市场，要来开拓中国的人力资源。经过我们调查，跨国公司在危机爆发以后，开始调整对华战略，向中国转移更加高端的制造活动、服务活动，包括金融总部、研发总部等等，其目的有两个，一是开拓中国市场，二是更好地利用中国转化了的比较优势。因此危机爆发以后，我们有了引进更高端的产业活动的机遇。二是有利于吸引人才，在中国就业的外国人到底有多少，没有统计，但是有一个指标可以从一个侧面来反映，就是归国留学人员。在危机爆发以前，一年可能回来 1 万人左右，但是过去的五年，归国留学人员是 80 万人，平均下来每年 20 万人，去年一年是 27.29 万人。尽管我们没有一个全面数据来反映引进了多少人才，但是通过这样一个很有特点的归国留学人员数据，可以反映出在危机爆发以后，中国经济增长的前景和良好的机遇使得高端人才不断开始向中国回流或者汇聚。

从“走出去”的角度来说，我觉得有两个非常好的机遇：一是危机爆

发以后，为中国企业低成本开展海外并购提供了机遇，我们看到了很多例子：中国企业到海外新建机构，比如华为在全球建了很多研发中心；中国企业并购整合全球资源，比如吉利汽车并购沃尔沃，三一重工并购德国的普斯马斯特。海外并购使得中国企业能够在很短的时间内获取梦寐以求的先进技术、研发能力、国际品牌、国际销售渠道。这次危机对中国海外并购可以用两句话概括，一句话是原来你拿了钱人家还不愿意卖给你的东西，现在不得不卖给你，比如吉利并购沃尔沃，没有这场危机是不可想象的事情。第二句话，原来卖给你很贵的东西，现在相当便宜就卖给你了，大大降低了企业国际拓展的成本。

另外一个“走出去”的机遇，就是有利于扩大技术密集产品的出口。从总体来看，全球金融危机导致外部需求是萎缩的，增长需求大幅度下降，但是出现一个结构性的变化。发达国家面临再工业化，需要更新基础设施。而发展中国家，要快速推进工业化、城镇化、新建基础设施，恰恰在这个领域，中国形成了很强的竞争力，以工程承包为载体，成套设备，包括发电设备、水泥制造、运输设备等技术密集型的产品已经开始具备了国际竞争力，这个国际竞争力应该说是在过去二三十年国内庞大的基础设施建设市场培育出来的。随着国内市场竞争的加剧，又把它的技术水平提升了。所以，尽管全球总的外需确实出现了低速增长，但是结构性的变化使得技术密集型的产品在发达经济体，特别是在新兴经济体出现了良好的需求态势。

当然，随着新兴经济体中产阶层的扩大，出现了像手机这样的产品需求，可能三星、苹果看不上的市场，中国可以去拓展，如今在非洲和印度可以看到大量中国品牌的手机，这也是我们的一个出口结构的升级。

我们会看到无论是“引进来”还是“走出去”，确实出现了新的机遇，就是加速结构升级的机遇。要抓住这些机遇，我觉得很重要的，需要我们采取新的措施，进一步扩大开放，拓展开放领域，才能充分抓住这些新的机遇。

中国与东南亚关系的机遇和面临的挑战

中国社会科学院亚太与全球战略研究院　韩锋副院长

国家新一届政府领导人密集地对东盟地区进行访问，并且勾勒出了未来发展的蓝图，也就是说，在“黄金十年”的基础上，要迈向“钻石十年”，并且形成地区的命运共同体，为这个地区制定了一个总的发展方向。经过我们国家近几十年的努力，在东盟地区已经初步形成了由被动保障、利用到主动营造、互惠这样一个基本格局。现在中国与东盟关系，正迈向制度化建设，为地区一体化提供双方所需要的各种物质条件。比如政治上通过签署《东盟友好互助条约》形成战略伙伴关系，经济上跟东盟成立了自由贸易区，并且取得了双方都比较满意的成果。

但是，这个地区所面临的问题也是显而易见的，首先，除了传统的贸易、投资和产业之间的竞争关系以外，东盟内部的差异巨大。我们可以看到，东南亚十国里面的差异，要用 GDP 衡量的话，可能中国与最发达的国家的差异也不大。所以，他们对地区的要求，还有利益的诉求都有天壤之别，内部很难协调。其次，这个地区面临非常复杂和激烈的制度性的建设竞争。还有就是危机的影响，因为这个地区经历了两次经济金融危机，20世纪 90 年代末的金融危机对这个地区的打击，除了物质、经济方面的，主要在心理，他们承认在学习西方经济的时候有自己的问题，这次他们的老师出了问题，所以他对西方世界及现行经济体系的信心受到打击，所以对于大国之间的协调非常警惕。再就是战略互信滞后，尤其对中国迅速崛起以后在这个地区的作用存疑很深，加上南海问题的争端，这个争端涉及领土，也涉及战略和区域国际关系。

面对这种挑战，今后东盟地区的发展趋势大概有几个方面：一是中国—东盟自由贸易区还会继续向升级版方向发展，从中国和东盟建立合作关系以来，贸易额从 60 亿美元增长到去年超过 4000 亿美元，而且中国—东盟双方达成的官方协议是要在 2020 年达到 1 万亿，经过测算双方认为数字不是问题，所以自贸区升级版数量方面大家非常看好。但同时，质量方面中国提出了要全面拓展自贸区合作宽度、深度，包括服务贸易、基础设施、投资、互联互通、市场开发等等。二是双方投资出现迅猛增长，这和中国投资能力和投资意愿有很大关系，东南亚是中国对外投资的首选地区。三是合作重要性的提高。因为，中国—东盟的合作地区已经由过去单纯依靠贸易和经济合作，发展到全面综合合作。比如在贸易合作基础上，有清迈协议、自由贸易区、中国积极推动其他东盟主导的地区合作像“地区全面经济伙伴关系”等等。合作的包容性提高，由贸易为主走向全方位合作，形成发展速度保持高速、产业升级伴随其中、经济规模增长、双方对外开放程度不断提高等特点。

总的来说，中国的机遇或者说是中国的应对有如下几个方面。

第一，中国—东盟的合作今后应该更加注重双方产业合作，也就是利用中国制造业优势，进行跨国界的次地区或者整个地区的合作。第二，要加强发展合作。因为中国—东盟之间，对于地区的发展共同点和相互交叉点非常多，但是现在双方尤其是东盟方面特别关注的是成员国内部的发展，以及次地区对于东盟的宏观规划，特别是中国—东盟的规划缺乏深入和全面。第三，加强多元性合作。第四，加强科技合作。这是中国一贯倡导的，在这个地区还有很多领域可以进行开发。

总的来说，中国和东盟的关系未来肯定是朝向合作而且是制度性的合作建设。当然制度要有弹性和特点。另外，中国是要通过地区化实行国际化的过程。所以，共同的身份和意识，将是这个地区合作非常重要的内容。中国和东盟的合作今后要向更加专业、具体和有效的方向发展。

世界向多极转变过程中，中国的机遇与战略调整

中国国际问题研究所　阮宗泽副所长

我主要讲三个问题。第一个问题，就是怎么认识今天或者未来一段

时间的世界,所以我提的问题是“今夕是何年”?第二个问题是中国的机遇何在?第三个问题是怎么样抓住这个机遇?

最近以来,中国的改革开放及取得的成就得益于全球化,分享了全球化的红利,而且由于中国的加入,实际上助推了全球化,让全球化的合法性或者提供公共产品的能力有了更大的提高。那么,现在和未来一段时间,全球化第一季已经过去了,已经上升到升级版的第二季了。第二季的特点主要体现在哪里?主要体现在国际秩序的重组,世界权力机构开放时代已经来临,我们必须看到这一点。前不久中国国际问题研究所和美国一个智库完成了一个研究报告,是关于2030年的世界和中美关系。探讨了未来世界的三种发展前景。第一种前景就是被浸蚀的世界,就是漂流的世界,第二个世界是一种临河的世界,第三个世界是振兴和合作的世界。中国和美国各自背靠背拿出一个报告来展望2030年世界的时候,发现我们的认识有很多是共同的,不约而同的,可能叫“英雄所见略同”,其中让我感到比较惊讶或者比较鼓舞的就是美国人的觉悟也在提高了,为什么呢?越来越多地看到这个世界的变化和问题光靠一个国家解决不了,需要其他国家帮助,一起来解决,需要外包,需要资源分享,而且还有责任分摊。中国越来越成为一个可以和美国一起合作,解决全球性问题的最好的选择。这反映出国际秩序在经历一个历史性或者结构性的变化。我们回想在冷战期间,几十年的冷战实际是两极体制,这两极体制是非常封闭的体制,不容易出现第三个力量的出现,因为它已经把世界固化了。随着两极体制的分解、冷战结束,一度我们看到了,用美国人的说法叫单极时刻,美国突然发现对手消亡了,而且它处在独孤求败的位置,当然这种日子并不是很长,也就是十年左右的时间。美国的单极时刻,有的美国人叫历史的假期,现在这个世界发生了新的变化,美国人写文章说“别了,历史的假期”。美国已经进入下一个阶段,从“9·11”事件发生,2008年全球金融危机,“9·11”事件改变了美国人对世界的看法,金融危机改变了世界对美国的看法。我们看到权力体系在开放,看到权力的分散化和扩散，这就是20国集团的出现，我觉得大家不可小视这样一种状况，20国集团的出现等于埋葬了8国集团，8国集团在冷战期间指点江山，但是面对金融危机它无能为力。所以中国十八大报告中专门指出，今后中国在参与国际多边外交的时候要特别重视20国集团，还有上合组织、金砖国家。所以金砖国家的出现可以视作一个指标，世界权力体系和财富的一种重新分配。而且还要让美国、欧洲等国一定意义上接受或者认同。所以美国的觉悟提高在哪里呢？以前中国人讲多极化，美国人很反感和过敏，他认为这种多极化是反美的代名词，现在美国越来越多的人开始讲多极化，未来的世界就是一个多极化的世界。这一点，我觉得正好说明结构的开放性。而现在出现的又和以前不太一样，新兴经济体我们叫做群体性崛起，不是一个、两个或者三个，是一个群体性的崛起。这个群体性的崛起伴随着财富和权力的转移这样一种大的变化，所以这就是我说的开放时代全球化进入第二季，为中国的发展提供了一个历史性的机遇。

第二，中国机遇何在？中国的发展搭上了全球化快车，中国又用自己的发展加速全球化的发展，而且创造了更大的财富。所以，西方现在出现了一种所谓去全球化的倾向，他们一开始认为全球化是西方化，可能是美国化，结果出现的是非西方国家群体的崛起，这是他们没有意想到的。所以开始出现去全球化的声音。但是全球化浪潮是不可阻挡的，中国可以进一步融入到全球化第二季浪潮当中，而且可以成为一个更大的推手。刚才我讲到第二季带来就是权力结构的重塑，这是中国进入新世纪面临的非常难得的一次机遇，可以说是第二次机会，它到底能够为中国做什么？第一点，有助于把中国的利益社会化，这是非常重要的一点。中国在崛起的时候很多人不高兴、不愿意看到，而且这样一个庞然大物的崛起，对过去的权力结构和利益格局是一种打破。所以，我们面临的阻碍是很大的，这种情况下，中国为了减少崛起或者发展的成本，或者来自于世界和国际的阻力，最好的办法就是把自己的利益诉求国际化，推动社会化的利益。另外，与此相关的就是把发展红利首先第一步区域化、地区化。我们发展的任务还非常的繁重，要实现两个百年的目标，也不是那么容易。但是作为第一步，就是要把发展的红利首先向我们的周边扩散，与他们分享，这将会巩固或者强化中国崛起的地缘依托。中国提出了陆上、海上的丝绸之路、互联互通，中国的资本、技术、人员可以随着互联互通"走出去"，最重要是人民币可以随着互联互通的战略"走出去"，周边化是中国非常重要的发展战略。

第三，中国现在提出和美国要建一种新型的大国关系，其实说到底，这个新型的大国关系是为中国的崛起、为中国的和平发展争取时间和空间，以及为中美关系，就是 1 和 2 的特殊关系扩大一个战略缓冲。那么，在这种情况下，中美可以保持关系的合作性，不对抗、不冲突、相互尊重、合作共赢，能够做到或者朝着这个方面努力。如何抓住这个机遇？前面我说了几个路径，改革开放三十多年的发展，我们获得了巨大的成就，同时经历了诸多苦难和挣扎。就是说，中国过去三十多年的发展，完成了过去西方发达国家、发达经济体三百年发展的路程，但是同时那些挣扎、那些痛苦、那些郁闷或者那些问题和摩擦也被打包在 30 年当中，是绕不过去的，必须要释放出来。这就是为什么我们的幸福指数下降了？我们热烈庆祝取得辉煌成就的时候，其实内心感到郁闷，看到外面雾霾重重的空气和吃着不放心的食品，不可能只需要成就而没有问题，这种问题被压缩到 30 年，而且释放出来的时候，它的能效也是很大的。在这种情况下，中国唯一的出路是什么？新一轮的开放、新一轮的改革，必须进一步加强对外的开放，打造中国开放的升级版。中国的开放应该向世界贡献中国的智慧，贡献中国的方案，贡献中国的思想，这种开放才能进一步把中国的经济实力转化成一种国际制度的力量，转化成一种道德的力量，中国应该说大有希望。

中国的开放，不光只是提供中国制造的产品，还包括中国的思想、观念、价值观，这是下一步要做的。这就涉及到一个问题，在做这个的时候，就要对过去的一些想法或者操作方式进行反思。其实中国最大的挑战，在于今后一段时间怎么样争取国际社会对中国崛起的认同。这个认同不只是跟你做生意，从你那里赚钱，还要从心理甚至在国际事务中把你作为问题的解决者，这是至关重要的。中国要学会表述自己，表述中国。现在，虽然对外开放和过去相比进步很大，但是这种开放和交流还处在初级阶段。接下来更多的还包括智库的开放，现在走在开放最前沿的是什么？中国改革开放最大的贡献是民工，中国和世界交往最大贡献的是中国民工走到世界，在非洲有多少人？利比亚大撤侨的时候不知道多少人，一撤侨发现有3万多人。所以基本数字还很缺失。在表述中国的时候，现在向世界说明中国的时候总是京剧或者书法这老几样，这个观念要改变了。向世界说什么？应该是展示中国这30多年改革开放，一个处于转型期间的中国，既取得了成就但也存在相当的问题，一个比较真实的中国，这更具有说服力。在传播领域当中，如果说一件东西是百分之百好，十全十美的话，这个传播信息是零，谁都不可能相信，但是如果说这个东西可能50%好、50%的缺点，那这个信息就有50%的可信度。所以传播中国的时候也要表述中国，现在讲中国故事，问题是讲什么？就是讲今天中国如火如荼的历史变革带来的变化。我们走到国外，别人就把你当成中国问题专家，问你的都是中国的问题，从计划生育到环境保护、宗教、新疆、西藏，这说明了什么？世界渴望了解中国。过去你跟别人讲他不听，现在他主动寻求答案，希望听你的声音，中国应该满足他们的好奇心，把我们的想法、方案说出来。我们和国际上打交道他们总觉得中国人很神秘，因为我们不去表达自己。我们过去有“3S”理论（微笑、沉默、停止），我们总是微笑、沉默，说到伤害中国话的就要让他停止。以前日本是最典型的3S外交，现在日本改变了，它逢人就讲，有机会就讲钓鱼岛，所以要传播我们的想法，要主动的讲述，讲述今天中国鲜活、生动的事件，增加中国与世界的对话，最后实现大家对中国的接受和认同。

TPP与中美双边投资协定谈判策略思考

凤凰卫视评论员 朱文晖

TPP现在讲的人特别多，但是TPP的完整版本我们并没有看到，它总共29章，根据已经流出来的范本，和美国财政部公布的《双边投资协定（2012版）》非常接近。今年7月，习近平主席和奥巴马在“阳光之乡”庄园会的时候已经谈到了要启动双边投资协定，而双边投资在此之前中美已经举行了8轮的技术性磋商，没有任何进展。经过这一轮到7月才启动实质性的中美双边协定。

今天我想详细介绍一下。我自己看了一遍之后挑出几点让大家来研究。总共37个条文，A、B、C三个条款，看完之后发现，为什么美国这几年力推BIT，又在这个基础上提出TPP，这份东西反映的是美国在新时期的比较优势，它最擅长什么。通过BIT和不同国家的签署，要发挥它的比较优势。我把这个总结完之后得出了几点。第一是外汇自由化，资本账户要在两个国家间完全开放，单就这一项就比WTO厉害很多。第二是金融服务的强化，金融业恰好是美国最强大的。第三是美国现在对WTO非常不满意的“争端机制的深化”，即WTO独立贸易争端解决机制。第四是我们原来比较擅长的“国内技术要求和国内技术标准的制定”。以上四个是最重要的最突出的要点。“准入前的国民待遇和负面清单为基础”中的“负面清单”从北美自由贸易协定而来，我现在特别担心我们不会列负面清单，因为国家发改委从来都是列正面清单，突然搞一个负面清单怎么办？所以上海自贸区要列负面清单，但是现在发现它涉及政府职能的全面转变，和现在香港一样，不规定审批的自动就能够做。还有一个核心的问题“准入前的国民待遇”，以前强调贸易货品的国民待遇，所谓“准入前”就比如美国人想来中国自贸区投资了，只要有这个意愿，他得到的待遇就和中国公民是一样的。从想来投资、计划投资到设立企业，到企业运营、利润的汇回、破产、纠纷清算、剩余价值的汇回，这些都是BIT

要谈的，它涵盖的范围比 WTO 多很多，很多人把它理解为再一次入世，这一次入世冲击要大得多，美国人已经把这个东西琢磨透了。我们现在已经要跟它谈了，什么时候谈完？有人说可能五年都谈不完。按照现在的国际形势来看，原来美国计划 TPP 今年亚太锋会期间就谈完，我们预计奥巴马任期内谈成是有把握的。上海自贸区是三年试验，试验内容基本就是 BIT 要试验的东西。我们可以假设以三年为限来谈成，我们国内怎么配合。这就涉及到谈判策略。以前我研究中国入世的谈判策略，1999—2001 年，尤其是 1999 年 11 月份那一次，我们赢在什么地方、输在什么地方。第一是我们的定位和认知。中国到底是什么阶段？我们什么东西该放？什么东西该让？什么东西该讨价还价，一定要搞清楚。当时我们就搞的有点反，过低的估计自己的实力，保护自己，过高估计他们的实力，核心一条就是市场经济地位，一下给了 15 年。

第二我最担心我们的谈判人才。它要求高度综合的谈判人才，要懂商务、懂实际运作、懂法律，还要是官员，这是美国人最擅长的，而我们没有这样的复合人才，所以这个谈判非常艰难，这个谈判有长期的效果和后果，就像 WTO 谈判到现在还在发挥作用。

第三是我们的政府职能怎么转变，尤其三中全会以后政府职能如何转变。在 TPP 中政府职能的转变特别清楚，TPP 里有一个条款规定企业可以告当地政府，由三个人的仲裁法庭裁定。谁是最懂的呢？律师。我们中国也没有这样的律师。还有国有企业的地位问题，现在国内对国有企业尤其是大型央企有不同的看法，一方面他们确实很强，另一方面确实垄断了很大一部分利益。美国人很怕中国这样的国有企业，所以对国有企业的市场监管又有明确规定，政府职能怎么转变这也是重大挑战，这和我们自身改革有很强的趋同性。

最后，我们放眼未来，描绘未来的图景，假设五年以后或者谈判的过程中会发生什么变化？第一，中国会成为第一贸易大国，不管谈不谈得成，我们是很多国家的第一贸易伙伴。第二，中国已经成为第一排放国（二氧化碳）。第三，中国还可能成为第一投资国，成为世界第一的消费国。

我们的国民经济的核算体系有问题，最核心的消费品——汽车，中国一年消费两千万辆汽车，相当于美国和日本的总和，所以中国的消费还差吗？已经不差了。所以展望未来，双边投资协定谈得差不多的时候，中国很多领域都是第一。但同时会发现我们对游戏规则的设定和对人才的需求，特别是对智库的需求比以前多得多，但问题是智库本身的转型必须要跟上。

互动环节

提问：朱文晖先生刚才谈了 BIT，分析得非常到位，那么在态度上中国该不该更主动的推进 BIT？回顾过去 13 年来，中国获取了巨大的好处，特别是 BIT 里面还有一些内容，比如要求提高老百姓的消费水平，要求国有企业分红 10% －15%，基本没有提到资本账户开放这一类的内容，是否合理？中国是不是应该更积极地去做？

朱文晖：WTO 的加入绝对是正面的。但是对于条款，我们当时对形势的判断和双方的发展趋势认知有误，所以我们过于保守，当时守的太多，攻的太少，对中国出口商品利益让给人家太多，把自己的市场看的太紧，最后是一种“换”。为什么反复强调谈判的策略和谈判队伍，我们一定要积极加入。BIT 里面资本账户应该是有的，但是隐含在别的条款里，而且是不同的条款间互相佐证。其实都隐含在里面，只是没有明确写。我们的谈判队伍是什么样的人？这个谈判队伍必须是官员、律师，有实战经验能够讨价还价，体力很好的人，对国内外大事和中国发展趋势非常了解的人，才能把这个东西谈下来。对于这个条款本身而言，我们能够做的事情不多，表面上看是双边谈判，实质上是和加入 WTO 一样的，更多是改变我们自己。如果通过这个东西使中国企业 10 年、15 年后更强大，那就是很好的事情。问题是谈判的人懂不懂企业，能不能看到 15 年以后国内企业有什么需求和诉求，正如 1999 年我们看不到中国企业在今天对美国有什么诉求。我的态度是非常积极、非常正面的，但是对谈判队伍的要求，现在可能是低估了。

提问：从这次两轮峰会以后，是不是越南问题就出现了解决的迹象？而菲律宾问题下一步怎么办？

韩锋：这个问题非常难回答。实际上越南和菲律宾的问题包括了好几个层次，我们和所有涉南海主权问题国家都有类似问题，并且在主权问题上衍生了一系列的其他问题，比如资源、能源、海上通道安全、地区国际关系以及地区管理等等。大家回想一下，台湾问题也有类似情况，这是发展到一定阶段，可以用来限制中国的一个“把手”。如果说解决，可能还是双边的领土问题，在这个问题上中国政府的态度很明确，就是在双边层面进行磋商解决，但是到现在为止基本状况虽然有所变化，实质性的问题还没有得到解决，而且也没有非常清楚的路径。大家都在谈论在这个牵扯到各方利益的问题，比如合作开发地区资源能源、确保地区通道安全、中美间建立新型大国关系、地区进行制度性建设等等，总之现在还是乱象，大家希望这个地区有一定的制度安排，同时又希望南海问题能够对中国的力量有所制衡，这就是为什么大家热议COC（地区行为准则）问题，中国可能在这方面基本方略比较稳定，主权问题短期不能有所建树的情况下，寻求与这个地区相关国家进行协商，同时防止域外大国介入，所以COC界线划的非常明确。

第二节　中国自由贸易园区试验与服务业的开放

主持人：对外经济贸易大学国际经济研究院院长　桑百川教授

上海自贸区发展中的几个问题

中国社会科学院金融研究所所长　王国刚教授

一、上海自贸区的定位

以开放促改革已有30多年历史。1980年，五届全国人大批准设立深圳、珠海、汕头和厦门等经济特区，就已迈开以开放促改革的步伐。在30多年间，全国各地先后设立了众多享受某些优惠政策的各种各样的试验区，其中包括保税区、经济技术开发区、高新技术产业开发区、综合改革试验区和金融综合改革试验区等等。

如果说,上海自贸区的改革开放依然重复这些试验区走过的路径,那么,它至多只是使中国在各种试验区的基础上又多增了一个试验区,由此,设立与不设立这个自贸区对中国经济的进一步发展大致上可以说“无关大局”。

要使得上海自贸区的设立和日后运作能够成为推进改革和提高开放型经济水平的“试验田”,上海自贸区就必须在体制机制改革方面有新的突破创新,由此,明确定位就成为万事之先的论题。

“以开放促改革”的一个主要含义是,运用开放所带来的国际要求推进国内的体制机制调整,使其更加适合市场经济的规则。

试验区改革,大致上可分为三个层面:第一层面是与体制机制直接相关的制度改革;第二层面是与资源配置相关的改革;第三层面是与突破某个特定政策限制相关的改革。

与体制机制直接相关的制度创新,应是上海自贸区的基本定位。体制机制改革的过程就是解放生产力、重新进行资源配置的过程。改革红利将在这个过程中释放和创造。对建立上海自贸区而言,要发挥“推进改革和提高开放型经济水平的‘试验田’,形成可复制、可推广的经验,发挥示范带动、服务全国的积极作用,促进各地区共同发展”的功能,也只能首选以体制机制改革为建设的重心。

对上海自贸区而言,首要问题不是争取多少政策上的优惠,而应是全力展开制度创新。上海自贸区以 4 个保税区为基础建立。保税区制度属于已有状态,同时,上海自贸区不可能完全实行类似于中国香港、新加坡等的自由港制度,所以,从与体制机制直接相关的制度改革看,可选择的范围只能在以保税区为下限、以自由港为上限的制度区间内。究竟选择何种自贸区模式将是通过实践“摸着石头过河”的复杂且曲折的探索过程。

上海自贸区发展受到四个因素的影响:一是上海经济社会发展中的

体制机制改革。第二是中国经济社会发展中的体制机制改革。三是国际规则的变化(包括 TPP、TTIP 和 TISA 等)。第四是上海自贸区直接面对的新加坡、香港、东京和首尔的自贸区变化。如果上海自贸区贯彻的是中国境内的这一套制度,人家根本可以不来,那些地方已经有了一系列的自贸区。从这个角度而言,上海自贸区能否办得好,取决于对这四个因素的消化。这里面有改革的事,但是也很多是开放的事。

二、链接自贸区的上海金融发展

从各国和地区的自贸区来看,为了便于自由贸易和自由投资,它在金融方面有着如下特点:货币可兑换、资金进出自由、金融机构准入门槛低、各种相关保险产品均可销售和金融创新空间较大。这些内容用一句话概括,即在自贸区内金融服务业全面开放。

国务院批准的总体方案中指出了上海自贸区金融制度创新的几个相互关联的关键性要点:第一,加快探索资本项目可兑换。第二,金融服务业全面开放。第三,推进政府管理由注重事先审批转为注重事中、事后监管。第四,逐步允许境外企业参与商品期货交易。第五,建立试验区金融改革创新与上海国际金融中心建设的联动机制。

从上海自贸区总体方案的要点与世界各国和地区自贸区的特点对比中可以看到:第一,上海自贸区更强调制度创新。这是由中国体制机制改革的历史进程决定的,也是由中国改革促发展的使命决定的。因此,与世界各国和地区的自贸区相比,上海自贸区的制度创新任务更加艰巨也更加复杂,带有明显的时间上的紧迫性(国务院给予的时间为 3 年)。第二,上海自贸区的试验内容更加广泛,不仅包含了自贸区内的各项制度和各种安排,而且肩负着为中国新一轮“以开放促改革”的重任。这是其他自贸区所没有的内容。第三,上海自贸区的意义更加重大。它要在全球最大的发展中国家中闯出一条全面推进体制机制创新以保障经济长期发展的新路径。

上海自贸区的运作和发展面临着一对矛盾:一方面自贸区的地理范

围已经界定，几乎不可能将它扩大到整个上海（更不可能将自贸区扩大到中国全境），由此，自贸区内实行的各项自由化制度带有明显的“境内关外”（即“一线放开、二线管住”）特征；另一方面，自贸区内实行的这些自由化制度又必须“形成可复制、可推广的经验”，以发挥示范带动效应和服务于全国的效应。

要破解这一矛盾，既需要在制度创新中细化相关条款和流程，又需要充分利用现代信息技术和互联网技术，以达到地理空间不突破但各种交易却能够有效拓展到上海范围的效应。

分道集中交易是一个可选择的方案。以上海的期货交易所为例，有很多产品的交易量已经在全球第一，但是，这些交易的东西没有定价权，原因是什么？因为上海期货交易所是中资在里面交易，没有外资，现在我在自由贸易区内引进外资并设立期货交易经纪公司，然后在那个地方分道，一分道进入上海期货交易所，也进入集中交易。如果说因为期货交易所是人民币交易的话，资金可从原来的外汇转为人民币资金再交易，交易完同样按照这个道撤出。由此可以使得上海期货交易所的交易，不仅仅有了中资而且还有了外资，这样的措施在香港和其他地方都实施不了，在上海可以实施。如果分道集中交易可以展开，向上海证交所、黄金交易所、金融期货交易所等拓展开来，就有利于促进上海成为国际金融交易中心。而且这种交易如果确实积累了经验，就可以向全国其他的交易市场比如大连期货交易所、郑州期货交易所、深圳证券交易所等等拓展，而这个事就有了可复制、可推广的意义。

三、上海自贸区创新应以转变观念为先导

中国的改革开放起步于思想解放，上海自贸区的建设也应以解放思想为先导。事实上，自贸区的模式已经提供了解放思想的依据，它具体地表现在三个方面：负面清单机制、准入前国民待遇机制、金融根植于实体经济的机制。

在上海自贸区内进行这些观念转变是展开金融创新和其他创新的前

提条件。这些观念的转变落实于上海自贸区内，但它的效应将溢出到上海自贸区之外，给中国境内的金融运作以强大冲击。由此，推动中国境内金融体制机制改革中的各种创新，使得“形成可复制、可推广的经验，发挥示范带动、服务全国的积极作用，促进各地区共同发展”等功能落到实处。

服务业对外开放与风险防范

商务部国际贸易经济合作研究院院长　霍建国教授

中国进入世贸组织以后中国作出服务业承诺，在服务贸易 12 个类别里面 160 多个开放内容上中国承诺了不到 100 个。在此之后，当这个承诺从服务业开放本身看，应该是有跨境交付、自然人流动、境外消费几个类别，这几个类别中跨境交付和境外消费方面比较松，但是对商业和自然人流动限制比较紧。即使如此，在后期的落实当中分年度对金融保险、电信都是做了安排，有一个过渡期。同时，对于股权合资的股比作了限制。应该说整体开放度相对较高，但是开放实际影响力没有那么大。此后我们在 CEPA 和 ECFA 方面有了一个大的突破，开放的领域进一步扩大了，同时承诺像文化、医疗、教育以及很多社会公共服务、专业服务方面的开放。但是，应该说在后期的落实当中，有一些迟迟落实不下去，进展缓慢。

现在的形势是服务贸易全面逆差。2012 年，出口 1900 亿，进口 2800 亿，逆差是 870 多亿。而美国出口是 6000 多亿，进口 4000 亿，顺差是 2000 多亿。在服务贸易发展中我们总体和国际比相对比较弱，我们的服务贸易和货物贸易是 8.3∶1，国际上基本上 4.4∶1，美国是 3.8∶1，服务贸易和货物贸易有一个比例。同时从内容上看，基本上还是运输、旅游、工程承包，像金融保险基本都是弱项，专利转让、专业服务也比较弱。本来我们的旅游是强项，历史上中国的服务贸易方式，运输和旅游两项就占了一半以上。现在天天宣传出境游突破 8000 万，海外购物突破 1 万亿。实际上已经没有人研究怎么改善国内的旅游设施，把外国人请进来，让他在国内消费，把逆差甚至作为一种正面的形象来宣传。有的时候我也不是特别理解，觉得应该反过来说，而且现在最大的风险是800多亿的服务业逆差，货物贸易现在是过了2000亿，如果这么走下去，很可能形成货物贸易的顺差被服务贸易的逆差所冲销掉，这也是一大遗憾。所以，服务贸易的开放还确实是一个值得探讨的问题。因为总体上讲，开放有助于竞争力提升。所以，现在存在的问题主要是在开放问题上的认识还不到位，这是一个核心的问题。就是认识不到位，导致行动踌躇不前，特别是从行业分管的部门来看，控制相对就比较死，往往强调风险，强调监管跟不上，建议拖延或者暂缓执行。我们确实没有充分认识到这种服务业开放可能带来的影响和作用，就跟当年我们大胆地"走出去"利用外资搞加工贸易，后来真的形成制造业，甚至带动了工业化竞争，形成了出口第一、制造业第一，今天我们不敢走这一步。当然，最终需要下决心突破，而且现在应该说阻力也会越来越小。

另外，管理上也不顺，商务部负责服务业外资进入的审批，叫做市场准入审批，其他的一些部门都不在商务部，哪个部门要进入，部门本身还有一个合作的问题，商务部的管理体制又是分级，先到地方商务厅备案和获得它的同意，如果沃尔玛在国内开一个店，地方不但批不了，还得征求地方其他分管各个部门的意见，包括有社区甚至连消防都得征求意见，速度非常缓慢，推不动，可能其他不同领域都有不同横生枝节的限制，导致管理上的不顺。这次提出的问题不仅仅是进来的审批，包括海外投资的审批也是多部门掌控和管理，导致一旦投资决定形成之后，操作时间很长，有时候商业机会往往错过了。

另一个是市场准入落实不到位。我们已经宣布的新一轮很多开放内容，落实非常缓慢，受到很多的阻力。还有就是法律法规没有走在前面，这次上海自贸区的事，对外资准入前待遇和负面清单，人大只是通过了一个授权，就是说外资的三法在上海自贸区例外，不适用，把原先对待外资审批里面的规定内容暂时放在一边，是不是有必要尽快推动法律的修改。我同意王教授的想法，就上海自贸区的试验，最初我们考虑过像准入前的国民待遇和负面产品清单，可以在全国200多个经济开发区同步试验。这样的话，可能带动新一轮开放和中国整个经济的增长。但是现在上海主要是摸索经验，从模式上先走一步，这也算是一个突破，但是拉动和带动作用说心里话，我们等不得3年，如果3年之后凭他的经验复制的话，我觉得中国这一轮的整个经济恐怕会变得很被动。我们倒是期望三中全会在整体改革上有新的部署，全面推动服务业的开放，或者推动其他外商落地的新的行政管理措施，才能对中国经济真正的增长起到支撑作用。

当然，我们确实也存在着风险防范能力比较弱的问题，货物贸易以海关作为封闭监管比较简单，像服务贸易开放，网上银行交易转让，掌控能力就是跟不上，现有很多统计都是监控跟不上、调控和管理能力有限，所以很难驾驭这种开放的模式。我觉得确实有必要全面提高对行业的一些监控能力，坦率地讲，任何一个国家从认识上讲都是要不断地扩大开放，但是扩大开放本身的条件应该和监管、监控能力形成匹配，如果没有内部的防控能力和监管能力，全部开放是不现实的。所以，也只能分步走，我觉得分步走也是中国的国情，不管是利率汇率的市场化，总归要走出去一步。开弓没有回头箭，我们建立那么多离岸结算中心、双边结算中心，现在海外的人民币，如果不把接口打开，如果人民币不进一步开放，恐怕将来可能形成一个新的困局。当年我们搞苏东贸易的时候是做过这样的安排，苏东当时就是记账贸易，年底对冲的，最后的结果怎么样？顺差就是找不到东西往里进，最后又形成一批呆坏帐、死账，这也是一种浪费。

从下一步发展来看，一是把握好节奏，主动扩大服务业开放。因为服务业开放发展一方面和制造业相关的服务业，国内还是比较缺的，还有就是现代服务业，像电商、网商这也是比较缺的，包括金融保险也比较弱，可是不可能永远不开，如果金融保险永远不动的话，将来风险的积累恐怕最后的突破难度就更大了。所以，现在可控的范围内早一点开放，对它逐步施加压力，提升竞争力适应国际上全面的对接是必要的，但是要把握节奏。

另外就是转变职能，政府转变职能，转变管理方式。但是谈转变职能，单凭觉悟和行政指令是没有保障的，我们现在认识到了中国转变职能是解决问题的出路，但是怎么样能够保证政府来转变职能？我觉得最终还是要回归到一种制度的约束，过去我们已经有行政法、行政诉讼法，在这个基础上，能不能对于政府职能的定位界定得更清楚，要不要一个新的考核指标。如果没有这些东西，光凭一个觉悟，有的人觉悟高，有的人觉悟低，但总归是没有约束性的。现在形势所迫，大家都认识到要转变职能，过两天形势大好了，是不是就可以放松一些了？我觉得这是个问题。

第三，对内开放和对外开放要保持相对的一致。现在，我们有时候关注对外开放更多，国内中小企业前 36 条、后 36 条基本都没有落实，这个该早一点落实，而且从某种意义上讲，对内的开放恐怕要早于对外开放，凭什么不把自己一些能够参与经营的力量先做起来？现在银行要放松管制，要发新的牌照，准备允许注册中小银行，现在争论得一塌糊涂。有的说按规模，有的说按省市分配配额，怎么没有体现转变管理的方式呢？一个省给几个？给 5 个还是给 6 个，谁来定？最后是不是又是行政长官来定，你们 3 个，他们 3 个，摆一些硬件条件，符合条件的上，界定在多少亿，在什么领域等等。所以，这一定要处理好对内开放和对外开放，否则突然间对外开放，还不要小瞧国内很多企业，他们还是有投资能力，有经营水平的，有很多民营企业一直在等。

最后，就是监管模式和风险防范，需要从防范风险的角度尽快提升监管的能力。我也承认金融保险的开放步子过快，会形成比较大的风险，本来年初想突破一点，但当时研究，上半年一季度人民币大幅度升值，当时就是想放松一下干预，看看均衡价位在哪儿？结果就是一个劲儿的往上走，后来不行，还是要适当的控制一下。应该说，监控能力、防风险能力还是要注意。

人民币国际化、上海自贸区试验和上海国际金融中心建设

中国银行首席经济学家　曹远征教授

上海自贸区有一些革命性的变化，这些变化正在静悄悄的发生。今天我想讨论三件事：人民币国际化、上海自贸区试验和上海国际金融中心建设。为什么这三件事联系在一起，最核心是人民币国际化的使用，使得所有条件发生变化，预示着上海自贸区变得有意义，从而将上海建设成为国际金融中心。

在国内讨论人民币的问题，通常都说中国人的问题。仔细研究，人民币国际化问题不是中国人提出来的，是国际的需要。我刚写了一本书《人民币国际化战略》，上世纪末亚洲金融危机后发现，亚洲地区存在金融原罪，有错配现象出现，通常表现为三个错配：一是货币错配。亚洲地区的相互贸易额非常之大，但亚洲地区计价和结算货币全是外币。如果说区外货币有任何波动，使亚洲相互间头寸贸易大大受到损失，这统称为“货币错配”。第二是期限错配，亚洲作为高速成长的地区需要长期资本投入，但流入亚洲地区的资本基本都是短期资本，就出现了期限的错配，短期资本会在国际间流动产生了金融动荡。第三个错配就是斯蒂格利茨说的结构性错配。亚洲地区是高储蓄国地区，但亚洲金融发展非常缓慢，于是高储蓄被动员到海外，从海外再投回来，形成一个怪圈。这次金融危机后这三个错配都有显现，这次金融危机发生在美国，最后是美元荒导致这些地区出现投资贸易困难，换言之出现了很特殊的问题，人们发现目前的国际投资贸易体系对美元过度依赖，要减轻这个过度依赖，在现行国际货币体系下只有一个办法就是“本币化”的进程。这个概念在1998年金融危机以后就提出了，只不过当时日本人没有能力承担这件事情，亚洲地区的本币化一直到2008年以后由人民币承担。

通过本币结算，减少地区贸易受非本币波动的影响，并由于本币结

算,本币贸易融资将得到增加,对非本地区货币贸易融资的依赖将会减少,扩大经济贸易合作机会,这是讨论人民币跨境贸易结算最重要的初衷,也是亚洲国家的内在要求。这样的安排与其说对中国的好处大,还不如说对中国的挑战更大,它有三个方面挑战。第一是如果本币作为国际货币使用,本币一定是可兑换货币,尽管可兑换不一定可以成为国际货币,但是国际货币一定是可兑换货币,看看美元、日元、欧元、英镑,而人民币现在是不可兑换的。第二作为国际货币,向国际提供流动性,那么这个国家一定出现国际收支逆差,尽管不可能全面发生,或者在资本项下、或者在经常项下,但是中国现在是双顺差,而且如果出现逆差意味着什么?中国政府还不是很清楚。能不能形成逆差,这是一个挑战。第三,当本币成为国际货币的时候,货币政策不是本国的政策而是全球政策,现在全球都在批评美国,说 QE 退出对全球经济有溢出效应,美国说我的经济复苏了为什么不退出?因为美联储的货币政策是全球货币政策,所以批评美国人不负责任。即使负责任,变成全球货币政策,一定需要庞大的、深厚的金融基础设施才能把货币政策贯彻下去,所以发展中国家最薄弱的就是这一点,中国最落后的也是金融服务业,缺少一个市场,特别是固定收益市场,然后没有产品,没有办法把货币政策贯彻下去。这构成了对中国的挑战,也反映出上海的现实。尽管几年前就提出上海要变成与人民币地位相匹配的国际金融中心,2020 年建成,几年过去了,发现情况不是这样的。

是什么样的状况呢?人民币始于贸易项下,2009 年 7 月 2 日,当时有 5 个城市,365 家企业。2011 年大陆所有企业都可以使用人民币进行跨境货物和服务贸易结算。它不仅仅是用在货币贸易方面,也可以用服务贸易方面。2012 年开始,鼓励人民币在资本项下使用,鼓励大陆企业用人民币海外投资,鼓励外商用人民币对华投资。2013 年 5 月跨境人民币结算已经占中国对外贸易总额的 11%,按中国银行的推算大概占 14%,人民币由此也成为全球第 9 大结算货币,从去年第 13 位提升到第 9 位,人民币的国际支付比重不断提高。

那么上海面临什么挑战？2009 年 7 月 2 日推出人民币跨境贸易结算的时候，同时推出了两种方式：上海方式和港澳方式。所谓上海方式，就是任何一家贸易商可以通过它的银行在境内寻找代理行，代理行通过中国银行上海分行或者交通银行上海总行进行贸易结算。第二种方式就是香港方式，我们叫清算方式，是任何一家贸易商自己的银行可以参加中银香港清算网络，中银香港给人民银行把人民币清算回国，这种情况下中银香港在香港承担了人民币的中央银行的职责。这两种方式同时推出，再看看结果，人民币在这么大的贸易结算中，上海方式的增长微乎其微，相反，跟人民币没有关系的地方，香港、新加坡、伦敦增长非常快。

在国际支付中来看，特别是资本市场使用中看，人民币投融资使用中，大陆方面是持续下降，而香港还是维持巨大份额，相对也在下降，反而是其他金融中心在增长，特别是伦敦的离岸人民币市场发展非常迅速。我的问题就提出来。2009 年 7 月以来，上海方式、港澳方式的人民币跨境贸易结算均有进展，但港澳方式始终处于主导地位，截至 2013 年第一季度中国大陆跨境贸易结算额累计为 2614 亿元，而中国香港则有 5.16 万亿，两者相差近 20 倍。其他国家和地区，如类似于中国香港、新加坡、中国台湾也达到 1.11 万亿，5 倍以上的上海方式。并由此造成人民币国际支付地域分布的差异，中国大陆在岸市场处于下降态势，而中国香港和其他地区离岸市场处于上升态势。我们知道，任何一个货币发展过程中靠离岸市场不行，一定是本币的发展。但是我们不得不面对的一个问题，为什么同时以贸易起步，同时推出的结算方式，却在人民币国际化的进程中呈现出不同的趋势？上海在岸人民币市场的发展不如以香港为代表的离岸市场。

如果分析上海和香港的差异，其实道理很简单，香港离岸人民币市场的架构，和上海相比仅多了一项功能，即拥有资本项下的安排，如果有多余的头寸，你拿了人民币暂时不想在中国大陆进口东西，可以到香港做安排，这个安排有利息收入、投资回报。当然，这个过程中得益于人民币资本项下的开放。其中最重要的安排管道就是中国银行，每个季度40亿人民币从我们的管道回笼。在这个管道下，你会发现香港是一个坝，两头是香港经管局和中国人民银行在监管，坝中有一个闸门，两边调解这个闸门，有这个坝就可以挡住水，水多了就有鱼，水深了就有大鱼，这就是香港人民币离岸市场发展的奥秘。目前香港市场不仅有人民币基础产品贷款、存款、股票、债券，还有人民币衍生工具。由于是水池，由于这些衍生工具在水池子旁边有了很多抽水机，就有了很多小的管道出现了。大家最熟悉的就是人民币香港“点心债”市场，很多大陆企业发行“点心债”，但是我想强调一下“点心债”发行主体不是大陆企业，是外资。那么上海模式，说穿了就差一条。

仔细研究上海和香港作比较，无外乎差两个方面，一个是人民币资本项下不可兑换，受到管制。第二个和香港相比，上海尽管是本币中心，但金融市场发展程度不高，金融基础设施相对落后，尤其是固定收益发展非常落后，妨碍了上海作为池子的蓄积能力。上海成立国际金融中心必须得在一些方面做改善，改善条件正在出现。第一，资本项下的开放问题。人民币的使用使资本项下开放出现了全新环境，可以说先实现开放再实现兑换，资本项下可以用本币进行开放，然后本币暂时对外币保持不兑换，到条件成熟再兑换。如果仔细观察中国的资本项下，科目一共43个，这43个科目中85%都是开放的，只有3个科目是严格管制的，其中一个是“外商直接投资”需要审批，境外对外投资也有限制，是要批准的。二是中国居民不得对外负债，对外负债需要进行债规模管理。三是中国资本市场不对外资开放，外资进入中国资本市场需要特殊的安排，如QFII。

香港市场的发展，大家经常讨论深圳前海问题，它打通了一件事就是人民币可以跨境贷款，在前海注册的企业可以在香港获得人民币贷款，这意味着中国居民可以对外负债，尽管不能对外币负债，但是可以对人民币负债。再看商务部的新规定，外商投资用人民币进行，它的审批条件大大简化于外商投资用外汇进行，至少不需要逐笔审批、不需要外汇核销。如果人民币投资就非常简单了，意味着直接投资项下的管制也放松了。第三个现象，目前尽管对外币有 QFII 的管理，人民币 QFII 已经出现了，两千亿，更重要的是人民币对债券市场和三类机构全面开放银行间市场。这可能创造了一个新经验，就是人民币国际化条件下的可兑换问题，现在可以在本币项下实现资本项下开放，但是外币还是保持适当管制。今后如果进一步发展，可把外币管制逐渐向人民币方向靠拢，然后逐渐取消用途管制，这就是人民币全面可兑换。

我提醒大家注意，这个概念已经被官方所接受，今年体改方案就是探讨在资本项下人民币可兑换，已经不是资本项下开放的问题，是可兑换的问题，可兑换的步骤就是这三个科目向人民币方向靠拢。由于这样，我们看到人民币在资本项下使用在加大，看看直接投资，不仅是外商对华投资增加，人民币对外投资也在增加，间接投资也在扩大。目前为止在机构方面，货物贸易、服务贸易已经不受限制了，但有监管。在直接投资 FDI 和 ODI 用人民币的话不受限制，证券投资、债券、股票、人民币都可以进行，个人投资正在放松，大家要注意义乌的试点，个人项下人民币可以直接对外投资，换言之这个试点如果逐步推广，香港的人民币股票，可以直接用人民币购买，不用再换成港币、不用再换成美元。利率市场化也在进行之中。债券市场发展速度非常快，今年 4 月债券第一次超过股市，过去批评中国资本市场无外乎单边市，单边市就是只能涨不能跌，只有股没有债，做不了对冲，现在债市发展起来了，债市品种也在健全。

这时候金融出现了脱媒。10 年前，2002 年贷款占社会融资规模 90%，去年只有 52%，今年预计已经下降到 50% 以下。所谓贷款比重下降，非贷款品种资本市场在发展，意味着固定收益在发展，我们的贷款被债券化，债券发展速度远远快于贷款，央行操纵资本市场有了可靠的工具。在这个情况下，人民币的使用使上海国际金融中心的外部制约正在消退。

再看看上海自贸区？我特别赞同朱文晖讲的，这个自贸区是中国（上海）自贸试验区，首先是中国的，它和其他自贸区完全不一样，因为它是人民币的本币中心，这是任何自贸区都不可比。前海和上海怎么区别？上海是一个池子，前海是一个管道，池子里能养鱼，管道里养不住鱼。

第二它是试验区，服务业开放是非常敏感的，必须要试验。试验的内容是什么？负面清单和准入前国民待遇。准入前的国民待遇，在国民待遇外不设任何前置条款，这就是革命性变化。中国最大的问题就是审批经济，是正面清单管理，禁止类、限制类肯定不能做，但是允许类、鼓励类的还要获得批准，这是最重要的理念变化。为什么说开放促改革？无外乎两件事，十八大说下一步改革的主要任务是理顺政府与市场的关系，中国市场政府干预太强了，表现在两方面，一是政府对价格的控制，不仅对价格有影响，而且直接参与价格制定，所以利率市场化、汇率自由化就是政府不参与价格制定。二是政府准入审批。尽管要简化审批，但仍然存在市场的“弹簧门”“玻璃门”，李克强总理说要在任期内减少 1/3 审批，上海自贸区的负面清单管理，那就是不审批了。只要不在禁止行列就可以自动从事了，这是开放促改革，有很深刻的含义。尽管大家对负面清单还有很多非议，从公布的清单看，就是把发改委的准入清单反过来写了一遍，但这是理念的变化。上海自贸区要动态管理，立志缩短负面清单，缩短每一个负面清单，每一项就是一个改革。9 月份上海自贸区方案规定中，提到注册制度的改变，过去注册是先批项目才能注册，主管部门审批以后才能到工商管理局登记注册，现在是先领证再获批准，而且注册的资本金不需要实交，认交就可以了，而且严格规定 4 天内办结。一个月后这个规定就变成了国家工商局的规定，国家工商局按照上海经验来做，这就是可复制、可推广，尽管这是不大的举动，但是改革的实际行动。第三它是服务业的开放。中国现在的经济结构工业太重，服务业太轻，服务业成为经济下一步发展的重要问题，但服务业对中国来说是短板，存在着种种困难，能不能学习当年深圳的经验，以开放促进服务业的发展。我当时在国家体改委工作，负责特区这件事，现在回想起来，当年我们在深圳做了三件事：引进资金、引进技术、引进管理经验。在 80 年代我们对企业是怎么回事儿不清楚，什么叫企业都不知道。那时候日本一位经济学家小林石，到体改委访问，带他看了很多企业，回来以后座谈。他说没有看到企业，看到的都是工厂。那时候我们在计划经济下，工厂是政府的服务部门，是生产单位，生产多少、生产什么、为谁生产根本不用管，也不是自负盈亏的。看了香港人在深圳办工厂、办企业，我们才学会了，企业是这样一个商业组织，和政府的组织是不一样的，企业是要自负盈亏的，后来才有了治理结构这套东西。如果说服务业还是短板，中国人是有学习能力的，没有吃猪肉总见过猪跑路，深圳当年是这样发展起来的。现在在上海能不能试试看，能够让服务业有一个新的发展和提升。

第三，我特别想强调的是向更高标准开放靠拢。大家都在讲 TPP、TTIP，那是更高标准的开放，可以和 WTO 作比较，WTO 是国际间的事儿，是开放市场，但是 TPP、TTIP 涉及到境内，竞争中立，政府不能对任何企业偏袒。这次中美谈判中，美国提出中国的国有企业为什么分红率这么低？是对其他企业的歧视，比如更严格的劳工保护条款，劳资关系就是要自由工会组织。清洁贸易机制，中国是第一大排放国，人家要征碳税，说这不是反倾销、反补贴，是促进你环保。类似这些东西是更高标准的开放，TPP、TTIP 向中国已经关上大门了，今年 12 个国家已经签定协议了，如果这样的话，中国有可能被全球边缘化，中国政府说这是第二次入世，一定要壮士断腕。第一次入世签了 2700 个协定，这次我们是不是还要签更多协定，向更高标准靠拢。

在金融方面，我想说道理很简单，上海自贸区试验是“一个市场一个额度“，这个市场就是人民币市场，不需要任何外汇市场；人民币一个额度可以回到大陆来，这个额度不再作任何用途管制。这样的话，汇率已经自由化，利率是汇率的评价，利率一定市场化。这可以做到，因为上海是一线放开，二线管住，香港离岸市场提供所有经验和方式，都是把香港的方式搬到上海,这就是上海自贸区。上海自贸区的核心含义就是在岸和离岸间架设一个桥梁,这显然对上海建成国际金融中心是非常有意义的。

上海自贸区:开放倒逼改革

财政部财政科学研究所所长　贾康教授

成立上海自贸区的重大战略意义值得充分肯定,中国的改革走了30多年之后进入深水区,十八大提出五位一体全面改革,要有一些实质性进展的具体安排,有两大视角,一个是顶层规划,另一个是鼓励先行先试。现在一般感受上,顶层规划看三中,先行先试看自贸。现在是中国的第四轮开放,以开放倒逼改革。第一轮是深圳为代表,第二轮是90年代浦东为代表,第三轮是过了世纪之交的入世,现在第四轮来了。这个大背景下,碰到的问题可以用几句话概括:一是黄金发展和矛盾凸显相互伴随。二是下行因素和上行因素在对冲。我们已经感受到了潜在增长率无可回避地在下行。如果处理不好,升级版就出不来,以后上行因素对冲下行因素的力量就不够。要把活力潜力激发出来,真正如愿的在此高增长期再发展20年、30年,我们有城镇化的空间应该是有这个可能的,那就必须以改革激发所有的城镇化红利、科技创新红利、社会管理红利等等。三是深化改革的努力又和既得利益的阻力相互博弈。中国现在的改革千难万难,就是帕累托改进的空间没有了,任何一个事情牵一发而动全身。第四,2013年是挑战机遇并存局面下接受历史考验的新起点。这样的背景下有什么突破?第一是准入前国民待遇,是整个规则、思维逻辑的解放,第二是负面清单管理。上海的同志一开始积极性很高,希望中央给一系列政策,现在说清楚了是你们作为试验区,不是让你们搞一个政策洼地,不是说你这个发展在国家战略上面如何如何,再怎么形成一个特定的倾斜式的支持,而是希望你先行先试,后面是一轮又一轮开放之后给出可复制性,这是前所未有的信息,所谓要政策还是要改革,也就是说政策方面不要打很多主意，不要有过高期待。财政部门已经非常清楚的说税收优惠基本封死，除非你能够证明这种税收优惠，在这个地方试验之后可以推到全国，现在这样的项目已经非常少。

其实实质的矛盾点也是突破路径。一个概念是“变法”，当年入世有激烈争论，有的辩论者说入世所有好处都不确定，所有坏处都是确定的，甚至把积极主张入世的这一派称为民族罪人。但是如果分析起来，哪怕有多少不确定性，其中有一个好处是绝对确定的，就是逼着你清理文件柜，杜润生同志把它称之为“变法”，历史上我们有商鞅变法、王安石变法，到了现在改革开放的变法，它的意义不言自明。第二个概念是中央现在表述的“打造国际化、法治化、高标准营商环境”，这个概念也很有深意，现在负面清单一千多项，先把文件柜清出来，能罗列的罗列上去的。后面还要授权，还要改法，现在所有东西列上去以后，通过试验，把负面清单合理化、优化。我观察到一个有趣现象，没有指定成立一个什么办公室，比如东北振兴办公室、西部开发办公室，克强总理交待上海大胆试验，碰到问题报国务院，这是政治家的一种隔离风险。第三个概念是“倒逼”。自贸区确立起来以后所有的现行法规，凡是跟它有矛盾的，不是改自贸区框架的概念，是改法，这个取向非常清楚。我个人认为中央的战略意图是认为我们这一轮的再入世，仍然有可能被动跟随，仍然是人家制定好规则以后不得不跟着人家走，但是如果积极主动试验一下，有可能在规则制定中有一定的发言权和影响力。

第三节 智库建设及其在中国开放的作用

主持人 北京师范大学 贺力平教授

中国社会科学院美国研究所 黄平所长

首先,智库建设现在在国内也已经提上日程了,中国的智库传统由来已久,在春秋战国、百家争鸣的时代,也是思想辈出、人才辈出的时代,而且那个时候思想者们的社会地位和社会作用非常突出。还有一些所谓的帝王师,对社会发展、国家发展,和执政者有一个良性的、平等的交流对话渠道。

第二,今天我们讲的智库,不只是士大夫传统、文人传统和已有的机构设置传统,1949 年后中国也设立了很多机构,像中国社科院在我们国家也是一个很大的研究机构,被美国宾州大学评为亚洲第一大智库。我们今天讲的智库,是为中国下一步的发展需要而提出的,或者是为时代的需要提出的。时代不一样,我们对智库的理解和要求也不一样。

第三,中国要借鉴各个国家的经验、做法。其实世界上各国的做法不同,比如欧洲最主要的国家和美国体制不一样,因此智库的资金来源、人才构成、成果使用也不同,但是其灵活性、多样性还是比较类似的。中国特色的智库建设道路,灵活性、多样性还是需要的,包括资金来源的多样性,研究团队的多样性和成果本身可供选择的多样性。

第四,智库在社会中的作用。很多智库可能现在比较偏重国际关系研究,但实际上也在为国内的发展出谋划策。我们的大学也好,研究院也好,以前还是比较书斋型、阳春白雪型、孤芳自赏型、自说自话型,怎么更能结合中国的需要,而且这个需要应该分为眼前的、中期的、长期的、综合的、单向的、政府的、社会的以及政府各个层级的。

最后,我们正在做的研究中,有两个大话题是绕不开的,一个是中国崛起和中国梦,从智库的层面,不仅是一个愿景和目标,确实一天天正在实现的这样一个梦,怎么加大对中国梦的研究?因此,与此相关就是国际问题的研究，一个大的方面当然是中美之间的大国关系研究。第二个就是怎么处理好和周边国家的关系。随着中国实力增强，发展速度加快，影响力加大，原来不是问题的也变成了问题。智库研究应该有一个提前量，提前多走半步也可以，多看五年、十年也好，使得智库的成果确实有参考性、借鉴性和储备性，有时今天的研究不能马上用上，但是变成一个智力的仓库，储备知识、储备方案、储备战略。

清华大学中美关系研究中心　孙哲主任

第一，我们面临新一轮开放的机遇，强国先要强智，一个国家智库表现如何，会影响到整个国家下一轮是不是能够升级换代。在这一方面，不光我们要有强烈的历史使命感，作为智库人员都要有一种激情和魄力。在智库改革和国家顶层设计方面，都应该有一个战略规划。对于领导人来说，不光要访贫问苦，到灾区去接地气，更应该是访贤问能，和智库、知识分子多交流。对于知识分子和智库来说应该以智取胜，比如我们的智力产品是不是山寨版，是不是伪劣产品，我们的产品是否过关，是否能够符合中国的国情？

第二，中国智库发展了这么多年，其实跟国际上还有很大的差距，社科院今年荣登亚洲第一智库的宝座，全世界排名第 17 名，哪一个国家能养着 4000 多人，大家都自由的工作。但我们应该看到，跟国际社会相比差距在哪里？一是智库数量远远不够。美国大概 1900 家，最有名的智库都在美国，英国伦敦国际战略研究所搞了一个香格里拉对话，小而精，很有特色。中国整个加起来大概 70、80 家左右，从数量上和美国不是一个等量级的，而且大部分是官办的居多。在影响力方面，就更难说了，一个福特基金会资助了多少人文社会科学项目，美国的各大智库，比如布鲁金斯、卡耐基协会都在清华办了分支机构，现在中国还没有一个智库在美国或者全世界有它的分支，中国银行开出去了，建设银行开出去了，但是智库没有。这种情况下对中国来说,一定要明白我们和世界智库的影响力有很大的差距。所以我们要打造国家的智库平台,还需要付出很大的努力。

今后智库改革的方向可能有几个。一是国家法律制度层面,一定要出台政策支持创新。我们争论美国的时候,更多是政治僵局、经济危机等等,但是美国法律还是相对比较稳定的。这种法律结构的稳定性,让美国到现在为止还是吸收 FDI 第一的国家,很多人愿意投资美国。这方面对我们有很大启示,智库要有大的发展,靠缝缝补补那种过去二三十年的做法,根本无济于事。

从国家层面看,至少应该朝着这这几个方向突破,第一,应该对一系列关于 NGO、智库的法律和条例进行修改。现在很多智库,特别是民间智库要挂靠一个单位,没有自己的账户,运作受很多的限制,注册问题是不是应该更开放一些。第二,国家档案的开放问题。包括外交档案的开放、军事档案的开放,还包括媒体档案的开放,如果智库人员都看不到重要的档案,很多智力产品真的是南辕北辙,比如大家讨论金融的"去美国化",听起来很好,但是如果看了档案,看了我们过去二三十年做的很多金融改革措施,都是跟着美国来的,这种"去美国化"完全落实不下去,所以这种思想产品可能也不符合实际。还有国际会议的举办,现在要办一个国际会议,审批啊、签证啊、外国人一批评两句就不给签证了。要办一个学术杂志,拿一个刊号非常难。我觉得国际会议的制度也应该进行改革。民意机构建立,数据的收集,国家应该有这样一个大的平台。

二是战略上要做一个结构调整。就是说国家队可以担任主攻任务,但是如果大部分情况下智库都是按照官方剧本来演绎行为艺术,有的时候也太唯唯诺诺了,这个时候必须有助攻队员,那就是民间智库,甚至还有一些如布鲁金斯和中国合办的智库。对这些民间智库,其实跟企业一样,有了国有企业,同时还必须重视民营企业和外资企业。如果能够"善用其才,操之在我",根本不用担心对我们是不是有和平演变,是不是会抢了国有企业老大的位置，如果善用助攻队员，一定会对解放思想有所帮助。

第三个方面，从现在开始考虑一下民间智库能不能打造中国几个更有名的品牌，特别是培养几个年轻一代的智库人才，着眼于年轻一代的智库人才。现在一谈到引进人才，特别是民间智库，就会想到户口、福利、房子的问题。在很多情况下，外资企业、民营智库和国有智库不能相提并论。现在我们大的智库还没有走到国外，智库旋转门制度也没有形成。时不我待，我们不给下一代的人才准备好改革的菜单，对他们都没有办法交待，让他们再像我们一样在这个体制内工作、生活，他们可能都没有办法去接受。所以，考虑到这个问题，一定要尽快地、尽我们最大的力量，为他们准备好中国下一步金融改革、制度改革、政治改革所有的菜单，让他们选择。

最后，在智库改革方向还要有基本的价值取向，改造舆论导向、改良我们的土壤，这是非常重要的。我觉得研究是不是还可以再提升一些，没有禁区，只要行为不违法，智库也不必自我封闭。

中国现代国际关系研究院全球化研究中心　刘军红主任

日本思想家福泽谕吉在提到学者位置的时候作了一个比喻，说一群大雁在旷野中觅食，总有一只大雁抬头四处瞭望、瞻前顾后，然后发现险情，及时警示，这只大雁在日语中被称为“雁奴”。福泽谕吉讲学者就是国家的雁奴，需要瞻前顾后，左顾右盼，观察现在的时事，展望未来国家的得失，并且提出自己的看法。但同时又出现一个问题，因为追溯的是历史，展望的是未来，特别是要展望未来得失的时候，他提出很多的说法和结论性的东西或者被认为是虚诞、荒谬的，可能不被接受，所以进一步讲，做学者还要敢于耐得住千年孤独。全球化时代，学者不仅要耐得住孤独，还要积极适应政策的需求，努力追求，并且提供自己的智慧，我想智库的作用就体现出来了。

现在来看，政策的需求是什么？我们怎么研究政策的需求？在国际关系研究过程中，我们也发现了包括国别问题研究当中，一定会做一个政策决策机制的研究，甚至这种决策机制本身已经成为一个相对独立的学科。比如以外交政策的决策过程来看，国外基本的情况是一个什么状态，我们的决策过程又是一个什么状态，从一个比较典型的角度上看，就是三个圈，最外围的圈可以说是舆论圈，相当于人的皮肤，反应的非常敏感、灵感，接受刺激，把刺激及时传导出去。在民主国家中，舆论圈可以形成决策的舆论环境。第二层就是理论和学术的环境圈，理论界通过媒体反映出来的舆论形成一个课题，对政策形成一种理论环境，这种理论环境要比舆论环境更接近一步，对政策的影响可能更直接、深入一些，但仍然不是政策的决策。最核心的一层属于政策的决策层，依据什么？并不是拍脑袋，不是没有依据的，是最外层、中间层的作用，然后他们去思考怎么把这种理论的概念、关键的东西提升为政策。在政策中又分成两部分，一部分是指导思想性的，比如我们会形成一种政策提案，这种政策提案又经过高层决策，形成某某事情的指导思想。接下来，政策制定者会依据这样的思想、理论和舆论背景，同时还有每天看到的或者感受到的或者作过的政策，包括对以往政策的见证，依据这样一系列的数据、资料、经验，把指导思想政策化、具体化，用政策语言描述出来，这个时候才形成具体的政策。在这样一个过程中，我们就发现智库所处的位置在哪儿？需要把智库做一种区分，是不是所有的理论研究部门都属于智库，还有就是哪一些智库可以直接接触到政策的核心。也存在另外一种智库，跟舆论更接近，通过所形成的舆论和学术环境的渗透，形成了一种知识，可能会在外围对政策形成某种影响。现在来看，因为全球化发展太快，中国变化太快了，以至于我们的知识不够，甚至在探索过程中已经在形成一种新的知识，而这种新的知识可能会成为全世界都要学习的东西。所以，这一点作为中国智库和学者来说，需要客观地认识。

最后，关于对策建议的问题。是不是所有的智库一定要提对策建议，这需要思考。越是接近政策圈核心的可能越谨慎，比如我接触过的智库人士或者某个机构，他会说我只把情况告诉他，不敢提建议，我说为什么不提建议？他说我的站位没有他高，视野没有他宽，他可能会从更高的角度、更宽的视野中去看这个问题，这个问题不过是大象之一部分而已，我只摸到了大象的这一个部位，他可能已经知道大象的全貌，他的政策我不能干预和影响，所以我的所有报告都没有对策。当然，我不是主张所有的智库不提对策，重要的是期待中国应该有更多元的、不同层次的智库从各个角度提出自己的看法和建议，在市场化的规律中形成更有针对性的或者更现实的方案，更符合这个时代。

互动环节

提问：第一，智库如何保持独立性？在中国特色这种体制下怎么保持独立性？别国的智库怎么保持独立性？第二，如何解决前瞻性和当前对策的问题。记得兰德公司总裁去年写文章也在抱怨，说我们现在越来越被短期化，越来越被对策化，但是往往智库想的是长远的、前瞻的问题，这个问题又怎么解决？

黄平：这两个问题也是相关的问题。我觉得独立性问题听起来比较抽象，科学研究越客观就越独立，要客观就有几个必要条件要满足，比如刚才孙哲老师提到的信息的完整性。第二，一定的时间，就是前瞻性的问题来了，完全就事论事，就影响了对问题的来龙去脉、前因后果的分析了。因此，不管是研究的具体问题是什么，理论、知识、科学方法，包括人才的多样性，都是前提，如果太单一，可能会影响客观性。因此，与第二个问题相关，我刚才提到一个所谓多种方案，包括有些战略和策略的储备，其实也就是解决就事论事的问题，有一些研究就是研究，而不要对策建议。解决短期问题，现在客观上不只是我们，确实美国也在检讨、反省，搞重返亚洲的人也在探讨和抱怨美国人过于目光短浅，基辛格博士和中国人接触时间长，我相信他不只是外交辞令和客气，他老说中国是战略，美国只有战术，善于资金、技术、人才，但是缺乏长期。也有一些美国人举了例子，也许听起来有一些极端，但是挺有意义的，“9·11”以后，国防部总是给他们提一些应对类似的事。后来罗伯盖茨接任美国国防部长以后就说“你们不要老是做一些眼前的事，能不能做一些中长期的”。跟我说这个话的是盖茨的副手，负责战略的副部长，然后他就问部长先生，“你说的中长期是多长时间?”盖茨不加思索说是三天。当然不同机构面临的问题不一样。我想智库应该允许它有相当的中长期，从容性还是要有，这与要有一定自由度的问题是联通的，越是客观的就越具有独立性，越客观的和决策越不一样。

孙哲：和基辛格聊天的时候大家可以长时间思考，但是他当国家安全事务助理的时候必须要做决策，要处理很多事情，他知道这个决策可能引发灾难性的后果，但是无法预测，只能尽最大努力做决策。从智库和政策制定者和公众之间，智库应该扮演一个桥梁，应该帮助公众了解真相，应该帮助决策，应该输送血液给他们。至于独立性，因为西方的独立性，两党、多党比较标榜的是脱离党派之外的独立性，所以我觉得从我们国家来说，有的时候很难做到独立。我个人觉得体制内、体制外，独立性并不重要，重要的是说出来的东西或者提供的产品是不是有真实性，是不是高质量或者前瞻性。比如中国梦的课题，很少看到从反腐败的角度来谈中国梦的实现对于全世界的意义。大多数讲的是文化和其他方面，核心的内容没有。比如中国智库对于钓鱼岛问题这么重视，但是没有一个智库提出日本人已经花六千万美金做钓鱼岛的宣传片，我们天天在电视上讲，但是真打起国际法律战来，打起攻关战来，我们应该做一个什么战略，没有任何一个智库来做这个研究，从这个角度来说独立性并不重要，重要的是能不能拿得出东西来。另外说前瞻性和对策性的问题，我建议项目设定方面按比例走，总得有一些理论性，对策性的研究，这样平衡一下可能就会好一些。

刘军红：我再引一下日本方面的信息。在《日本经济新闻》创刊80周年的时候，当时的现任总编说《日本经济新闻》走到今天，一直坚持创刊时的基本理念，就是记录历史，引领时代。这是我们坚持80年的东西。而智库的角度可能不一定记录历史，我们会观测历史，客观地评价并且能够引领这个时代或者引领未来，那它就是客观和独立，这没有什么可质疑的。关于前瞻的问题，国外的一些民间智库，在考察经济指标的时候，通常有两部分，一部分是公共的，就是政府的，另一部分是民间的。民间更多的是智库，智库的首席经济学家基本预测的平均值被视为政府统计的先行指标。政府发表报告的时候首先要参考一下民间是怎么预测，他们的平均值是怎样的，这个应该说是具有前瞻性的。

提问：智库研究资金来源和项目结果指向性的关系，如何保证资金来源的前瞻性和独立性以及针对性，是不是只有发展到了美国那个阶段，才能有洛克菲勒基金会让我们做一些纯公益、纯客观的研究？

黄平：第一，资金来源应该多样化，但是并不意味着谁出钱就一定要为谁说话。第二，你的后一个问题，美国也未必是已经是纯客观了，出资者有他的倾向偏好等等的考虑。第三，当多样化的时候，要有一套制度设计使得不至于被出资者所左右，比如法律也好，制度安排也好，使得让研究者来研究仅仅是一个研究，谁出钱，对于他来说不重要。第四，不管出资者有什么要求和需求，还是要尊重研究人员的发现，我今天的数据是这些，今天的档案是这些，以后有新的档案和数据再说，当这个数据推出来是这样的，别说是出资者的需求，连自己原先的假设推翻了就推翻了，这就是尊重研究发现。因此我们还是要回到是否有高质量的研究，不同的智库有不同的倾向，美国的许多智库都有明显的党派倾向。当你做研究的时候，即使为了自身利益，当然也可以是国家利益，也可以是经济利益，你也要预测到与你利益相反时候的可能性，这是智库应该做的。比如我们希望国家强盛，当国家强盛过程中可能遇到的危机也是需要研究的，这就是智库。智库还与一些企业自身的研究有所不同,智库相对来说公共性更强,企业研究就是为如何开拓市场、如何盈利。中国如果想发展国际性的一流智库,一定要解决机制问题,既不是简单的国家机关单位,不同于部委,又不是企业、商业公司,一定要走出这一步,立法也好、机制设计也好、基金运作也好。

孙哲:我个人的观点,钱是不带颜色的。回想改革开放30多年来,多少学术单位都拿过美国人的钱、拿过日本人的钱,但是他们做出来的结果,没有几篇报道一定是亲美或者亲日的,所以从过去30年的经验来看,我个人认为,只要不设定条件,钱是不带颜色,尽管拿来,这一点上我思想很开放。第二,民间智库看着国有智库好像是人强马壮,实际上未必是那么回事儿。比如一个部门搞人文外交和中美交流,经费不过每年三四百万人民币,也面临捉襟见肘的困境。中国要有散财有道的有志向的知识分子和商人,中国智库一定是政、学、商结合的综合体,像卡耐基商学院一样。所以还是要从国家文化氛围、政策制度来改进。给民间智库捐钱能不能抵税,如果没有法律支持永远面临资金困难,智库本身是烧钱的单位。

刘军红:北京是人才最多、最密集的地方,我曾经有过一种幻想,某一天政策改变了,北京退休的教授、专家随时在社会中做一个登记,办一个事务所,充其量雇一个学生或者秘书,然后做个专项研究。比如上海自贸区由审批改为登记,注册一个事务所或者研究所不需要审批也不需要注册资本金,只要到相关部门做登记就可以了。接下来的问题到哪儿搞钱呢?国际上也存在很多同样的问题,他要找志同道合的人一起来做。关于市场不市场的问题,我是这样理解的,批发市场没有出现前,我们到农贸市场买菜是面对面、讨价还价,相对简单,进入批发市场以后迅速形成价格横向联系非常密切,密集度非常高,节约的是整体成本。在智库发展中也是这样的,我们在找需求和供给间的联系,这种联系靠什么方式?完全靠行政或者哥们义气肯定也是不行的。

后　记

为使更多关注中国对外开放的专家学者、政府管理者以及企业界人士能够分享研讨的成果，在综研软科学发展基金会和综合开发研究院（中国·深圳）各位同事的共同努力之下，本书历时半年，终于得以完成。

在此，我们向拨冗出席“2013综研基金·中国智库论坛”的各位演讲和主持嘉宾：樊纲、隆国强、韩锋、阮宗泽、朱文晖、王国刚、霍建国、曹远征、贾康、黄平、孙哲、刘军红、周天勇、桑百川、贺力平，向所有参与论坛讨论的专家学者，向策划、组织系列学术活动的综合开发研究院同仁唐惠建、郭万达、冯月秋、郑宇劼、张丽、刘艺娉、程旭玲、廖令鹏，以及为本书出版付出努力的中国经济出版社一并致谢！

对内改革、对外开放是推动中国大步走向现代化的两个轮子，“以开放促改革”被认为是中国经济实现腾飞的重要经验。中共十八大提出“适应经济全球化新形势，必须实行更加积极主动的开放战略”，中共十八届三中全会提出要“构建开放型经济新体制”，均表明开放对于中国国家发展的重要性。欢迎各界人士对本书提出宝贵的建议和意见，共同互动，推动决策层、研究机构和社会各界共同为中国新一轮对外开放战略出谋划策。

编　者

二零一四年九月